3판

사회복지행정실무

권기창 · 권예성 · 박을종 · 이인원

창지사

머리말

저자들이 학교 강단에 그리고 사회복지현장에 종사하면서 늘 아쉬웠던 점은 행정실무에 대한 요구를 충족시키기가 어려웠다는 점이었다. 복지현장에 나가려 준비하는 학생 입장에서는 행정론, 정책론, 실천론 등 주로 이론과 기술 중심의 지식으로 복지업무를 수행할 수는 있지만, 학교에서 배우지 못한 실무에 대해서는 막연한 두려움을 갖게 된다는 호소를 종종 듣는다. 사회복지현장 종사자들도 체계적으로 실무를 배울 기회를 갖지 못하고 선배들이 그때그때 알려 주는 단편적인 지식이나 혼자 이런저런 규정이나 매뉴얼을 뒤져 가며 알게 된 불확실한 지식으로 임기응변하고 있음을 보아왔다. 사회복지를 공부하는 학생들이나 복지현장의 종사자들 모두가 사회복지실무 지식에 대한 욕구가 강함을 알 수 있었다.

이런 문제에 고민하던 저자들은 학교와 복지현장에서 오랫동안 근무하였던 경험들을 바탕으로 행정실무에 관한 제대로 된 교재를 만들어 보자고 의기투합하였다. 물론 용감하게 나서고 호기롭게 출발하였지만 교재를 만든다는 것이 만만하지가 않았다. 그 수많은 실무영역들 중에서 어느 범위까지를 다루고 어느 표준을 받아들일지, 교재에서 내용을 어느 수준까지 소개할지 결정하기가 쉽지 않았고 많은 고민이 있었다. 오랜 논의를 거쳐 이렇게 한 권의 책으로 빛을 보게 되었다.

본서는 가능한 한 많은 실무를 다루고자 하였다. 사회복지를 공부하는 학생들과 현장 종사자들이 모두 참고할 만한 내용을 담고자 하였다.

문서관리와 인사, 재무 등 전통적인 실무부터 정보관리, 지역사회 연계, 프로포절 작성, 실습관리 등 기존의 실무론 책에서 잘 다루지 않고 있는 부분들도 포함하고 있다. 표준과 관련하여서도, 여기에 실린 내용들은 기본적으로는 관련 법과 규정을 기반으로 구체적인 내용들은 보건복지부의 사회복지시설관리안내, 서울복지재단의 복지관 경영매뉴얼과 경영실무도움서, 행정자치부 행정업무운영 편람을 참조하고 있다. 좀 더 구체적인 안내를 위하여 표준 문서양식이나 기타 다양한 우수 사례들을 소개하고자 노력하였다.

이러한 저자들의 노력이 학생들의 막연한 불안을 없애고 현장 종사자들의 체계적인 지식 쌓기에 조금이나마 도움이 되었으면 한다. 늘 책상 앞 책꽂이에 두고 수시로 뒤져 볼 수 있는 교재가 되었으면 한다. 그러나 아직 부족한 부분들이 많다. 부족한 부분에 대해서는 독자들의 질책을 달게 받을 것이며, 앞으로 끊임없이 보완해 나가도록 하겠다.

본서가 나오기까지는 현장에 종사하는 경험 많은 분들의 조언이 큰 힘이 되었다. 여기서 일일이 거명은 않겠지만, 이 지면을 빌어 감사드린다. 또한 이런저런 조언과 독려로 책이 나올 수 있도록 해 준 창지사의 도움이 없었으면 불가능하였을 것이다. 김기섭 사장님을 비롯한 편집실 직원분들의 노고에 감사한다.

저자 일동

차례

제1장

사회복지행정실무 개관

1. 사회복지행정실무의 개요

1) 개념 및 경향

'사회복지행정'이란 사회복지조직의 목표를 효과적이면서도 효율적으로 달성할 수 있도록 보유한 자원을 조직하고 관리하는 체계적 행위라 할 수 있다.

그런 점에서 '사회복지행정실무'란 사회복지시설이나 기관이 그 본래적 목적을 효과적으로 그리고 효율적으로 달성할 수 있도록 인적 · 물적 자원 등을 조직하고 관리하는 실제적이고 구체적인 일체의 업무를 실행하고 운영하는 것을 말한다. 다시 말하면 행정실무는 시설이나 기관이 보유한 인적 · 물적 · 시간적 자원 등을 조직하고 관리하는 체계적 활동들을 제대로 수행하기 위하여 일련의 형식과 절차를 마련하고 이를 구체적으로 적용하는 실천적 행위를 말한다. 효율적으로 목표달성을 할 수 있도록 기획하고 실행하고 통제하여 효과를 만들어 내는 하나의 과정이라 할 수 있다.

따라서 행정실무는 시설이나 기관의 목적을 효과적으로 달성하기 위하여 업무를 능률화하고 업무에 소요되는 비용을 경제화하기 위한 각종 활동에 초점이 맞추어진다. 업무의 효율화는 업무에 소요되는 노동과 그 생산성과의 최적화를 의미하는 '생산효율'뿐 아니라 스트레스 해소와 관련된 정신적인 요소의 최적화를 의미하는 '정신효율' 그리고 인재의 적재적소 배치와 능력에 따른 업무분담 등과 관련된 '균형효율' 등을 모두 포함한다. 한편, 비용의 경제화는 업무처리에 경제원칙을 도입하여 최소의 노력과 비용으로 목적을 달성할 수 있도록 하는 것으로, 처리비용 등 재정적 요소, 업무처리방법 등 제도적 요소, 조직 구성원에 관한 인적 요소, 업무시설과 환경 등 물리적 요소를 포함하는 것으로, 이 모든 제반요소와 관련된 비용절감 측면이 고려되어야 한다.

최근에는 사회복지행정에서 클라이언트에 대한 성과를 강조함에 따라 기관 내에서 이루어지는 업무뿐만 아니라 실천현장에서 클라이언트들과의 접점에서 이루어지는 일련의 행정과정까지 포괄하는 것으로 행정실무의 개념이 확대되고 있다.

2) 행정실무의 기능

행정실무는 업무수행의 수단이 되며, 업무활동의 보조 및 촉진 기능, 그리고 업무분야의 연계성을 유지하는 기능을 갖는다.

(1) 행정실무는 업무수행의 수단이다

행정실무는 업무수행에 있어서 쓰기, 읽기, 계산, 분류 · 정리, 조사 · 확인, 의사소통 등의 다양한 활동으로 이루어지며, 이를 통해 정책 및 예산을 집행하는 등 실질적인 업무수행을 위한 필수적인 수단이 된다.

(2) 행정실무는 업무활동의 보조 및 촉진 기능을 갖는다

행정실무는 사회복지시설이나 기관의 목적을 달성하기 위하여 행하는 일련의 행정활동을 보조하고 촉진하는 기능을 수행한다.

(3) 행정실무는 업무분야의 연계성 유지 기능을 갖는다

행정실무는 사회복지시설이나 기관이 수행하는 다양한 업무분야를 서로 연결시켜 주면서 상호 간의 활동을 협조 · 보완하거나 견제 · 조정하는 등 관련 분야의 연계성을 유지하는 기능을 수행한다.

2. 사회복지행정실무의 범위

이러한 행정실무는 시설이나 기관의 목적 달성을 위하여 주로 기획, 조직, 인사, 지휘, 조정, 통제, 예산, 평가(이를 POSDCRBE라 함) 등의 기능 범위를 수행한다. 한편 이러한 기능범주를 재구성하여, 본서에서는 행정실무의 범위를 문서관리, 재무관리, 인사관리, 안전 및 물품관리, 규정관리, 자원개발, 정보화 및 정보보호, 지역사회 연계, 프로포절 작성, 전략기획, 평가 및 지도점검, 실습지도 등으로 세분하여 살펴본다.

1) 기능범위

(1) 기획(planning)

기획은 설정된 목적 달성을 위해 미래에 대한 예측이나 전망을 하고 그 방향으로 나아가기 위한 기본지침과 방법을 결정하는 행위를 말한다. 이는 목표의 설정과 목표 달성을 위한 과업 및 수행방법을 결정하는 단계로, 목표에 맞춰 과업을 계획하고 방법과 기술을 결정한다. 기획을 통하여 조직의 목표를 달성할 수 있는 여러 방법들을 검토하고 가장 효율적인 대안을 선택하도록 하는 것이다.

(2) 조직(organizing)

조직이란 계획을 실현시키기 위하여 조직체의 구조나 체제를 설정하고, 이에 필요한 인적 자원과 재원, 기타 요소들을 투입하여 통합적으로 추진해 나가는 일련의 과정을 말한다. 과업을 구체적으로 담당들에게 할당하고 조정하는 과정이다.

(3) 인사(staffing)

인사란 조직활동에 필요한 인력을 충원 · 배치하고, 능력을 개발하고, 근무의욕을 제고시키는 등 인적 자원을 관리해 나가는 일련의 과정을 말한다. 사회복지행정 책임자는 직원의 임명뿐만 아니라 교육, 훈련, 적절한 근무환경의 조성 등에 대해서 책임을 갖는다.

(4) 지휘(directing)

지휘는 조직 구성원 상하 간의 대인관계에서 이루어지는 관리자의 리더십 기능을 말한다. 관리자는 업무의 원활한 수행을 위하여 합리적인 결정, 적극적 관심, 헌신적 태도 등과 더불어 직원들을 지도감독하고 동기부여 및 사기 진작도 하여야 한다.

(5) 조정(coordinating)

조정은 조직의 활동을 원활히 수행하도록 업무수행에 필요한 이해나 견해를 갈등이 없도록 결합하고 조화시키는 행위를 말한다. 부서 간 혹은 직원 간의 효과적인 의사소통망을 만들어 활용하여야 한다. 이를 효과적으로 운용하기 위하여 합의제 기구인 위원회 등을 두고 프로그램, 인사, 재정 등을 다루도록 한다.

(6) 보고(reporting)

행정실무자는 상사 및 동료 직원, 이사회, 지역사회, 행정기관, 후원자 등에게 조직에서 일어나는 다양한 상황들을 알려 주어야 하며 이를 보고라 한다. 주로 기록, 정기 및 비정기적 감사, 조사연구 등의 활동으로 나타난다. 이 활동은 주로 문서의 형식으로 이루어진다.

(7) 예산(budgeting)

예산은 조직 운영에 필요한 물적 요소를 확보하고 배정하는 역할을 담당한다. 조직의 목표를 달성하는 데 필요한 재원을 동원하고 효율적으로 사용하는 것은 관리의 중요한 기능이다. 행정실무자는 재정을 투명하게 사용하여야 하며, 중장기적 재정계획을 수립하고 회계 규정에 따라 재정을 운영할 책임을 갖는다.

(8) 평가(evaluating)

평가는 크게 효과성 평가와 효율성 평가가 있다. 효과성 평가는 시설이나 기관의 사업 및 서비스들이 대상자들의 욕구나 문제의 해결에 적절하였는지를 가늠하는 것이며, 효율성 평가는 인적, 물적 자원의 투입 대비 산출이나 성과가 최적화되었는지를 판단하는 것이다.

2) 행정실무 업무범위

① 문서관리
② 재무관리
③ 인사관리
④ 안전 및 물품관리
⑤ 규정관리
⑥ 자원개발
⑦ 정보화 및 정보보호
⑧ 지역사회 연계
⑨ 프로포절 작성
⑩ 전략기획
⑪ 평가 및 지도점검
⑫ 실습지도

3. 행정실무의 요소

행정실무의 요소는 다른 사람들을 통한 업무수행, 조직목표의 설정과 성취, 대상영역과 활동국면, 복합적 과정, 개방체계적 상호작용으로 나누어 설명할 수 있다.

1) 다른 사람들을 통한 업무수행

행정실무는 업무 성취를 위해 다른 사람 및 조직을 동원하고 이끌어 간다. 행정실무는 다양한 부서 및 사람들과 더불어 일하고 이들을 통해서 일하는 과정이라 할 수 있다. 따라서 행정실무에서 협업은 필수적이다.

2) 조직목표의 설정과 성취

행정실무의 주된 임무는 궁극적으로 조직목표를 설정하고 이를 성취하는 것이다. 행정실무는 현재의 목표 성취뿐만 아니라 장래의 성취능력 확보에도 책임을 진다.

3) 대상영역과 활동국면

행정실무의 대상영역은 조직 전반에 걸친다. 조직의 성립, 생존, 발전에 관련된 여러 국면이 모두 행정실무의 대상이 된다. 이러한 행정실무 활동과정은 목표 설정과 계획 수립, 자원의 동원, 조직화, 집행, 환류, 통제 등으로 구분해 볼 수 있다. 이러한 활동국면들의 구성 양태와 상호관계는 개별적인 상황과 운영모형에 따라 달라질 수 있다.

4) 복합적 과정

행정실무는 여러 가지 과정들을 내포하는 복합적인 과정이다. 이는 의사전달, 의사결정, 통제, 계획, 조정 등 다양한 과정들을 통해서 이루어진다. 하지만 이러한 복합적 과정은 체계적 연계성을 바탕으로 정확하고 신속하게 수행되어야 한다.

5) 개방체계적 상호작용

행정실무는 조직 내외의 여러 관계와 역동적으로 상호작용을 한다. 즉 행정 환경과 조직 내의 하위체계들이 엮어내는 상황에서 작동하는 과정이다. 조직 내에서는 다양한 부서들과, 조직 외에서는 지역사회 등과 유기적인 상호작용이 이루어지는 체계적 과정이라 할 수 있다.

4. 행정실무의 운영방향

행정실무의 효율적 운영은 조직의 목적 달성에 필요한 행정업무의 과정이 효율적으로 이루어질 수 있도록 행하는 제반 활동이라고 할 수 있다. 다시 말해, 사회복지시설이나 기관의 최종 목적을 달성하기 위하여 업무 전반을 효율적으로 개선하고 비용을 최소화하기 위한 각종 관리활동이라 할 수 있다.

1) 업무의 간소화

불필요한 업무를 없애고, 최소한의 노력으로 최대한의 업무성과를 낼 수 있도록 하며 작업과정의 속도를 높일 수 있도록 보고 · 결재 단계의 축소, 전자 결재의 활성화, 불필요한 보고서의 생산 지양 등을 추구한다.

2) 업무의 표준화

업무 담당자가 바뀌어도 원활하게 업무를 처리하고, 일상 업무의 대응속도를 높일 수 있게끔 업무의 인계 · 인수를 철저히 하고, 전자결재의 활성화, 업무의 자동화를 지향한다.

3) 업무의 정보화

정보통신기술의 발달에 발맞춰 행정업무를 보다 정확하고 빠르게 처리할 수 있도록 전자결재 시스템, 지식행정 시스템, 협업 시스템 등을 활용하여 행정지식을 공유하고 사회복지기관 내 의사소통을 증진한다.

4) 업무의 규정 준수화

행정업무는 각종 법률이나 규정, 지침 등 절차와 기준 등에 근거하여야 하며, 이를 철저히 준수하여야 한다. 이는 행정행위의 정당성과 신뢰성을 확보하고 자의적인 권한 남용을 방지하기 위한 최소한의 요건이다.

제2장

사회복지법인 및 시설의 설치 · 운영

제1절 사회복지법인

1. 사회복지법인의 법적 정의 및 종류

1) 법적 정의

사회복지법인이란 「사회복지사업법」 제2조에서 정한 사회복지사업을 할 목적으로 설립된 법인을 말한다. 따라서 사회복지법인이 수행할 수 있는 목적사업은 사회복지사업에 한정되므로, 사회복지사업 이외의 사업을 수행할 수 없다(보건복지부, 2025a).

2) 사회복지법인의 종류

사회복지법인은 「사회복지사업법」 제2조 제4호에 따라 사회복지시설을 설치 · 운영할 목적으로 설립된 법인(시설법인)과 사회복지시설의 설치 · 운영을 목적으로 하지 아니하고 사회복지사업을 지원하는 것을 목적으로 하는 법인(지원법인)으로 크게 분류할 수 있다(「사회복지사업법 시행규칙」 제13조).

시설법인이 지원법인이 되거나, 지원법인이 시설법인으로 전환하는 것은 목적사업변경(추가)에 대한 정관 변경 절차를 통해 가능하다.

〈표 2-1〉 **사회복지법인 적용 법령**

분류	세부내용	적용법령
비영리법인 일반사항	법인 관련 기본사항	「민법」
	공익법인 관련사항	「공익법인의 설립 · 운영에 관한 법률」
사회복지법인 일반사항	설립운영 관련사항	「사회복지사업법」
	재산회계 관련사항	「사회복지법인 및 사회복지시설 재무 · 회계 규칙」

분류	세부내용	적용법령
사회복지사업 관련사항 (목적사업)	사회복지일반	「사회복지사업법」, 「국민기초생활 보장법」, 「의료급여법」, 「사회복지공동모금회법」, 「식품 등 기부 활성화에 관한 법률」, 「긴급복지지원법」
	노인복지	「노인복지법」, 「기초연금법」
	아동 · 청소년복지	「아동복지법」, 「입양특례법」, 「청소년복지지원법」
	장애인복지	「장애인복지법」, 「장애인 · 노인 · 임산부 등의 편의증진 보장에 관한 법률」, 「장애인연금법」, 「장애인 활동지원에 관한 법률」, 「장애아동복지지원법」, 「발달장애인 권리보장 및 지원에 관한 법률」
	노숙인복지	「노숙인 등의 복지 및 자립지원에 관한 법률」
	결핵 · 한센 복지	「사회복지사업법」
	정신보건	「정신건강 증진 및 정신질환자 복지서비스 지원에 관한 법률」
	농어촌복지	「농어촌주민의 보건복지증진을 위한 특별법」
	한부모가족복지	「한부모가족 지원법」
	영유아복지	「영유아보육법」
	다문화복지	「다문화가족지원법」
	폭력피해자 등 복지	「성매매방지 및 피해자 보호 등에 관한 법률」, 「성폭력방지 및 피해자 보호 등에 관한 법률」, 「가정폭력방지 및 피해자 보호 등에 관한 법률」, 「일제하 일본군위안부 피해자에 대한 생활안정지원 및 기념사업 등에 관한 법률」
	기타	「보호관찰 등에 관한 법률」
	사회복지사업법 시행령(제1조의2)	「건강가정기본법」, 「북한이탈주민의 보호 및 정착지원에 관한 법률」, 「자살예방 및 생명존중문화 조성을 위한 법률」, 「장애인 · 노인 등을 위한 보조기기 지원 및 활용촉진에 관한 법률」
기타사항	조세특례 관련	「법인세법」, 「소득세법」, 「관세법」, 「지방세법」, 「상속세 및 증여세법」, 「조세특례제한법」 등
	부담금특례 관련	「사방사업법」 등
	재산 및 계약 특례 관련	「지방재정법」, 「도시개발법」, 「폐교재산의 활용촉진을 위한 특별법」, 「지방자치단체를 당사자로 하는 계약에 관한 법률」 등
	기타 적용사항	「건축법」, 「개발제한구역의 지정 및 관리에 관한 특별조치법」, 「산림기본법」, 「산지관리법」 등

2. 사회복지법인의 설립

1) 법인 설립 전에 고려해야 할 사항

(1) 방향 선택

사회복지법인을 설립하기 전에 먼저 법인 사업의 목적과 종류, 전문분야 등에 대한 방향 결정을 하여야 한다. 사회복지법인은 모든 영역에서 복지사업을 할 수가 있지만, 우선 자기가 수행하고자 하는 복지사업의 특성과 그간의 경험, 전문성 등을 고려하여 아동, 청소년, 노인, 장애인 등 특정 영역의 전문분야를 선택할 필요가 있다.

(2) 사회복지법인의 명칭

사회복지법인의 명칭은 의미가 있고 부르기 쉬운 것이 좋으며, 무엇보다 기존의 다른 법인과 중복되지 않아야 한다. 명칭이 다른 법인과 유사하거나 동일한 경우 허가 신청이 거부될 수 있다.

(3) 재산 출연

사회복지법인은 재단법인의 성격을 지니므로 기본적으로 재산 출연이 있어야 한다. 출연 가능한 재산이 얼마인지, 그중 얼마를 기본재산으로 하고 얼마를 보통재산으로 할지를 사전에 검토하여야 한다.

(4) 임원의 선정

사회복지법인의 임원은 최소 7인 이상의 이사와 2명 이상의 감사로 구성된다. 법인의 임원은 「사회복지사업법」 제18조의 규정에 의한 특별한 관계에 있는 사람이 아니어야 하며, 제19조의 임원 결격 사유에 해당되지 아니하는 사람을 선정하여야 한다.

(5) 사업계획과 예산서

설립 당시 연도 및 다음 연도의 사업계획서 및 예산서를 실현 가능하도록 현실적으로 작성한다. 이때 사업계획서는 육하원칙에 의하여 사업의 내용을 구체적으로 기재하고, 예산서는 세입 · 세출을 예산 과목별로 항목을 구분하여 작성하고, 항목별로 산출근거를 명시하여야 한다.

(6) 정관(定款)

정관은 법인운영의 근본 원칙을 정하는 중요한 문서이므로 작성에 신중을 기하여야 한다. 정관에는 목적, 명칭, 주된 사무소의 소재지, 사업의 종류, 자산 및 회계, 임원의 임면, 회의, 수익사업에 관한 사항, 정관변경, 존립시기와 해산 사유 및 잔여재산의 처리 방법 등 필수적인 기재사항이 명시되어야 하므로 관계법규에 어긋남이 없도록 하여야 한다.

2) 사회복지법인 설립 신청

(1) 설립허가 신청

사회복지법인을 설립하고자 하는 자는 사회복지법인 설립허가 신청서 등 관련 서류를 갖추어 주된 사무소를 관할하는 시 · 군 · 구청장을 거쳐 시 · 도지사에게 제출하여야 한다.

(2) 제출서류

① 사회복지법인 설립허가 신청서 1부(「사회복지사업법 시행규칙」 제7조 서식 7)
② 설립취지서 1부
③ 발기인총회 회의록 1부
④ 설립발기인 명단 1부
⑤ 정관 1부
⑥ 기본재산 목록 1부

⑦ 임원명단 1부

⑧ 법인이 사용할 인장

⑨ 재산 출연증서 1부

⑩ 재산의 소유를 증명할 수 있는 서류 1부

⑪ 재산의 평가조서 1부

⑫ 재산의 수익조서 1부(수익용 기본재산을 갖춘 경우에만 첨부)

⑬ 임원의 취임승낙서 및 이력서 각 1부

⑭ 이사추천서 1부(「사회복지사업법」 제18조 제2항에 해당하는 경우)

⑮ 특수관계 부존재 각서 각 1부(법 제18조 제2항의 특별한 관계가 있는 자에 저촉되지 않음을 입증하는 각서)

⑯ 결격사유 부존재각서 각 1부(법 제19조제1항 임원의 결격사유에 저촉되지 않음을 입증하는 각서)

⑰ 설립 해당 연도와 다음 연도의 사업계획서 및 예산서 각 1부

3) 법인의 설립 행위(재산의 출연과 정관 작성)

(1) 재산의 출연

가) 출연재산의 종류

법인의 설립자는 목적사업에 필요한 재산을 출연하여야 한다. 재산의 종류는 동산, 부동산 등 다양한 형태가 가능하며 일정 신용평가등급 이상의 채권도 가능하다.

나) 출연재산의 귀속

출연자가 재산을 생전처분으로 법인을 설립하는 때에는 출연재산은 법인이 성립된 때로부터 법인의 재산이 된다(「민법」 제48조 제1항). 법인이 성립된 때는 설립등기가 완료된 때를 말한다. 유언으로 법인을 설립할 때 출연재산은 유언의 효력이 발생한 때로부터 법인에 귀속한 것으로 본다(「민법」 제48조 제2항).

다) 법인 재산의 구분

법인의 재산은 '기본재산'과 '보통재산'으로 구분된다. 기본재산은 목적사업 및 수익사업의 수행을 위해 기본적으로 필요한 재산을 말하며, 부동산, 정관에서 기본재산으로 정한 재산, 이사회의 결의에 의하여 기본재산으로 편입된 재산 등이 있다. 보통재산은 기본재산 이외의 재산을 말하며, 일반적으로 자동차, 컴퓨터, 집기, 비품 등 감가상각이 발생하는 재산은 보통재산에 해당한다.

라) 기본재산의 기준

① 시설법인

사회복지 시설종류별 설치기준에 적합한 시설(건축물)과 부지를 갖추거나 갖출 수 있는 목적사업용 기본재산 및 시설 운영을 위한 보통재산을 갖춰야 한다(「사회복지사업법 시행규칙」 제13조).

이때 시설설치 부지는 시설설치가 가능한 지역이어야 한다.

② 지원법인

지원법인은 출연된 기본재산으로부터 발생하는 수익으로 인건비, 사업비 등 법인 운영경비의 전액을 충당할 수 있는 기본재산을 갖추어야 한다.

(2) 정관의 작성

가) 정관 작성의 기본 원칙

설립자는 법인의 기본규칙을 정하여 이를 서면에 기재하고 발기인 전원이 기명하고 기명 · 인감날인 하여야 한다(「민법」 제43조).

나) 정관 필수 기재사항(보건복지부, 2021a)

① 목적

② 명칭

③ 주된 사무소의 소재지

④ 사업의 종류(목적사업을 구체적으로 기재)
⑤ 자산 및 회계에 관한 사항
⑥ 임원의 임면(任免) 등에 관한 사항
⑦ 회의에 관한 사항
⑧ 수익을 목적으로 하는 사업이 있는 경우 그에 관한 사항
⑨ 정관의 변경에 관한 사항
⑩ 존립시기와 해산사유를 정한 때에는 그 시기와 사유 및 잔여재산의 처리방법
⑪ 공고 및 그 방법에 관한 사항

유언으로 설립행위를 하는 경우에는 유증(遺贈)에 관한 규정을 준용한다(「민법」 제47조제2항).

다) 정관 작성 시 유의사항

정관은 「사회복지사업법」 제17조에 정한 사항을 모두 기재하고 있는 때에만 유효하며, 그 가운데 하나라도 빠지면 정관으로서의 효력이 생기지 않는다.

4) 시 · 도지사의 설립허가

사회복지법인의 설립허가는 시 · 도지사가 한다. 시 · 군 · 구청이 법인설립허가신청서를 접수하면 '자산에 관한 실지조사 결과서'와 '법인설립의 필요성에 관한 검토 의견' 등을 작성한 후 이를 법인설립허가신청서와 함께 시 · 도지사에게 송부한다. 시 · 도지사는 목적사업의 구체성과 실현가능성, 출연재산 등을 검토하여 설립을 허가한다.

5) 법인설립 등기

시 · 도지사의 허가를 받은 법인은 3주 내에 주된 사무소 소재지의 등기소에 설립 등기를 함으로써 성립된다(「민법」 제33조).

3. 법인 설립 후 관리 운영

1) 법인 설립 후 조치사항

(1) 설립 등기한 사항 보고

법인은 설립 등기, 분사무소 설치의 등기, 사무소 이전의 등기, 변경등기 등을 한 때에는 등기를 완료한 날로부터 7일 이내에 시 · 도지사에게 보고하여야 한다.

(2) 재산의 이전 보고

출연한 기본재산은 설립허가 후 주된 사무소 소재지에서 3주 이내에 소유등기를 마치고, 이를 증명하는 서류를 주무관청에 보고하여야 한다.

법인이 매수 · 기부채납(寄附採納), 후원 등의 방법으로 재산을 취득하였을 때에는 곧바로 이를 법인의 재산으로 편입 조치하여야 한다.

(3) 임원의 임면 보고

법인이 임원(감사, 이사)을 임면하는 경우에는 「사회복지사업법 시행규칙」 제10조 별지 제10호 서식의 '법인임원 임면보고서'에 다음의 서류를 첨부하여 주무관청에 보고하여야 한다.

① 해당 임원의 선임(연임) 또는 해임을 결의한 이사회의 회의록 사본 1부
② 임원의 취임승낙서 및 이력서 각 1부
③ 외부추천이사의 경우 해당기관으로부터 받은 이사추천서 1부
④ 임원상호 간의 관계에 있어 특별한 관계가 없음을 입증하는 특수관계부존재각서 1부
⑤ 임원의 결격사유 부존재 각서 1부

(4) 사업계획 및 사업실적 보고

법인의 대표이사는 사업계획 및 예산을 편성하여 법인 이사회의 의결을 거쳐 확

정하고, 매 회계연도 개시 5일 전까지 관할 시 · 군 · 구청장에게 제출하여야 한다.

법인의 대표이사는 법인회계의 세입 · 세출 결산보고서를 작성하여 이사회의 의결을 거친 후 다음 연도 3월 31일까지 시 · 군 · 구청장에게 제출하여야 한다.

(5) 법인의 비치 서류

사회복지법인이 항상 비치해야 할 서류는 다음과 같다.

① 정관
② 임원 명부 및 이력서
③ 재산목록(기본재산과 보통재산 구분)
④ 회의록(총회, 이사회, 운영위원회 등)
⑤ 당해 회계연도 사업계획서, 직전 회계연도의 사업실적서
⑥ 예산서, 결산서(추정손익계산서 및 추정대차대조표와 그 부속명세서 첨부)
⑦ 현금 및 물품의 출납대장
⑧ 보조금을 받는 경우 보조금관리대장
⑨ 주무관청 등 관계기관의 서류 및 자산 · 회계에 관한 증빙서류

2) 정관 변경

법인이 정관을 변경하고자 하는 때에는 '정관변경인가신청서'에 ① 정관의 변경을 결의한 이사회 회의록 사본 1부, ② 정관변경안 1부를 주무관청에 제출한 후 정관변경에 대한 인가를 받아야 한다.

사업의 변동이 있는 경우에는 이 서류에 ① 사업변경계획서, 예산서 및 재산의 소유를 증명할 수 있는 서류 각 1부, ② 재산의 평가조서 및 재산수익조서 각 1부를 추가한다.

3) 기본재산의 관리와 수익사업

(1) 기본재산의 관리

법인이 기본재산을 매도, 증여, 교환, 임대, 담보제공 또는 용도 변경하고자 할

때에는 반드시 시 · 도지사의 처분허가를 받아야 한다. 처분허가 신청 시 '기본재산처분허가 신청서'에 ① 기본재산 처분이유서 1부, ② 기본재산의 처분을 결의한 이사회 회의록 사본 1부, ③ 처분하는 기본재산의 명세서 1부, ④ 처분하는 기본재산의 감정평가서(공인감정평가법인이 작성한 것에 한함) 1부를 첨부하여야 한다.

법인은 기본재산 처분허가를 받은 이후 기본재산을 처분하고, 처분이 완료되면 즉시 정관을 변경하고 인가를 받아야 한다. 기본재산 처분으로 인하여 발생한 현금 등은 반드시 정관변경 후 기본재산으로 편입하고, 법인의 목적을 수행하기 위하여 사용할 경우 주무관청의 허가를 받아야 한다.

법인이 매수, 기부채납, 후원 등의 방법으로 재산을 취득한 때는 곧바로 이를 법인의 재산에 편입조치하고, 매년 1월 말까지 전년도의 재산취득 상황을 작성한 서류, 즉 ① 재산 취득사유서 1부, ② 취득한 재산의 종류, 수량 및 금액을 기재한 서류 1부, ③ 취득한 재산의 등기부등본 또는 금융기관의 증명서 등 증빙서류 1부와 함께 시 · 도지사에게 보고하여야 한다. 앞의 사유 등으로 법인의 재산이 증가하는 경우에도 재산이 감소했을 경우와 마찬가지로 곧바로 정관을 변경하여 시 · 도지사의 승인을 받아야 한다.

(2) 수익사업

법인은 목적사업의 경비를 충당하기 위하여 수익사업을 할 수 있다. 이 경우 수익사업은 법인의 설립목적 수행에 지장이 없어야 하며, 수익사업의 범위 및 종류는 비영리법인의 본질을 위배할 수 없다. 또한 이를 정관에 명시하여야 한다.

수익사업에서 발생한 수익은 법인 또는 법인이 설치한 사회복지시설의 운영에 한하여 사용하여야 하며, 법인회계나 시설의 시설회계와 구분하여야 한다.

4) 법인의 소멸

법인의 소멸은 해산과 청산의 절차로 행해진다. 해산 후 법인의 권리능력이 곧바로 소멸되는 것이 아니라, 청산이 종결될 때까지 제한된 범위에서 권리능력을 가진다.

(1) 법인해산의 사유

가) 존재기간의 만료 및 기타 정관에 정한 해산사유의 발생

법인이 정관에 법인의 존재기간 및 해산사유를 규정하였을 경우, 이 규정에 의한 해산사유가 발생하면 정관에 정한 해산절차에 따라 법인은 해산된다.

나) 파산

법인이 채무를 변제할 수 없는 상태, 즉 부채가 자산보다 많은 채무초과가 된 때에는 이사회는 곧바로 파산을 신청해야 하며, 즉시 파산절차에 들어간다.

다) 설립허가의 취소

「사회복지사업법」 제26조 제1호 또는 제7호에 해당될 때 설립허가가 취소된다.

> 1. 거짓이나 그 밖의 부정한 방법으로 설립허가를 받았을 때
> 7. 법인 설립 후 기본재산을 출연하지 아니한 때

그 외에도 설립허가 조건을 위반한 때, 목적달성이 불가능하게 된 때, 목적사업 외의 사업을 한 때, 정당한 사유 없이 설립허가를 받은 날로부터 6월 이내에 목적사업을 개시하지 아니하거나 1년 이상 사업실적이 없을 때, 법인이 운영하는 시설에서 반복적 또는 집단적 성폭력 범죄 및 학대 관련 범죄가 발생한 때, 회계부정이나 불법행위가 발생한 때에는 설립허가를 취소할 수 있다.

(2) 청산법인과 청산인

청산이란 법인이 해산에 의하여 활동을 정지하고 재산 관계를 정리하는 절차를 말한다. 파산으로 해산하는 경우에는 「채무자 회생 및 파산에 관한 법률」이 정하는 절차에 따라 청산하고, 파산 이외의 원인에 의한 해산은 「민법」의 규정에 따른다.

법인이 해산하면 이사는 그 지위를 당연히 상실하며 이사에 갈음하여 청산인이 청산법인의 집행기관이 된다. 청산법인은 청산의 목적범위 내에서만 권리를 행사하고 의무를 부담하며, 청산인이 그 대표가 된다.

(3) 법인의 합병

2개 이상의 법인이 합병하고자 할 때에는 합병되는 형태에 따라 '법인합병 허가신청서'를 작성하여 시 · 도지사의 허가를 받아야 한다. 시 · 도가 다른 경우에는 보건복지부장관의 허가를 받아야 한다.

법인이 합병하는 경우 합병 후 존속하는 법인이나 합병으로 설립된 법인은 합병으로 소멸된 법인의 지위를 승계한다. 합병 후 신설법인 설립 시에는 관계법인이 각각 5인씩 지명하는 설립위원이 정관을 작성하는 등 법인설립 업무를 공동처리한다.

(4) 법인 소멸 시 남은 재산의 처리

법인이 소멸되면 해산한 법인의 남은 재산은 정관으로 정하는 바에 따라 국가 또는 지방자치단체에 귀속된다. 이 귀속재산은 사회복지사업에 사용하거나 유사한 목적을 가진 법인에 무상으로 대여하거나 무상으로 사용 · 수익하게 할 수 있다. 다만, 해산한 법인의 이사 본인 및 그와 「사회복지사업법 시행령」 제9조에서 정한 특별한 관계에 있는 사람이 이사로 있는 법인에 대하여는 그러하지 아니한다. 무상으로 대여 받거나 사용 · 수익하게 되는 법인은 그 재산에 대해 소유권이 없으므로 그 재산을 처분할 수 없다.

4. 사회복지법인의 기관

1) 이사회

사회복지법인은 임원으로서 이사와 감사를 두고, 법인의 의사결정기관인 이사회를 반드시 두어야 한다.

(1) 이사회의 구성(「사회복지사업법」 제18조, 같은 법 시행령 제8조의 2 및 제9조)

이사회는 이사로써 구성되며(감사는 제외) 대표이사는 정관이 정하는 바에 따라 이사 중에서 호선으로 선임한다(「공익법인의 설립 · 운영에 관한 법률」 제6조).

이사는 7인 이상 두어야 하며(외국인 이사는 이사 현원의 1/2 미만이어야 함) 이사회의 구성에 있어 「사회복지사업법 시행령」 제9조에 의한 '특별한 관계에 있는 자'는 이사 현원의 1/5을 초과할 수 없다.

또한 외부추천이사로 이사 정수의 1/3(소수점 이하는 버림) 이상을 시 · 도의 사회보장위원회 또는 해당 시 · 군 · 구 지역사회보장협의체에서 3배수 추천한 사람 중에서 선임하여야 한다.

임기가 만료된 외부추천이사가 해당 법인의 선임이사로 추천절차 없이 연임하는 경우에는 더 이상 외부추천이사가 아니므로 새로운 외부추천이사를 선임하여야 한다.

(2) 이사회의 기능(「공익법인 설립운영에 관한 법률」 제7조)

① 법인의 예산, 결산, 차입금 및 재산의 취득 · 처분과 관리에 관한 사항

② 정관의 변경에 관한 사항

③ 법인의 합병 · 해산에 관한 사항

④ 임원의 임면에 관한 사항

⑤ 수익사업에 관한 사항

⑥ 기타 법령이나 정관에 의하여 그 권한에 속하는 사항

(3) 이사회의 소집

이사회는 원칙적으로 대표이사가 소집하고 그 의장이 된다. 예외로 대표이사가 궐위되거나 이를 기피함으로써 7일 이상 이사회의 소집이 불가능한 때에는 재적이사 과반수의 찬성으로 시 · 도지사의 승인을 받아 이를 소집할 수 있다.

이사회 소집이 가능한 경우는 ① 대표이사가 필요하다고 인정한 때(직권소집), ② 재적이사 과반수가 목적을 제시하여 소집을 요구할 때, ③ 법인의 감사가 법

인의 업무와 재산상황을 감사한 결과, 불법 또는 부당한 점이 있음을 발견하여 이를 이사회에 보고하기 위해 이사회의 소집을 요구할 때에도 소집하여야 한다. 일반적으로 이사회를 소집할 때에는 적어도 회의 7일 전에 회의 목적을 명시하여 각 이사에게 통지하여야 하며, 소집요건 ②, ③의 경우 소집요구일로부터 20일 이내에 이사회를 소집하여야 한다.

궐위, 사임, 해임, 임기만료 등으로 인해 이사의 정원이 7명 미만일 경우에는 「사회복지사업법」 제18조의 제1항을 위반하는 이사회가 되므로 이사회 개최나 의결의 효력이 없다.

(4) 의결 정족수

이사회의 의사는 정관에 특별한 규정이 없는 한 재적이사 과반수의 찬성으로 의결한다.

표결 및 발언권 등에 있어 각 이사는 평등한 의결권을 가지며, 이사회의 의사는 서면결의에 의할 수 없다. 이사회의 의결은 대한민국 국민인 이사(외국인 이사 제외)가 출석이사의 과반수가 되어야 하며, 이사의 의결권은 대리하여 행사할 수 없다.

(5) 회의록 작성 및 공개

이사회의 개의, 회의 중지 및 산회 일시, 안건, 의사, 출석한 임원의 성명, 표결수, 그 밖에 대표이사가 작성할 필요가 있다고 인정하는 사항을 회의록에 기재하여야 한다.

회의록이 작성되면 출석임원 전원이 회의록 및 회의조서 마지막 장에 날인 또는 자필서명해야 하며, 2매 이상인 경우에는 출석임원 전원이 간인(間印)한다.

회의록은 회의일로부터 10일 이내에 법인의 인터넷 홈페이지와 관할 시 · 도지사가 지정하는 인터넷 홈페이지에 각각 게시하여 게시일로부터 3개월간 공개하여야 한다.

2) 법인의 임원

(1) 이사의 의의

이사는 대외적으로 법인을 대표하고, 대내적으로 법인의 업무를 집행하는 필수기관이다(「민법」 제58조, 제59조).

이사의 정수는 대표이사를 포함한 7인 이상이어야 하며 그 임기는 3년으로 연임할 수 있다.

(2) 이사의 직무

이사는 선량한 관리자의 주의로 충실하게 그 직무를 행해야 하며, 이사가 그 임무를 게을리 한 때에는 법인에 대하여 연대하여 손해배상의 책임이 있다(「민법」 제61조, 제65조).

이사는 법인의 사무에 관하여 각자 법인을 대표하므로 이사의 행위는 대외적으로 법인의 행위로 인정되며 대표하는 사무에는 제한이 없다.

이사는 법인의 모든 내부적 사무를 집행할 권한이 있으며, 정관에 다른 규정이 없으면 법인의 사무집행은 이사의 과반수로써 결정한다.

(3) 감사

감사는 법인의 재산이나 업무집행상태의 적정 여부를 조사 · 감독하는 필수기관이다.

감사의 정수는 2인 이상이어야 하며 그 임기는 2년으로 연임할 수 있다.

감사는 「사회복지사업법 시행령」 제9조에 따라 이사와 '특별한 관계에 있는 자'가 아니어야 하며 감사 중 1명은 법률 또는 회계에 관한 지식이 있는 사람 중에서 선임하여야 한다.

감사 선임 당시 법인의 직전 3회계연도의 세입 금액 평균이 30억 원 이상인 법인은 감사 중 1명을 시 · 도지사의 추천을 받아 「주식회사의 외부 감사에 관한 법률」에 따른 감사인에 속한 전문가 감사를 선임해야 한다.

감사의 직무는 대내적 직무로 ① 법인의 업무와 재산상황을 감사하는 일 및 이사에 대하여 이에 필요한 자료의 제출 또는 의견을 요구하고 이사회에서 발언하는 일, ② 이사회의 회의록에 기명 날인하는 일, ③ 법인의 업무와 재산상황에 대하여 이사에게 의견을 진술하는 일, ④ 법인의 업무와 재산상황을 감사한 결과 불법 또는 부당한 점이 있음을 발견한 때 이를 이사회에 보고하는 일, ⑤ ④의 보고를 하기 위하여 필요한 때에는 이사회의 소집을 요구하는 일을 한다.

감사는 대외적 직무 수행으로 ① 법인의 직무와 재산상황을 감사한 결과 불법 또는 부당한 점이 있음을 발견한 때에는 곧바로 시 · 도지사에 이를 보고하여야 한다. ② 이사가 법인의 목적범위 외의 행위를 하거나 기타 「사회복지사업법」 또는 이 법에 의한 명령이나 정관에 위반하는 행위를 하여 법인에게 현저한 손해를 발생하게 할 우려가 있는 때에는 그 이사에 대하여 직무행위를 하지 못하도록 할 것을 법원에 청구할 수 있다.

(4) 임원의 겸직금지

이사는 법인이 설치한 사회복지시설의 장을 제외한 당해 시설의 직원을 겸할 수 없다.

감사는 법인의 이사, 법인이 설치한 사회복지시설의 장 또는 그 직원을 겸할 수 없다.

지방자치단체의 보조금을 교부받는 사회복지법인은 공공단체이므로 「지방자치법」 제35조제5항에 따라 지방의회 의원은 사회복지법인의 이사 또는 감사가 될 수 없다.

(5) 임원의 해임명령

시 · 도지사는 아래의 경우 법인에 대하여 그 임원의 해임을 명할 수 있다.

① 시 · 도지사의 명령을 정당한 이유 없이 이행하지 아니한 때

② 회계부정이나 현저한 불법행위 기타 부당행위 등이 발견되었을 때

③ 법인의 업무에 관하여 시 · 도지사에게 보고할 사항에 대해 고의로 보고를 지연하거나 허위보고를 한 때

④ 외부추천이사 선임과 관련된 사항을 위반하거나, 특별한 관계에 있는 사람을 규정을 초과하여 선임하거나, 감사의 선임과 관련된 사항을 위반하여 선임된 사람

⑤ 임원의 겸직근무 의무를 위반한 사람

⑥ 직무집행 정지명령을 이행하지 아니한 사람

⑦ 기타 「사회복지사업법」 또는 「사회복지사업법」에 의한 명령을 위반하였을 때

제2절 사회복지시설

1. 사회복지시설의 개념 정의

1) 사회복지시설의 일반적인 정의

사회복지시설은 일반적으로 경제적 · 신체적 · 정신적 또는 환경상의 이유로 일상생활을 영위하는 일이 곤란한 사람들을 생활, 이용, 기타의 방법으로 보호, 자활, 재활, 사회복귀를 목적으로 설치된 시설을 의미한다.

2) 사회복지시설의 법률상 정의

사회복지시설의 법률상의 정의는 「사회복지사업법」 제2조에 따른 "사회복지사업"을 행할 목적으로 설치된 시설을 의미한다. 사회복지시설 여부는 시설운영자가 주관적으로 판단하는 것이 아니라 실질적으로 사회복지시사업을 행하는지에 따라 판단한다.

「사회복지사업법」은 사회복지사업에 관한 기본법이다. 그러나 「아동복지법」, 「노인복지법」, 「장애인복지법」 등 개별법령에 별도의 규정이 있을 경우에는 해당 법령을 우선 적용한다.

3) 사회복지사업의 범위

사회복지사업은 「사회복지사업법」 제2조제1항에 규정된 개별법령에 의해 "보호 · 선도 또는 복지에 관한 사업"과 "사회복지상담 · 직업지원 · 무료 숙박 · 지역사회복지 · 의료복지 · 재가복지 · 사회복지관 운영 · 정신질환자 및 한센병력자 사회복귀에 관한 사업" 등 각종 복지사업과 이와 관련된 "자원봉사활동 및 복지시설의 운영 또는 지원을 목적으로 하는 사업"을 말한다.

「사회복지사업법」 제2조제1항에 규정된 개별법령은 다음과 같다.

① 국민기초생활보장법, ② 아동복지법, ③ 노인복지법, ④ 장애인복지법, ⑤ 한부모가족지원법, ⑥ 영유아보육법, ⑦ 성매매방지 및 피해자보호 등에 관한 법률, ⑧ 정신건강증진 및 정신질환자 복지서비스 지원에 관한 법률, ⑨ 성폭력 방지 및 피해자 보호 등에 관한 법률, ⑩ 입양특례법, ⑪ 일제하 일본군위안부 피해자에 대한 생활안정지원 및 기념사업 등에 관한 법률, ⑫ 사회복지공동모금회법, ⑬ 장애인 · 노인 · 임산부 등의 편의증진보장에 관한 법률, ⑭ 가정폭력방지 및 피해자보호 등에 관한 법률, ⑮ 농어촌주민의 보건복지증진을 위한 특별법, ⑯ 식품 등 기부 활성화에 관한 법률, ⑰ 의료급여법, ⑱ 기초연금법, ⑲ 긴급복지지원법, ⑳ 다문화가족지원법, ㉑ 장애인연금법, ㉒ 장애인활동 지원에 관한 법률, ㉓ 노숙인 등의 복지 및 자립지원에 관한 법률, ㉔ 보호관찰 등에 관한 법률, ㉕ 장애아동복지지원법, ㉖ 발달장애인 권리보장 및 지원에 관한 법률, ㉗ 청소년복지지원법, ㉘ 그 밖에 대통령으로 정하는 법률로 「건강가정기본법」, 「북한이탈주민의 보호 및 정착지원에 관한 법률」, 「자살예방 및 생명존중문화 조성을 위한 법률」, 「장애인 · 노인 등을 위한 보조기기 지원 및 활용촉진에 관한 법률」 등이 있다.

4) 사회복지시설의 종류

「사회복지사업법」에 따른 개별 관련법에 의해 설치된 사회복지시설의 종류는 다음과 같다.

시설종류	세부종류		관련법	소관 부처
	생활시설	이용시설		
노인 복지시설	• 노인주거복지시설 - 양로시설 - 노인 공동생활가정 - 노인복지주택 • 노인의료복지시설 - 노인요양시설 - 노인요양공동생활가정 • 학대피해노인전용쉼터	• 재가노인복지시설 (방문요양, 주·야간보호, 단기보호, 방문목욕, 방문간호, 재가노인지원) • 노인여가복지시설 - 노인복지관 - 경로당, 노인교실 • 노인보호전문기관 • 노인일자리전문기관	노인복지법	
복합노인 복지시설	농어촌지역에 한해 노인복지법 제31조 노인복지시설을 종합적으로 배치한 복합노인복지시설을 설치 · 운영 가능		농어촌주민을 위한 보건복지 증진을 위한 특별법	
아동 복지시설	• 아동양육시설 • 아동일시보호시설 • 아동보호치료시설 • 자립지원시설 • 공동생활가정 • 학대피해아동쉼터	• 아동상담소 • 아동전용시설 • 지역아동센터 • 다함께돌봄센터 • 아동보호전문기관 • 가정위탁지원센터 • 자립지원전담기관	아동복지법	보건 복지부
장애인 복지시설	• 장애인 거주시설 - 장애유형별 거주시설 - 중증장애인 거주시설 - 장애영유아 거주시설 - 장애인단기 거주시설 - 장애인공동생활가정 • 장애인 쉼터 - 피해장애인쉼터 - 피해장애아동쉼터	• 장애인지역사회재활시설 - 장애인복지관 - 장애인주간이용시설 - 장애인체육시설, 장애인수련시설, 장애인생활이동지원센터 - 수어통역센터, 점자도서관, 점서 및 녹음서 출판시설 • 장애인의료재활시설 • 장애인직업재활시설 - 장애인보호작업장 - 장애인근로사업장 - 장애인직업적응훈련시설 • 장애인생산품판매시설 • 지역보조기기센터	장애인복지법, 장애인·노인 등을 위한 보조기기 지원 및 활용촉진에 관한 법률	
정신건강 증진시설	• 정신요양시설 • 정신재활시설 중 생활시설	• 전신재활시설 중 이용시설	정신건강증진 및 정신질환자 복지서비스 지원에 관한 법률	

<table>
<tr><th rowspan="2">시설종류</th><th colspan="2">세부종류</th><th rowspan="2">관련법</th><th rowspan="2">소관부처</th></tr>
<tr><th>생활시설</th><th>이용시설</th></tr>
<tr><td>노숙인 시설</td><td>• 노숙인자활시설
• 노숙인재활시설
• 노숙인요양시설</td><td>• 노숙인종합지원센터
• 노숙인일시보호시설
• 노숙인급식시설
• 노숙인진료시설
• 쪽방상담소</td><td>노숙인 등의 복지 및 자립지원에 관한 법률</td><td rowspan="3">보건 복지부</td></tr>
<tr><td>사회복지관</td><td></td><td>• 사회복지관</td><td>사회복지사업법</td></tr>
<tr><td>지역자활센터</td><td></td><td>• 지역자활센터</td><td>국민기초생활보장법</td></tr>
<tr><td>결핵 · 한센 시설</td><td>• 결핵 · 한센시설</td><td></td><td>사회복지사업법</td><td>질병 관리청</td></tr>
<tr><td>성매매피해 지원시설</td><td>• 일반지원시설
• 청소년지원시설
• 외국인지원시설
• 자립지원공동생활시설</td><td>• 자활지원센터
• 성매매피해상담소</td><td>성폭력방지 및 피해자 보호 등에 관한 법률</td><td rowspan="7">여성 가족부</td></tr>
<tr><td>성폭력피해 보호시설</td><td>• 성폭력피해자보호시설</td><td>• 성폭력피해상담소</td><td>성폭력방지 및 피해자 보호 등에 관한 법률</td></tr>
<tr><td>가정폭력 보호시설</td><td>• 가정폭력피해자보호시설</td><td>• 가정폭력상담소
• 긴급전화센터</td><td>가정폭력방지 및 피해자보호 등에 관한 법률</td></tr>
<tr><td>한부모가족 복지시설</td><td>• 출산지원시설
• 양육지원시설
• 생활지원시설
• 일시지원시설</td><td>• 한부모가족복지상담소</td><td>한부모가족지원법</td></tr>
<tr><td>다문화가족 지원센터</td><td></td><td>• 다문화가족지원센터</td><td>다문화가족지원법</td></tr>
<tr><td>건강가정 지원센터</td><td></td><td>• 건강가정지원센터</td><td>건강가정기본법</td></tr>
<tr><td>청소년 복지시설</td><td>• 청소년쉼터
• 청소년자립지원관
• 청소년치료재활센터
• 청소년회복지원시설</td><td></td><td>청소년복지지원법</td></tr>
<tr><td>북한이탈주민 지원시설</td><td></td><td>• 북한이탈주민지역적응센터</td><td>북한이탈주민의 보호 및 정착지원에 관한 법률</td><td>통일부</td></tr>
<tr><td>어린이집</td><td></td><td>• 어린이집</td><td>영유아보육법</td><td>교육부</td></tr>
</table>

2. 사회복지시설의 설치

1) 사회복지시설의 설치 주체

국가 또는 지방자치단체는 사회복지시설을 설치 · 운영해야 할 책임이 있다.[1] 그러나 국가나 지방자치단체의 노력만으로는 충분한 시설설치가 어렵기 때문에 사회복지법인, 비영리법인, 개인 등은 결격사유가 없는 한 누구나 사회복지시설을 설치 · 운영할 수가 있다.[2]

2) 사회복지시설 설치 적용법규

사회복지시설의 설치기준은 시설의 종류, 대상자, 설치 목적에 따라 앞서 언급한 개별 사회복지법령에서 각기 따로 규정하고 있다. 대체로 해당 법령의 시행규칙에 상세한 사항이 규정되어 있으며 구체적으로 ① 시설기준(환경설치 기준), ② 직원기준(인력배치기준), ③ 재정기준(사업 수행능력 기준) 등을 정하고 있다.

3) 사회복지시설 신고제도

국가 또는 지방자치단체 외의 자가 시설을 설치 · 운영하고자 할 때에는 해당 시 · 군 · 구청장에게 신고하여야 한다(「사회복지사업법」 제34조).

신고하지 않고 사회복지시설을 설치 · 운영하는 경우에는 1년 이하 징역 또는 1천만 원 이하의 벌금형에 처하고, 해당 시설은 폐쇄 조치된다.

4) 사회복지시설 신고 절차

(1) 신고서 작성

신고인은 운영하고자 하는 시설의 목적, 종류, 규모, 운영주체 등을 고려하여

---

1) 「대한민국헌법」 제34조 제2항 '국가는 사회보장 · 사회복지증진에 노력할 의무를 진다.'

2) 「사회복지사업법」 제34조의 규정에 의해 제40조에 따라 폐쇄명령을 받고 3년이 경과되지 아니한 자, 제19조 제3항 각호에 해당하는 개인 또는 그 개인이 임원인 법인은 결격사유에 해당한다.

관련 법령의 신고요건을 충분히 숙지한 후 법령에 나온 신고서 양식에 의해 신고서를 작성한다.

(2) 신고서 접수

사회복지시설을 설치하고자 하는 주소지의 시 · 군 · 구청장에게 신고서를 접수한다. 구비서류는 다음과 같다.

① 설치하고자 하는 자의 주민등록등본 1부(법인의 경우 정관 1부 및 법인등기부등본 각 1부)
② 시설운영에 필요한 재산목록(소유를 증명할 수 있는 서류 첨부)
③ 사업계획서 및 예산서 각 1부
④ 시설의 평면도(시설의 층별 및 구조별 면적 표시)와 건물의 배치도 각 1부

(3) 신고 수리 및 사회복지시설신고증 발급

시 · 군 · 구청장은 신고서 접수 시 「사회복지사업법」 및 개별법령에서 요구하는 신고요건에 적합지를 검토하고 보완요구 또는 수리 여부를 결정한다. 필요 시 현장방문하고, 「건축법」 및 그린벨트 관련법 등 타 법령 위반 여부를 검토한 후 최종적으로 신고수리 여부를 결정한다. 신고수리가 결정되면 해당 신고인에게 사회복지시설신고증을 발급한다.

5) 사업자등록증 또는 고유번호증 별도 발급

사회복지시설을 설치 · 운영할 경우 세무행정 및 시설운영의 투명성을 위해 각 시설별로 별도의 사업자등록증 또는 고유번호증을 발급받아야 한다. 이는 국세청 또는 관할 세무서에서 발급한다.

3. 사회복지시설의 운영

1) 시설의 시설장 및 종사자 자격 등

사회복지시설의 시설장 및 종사자는 「사회복지사업법」 및 개별법령 등에 명시된 결격사유에 해당되지 않아야 하고, 각 시설유형에서 요구하는 자격기준을 갖추어야 한다. 또한 시설장은 상근을 원칙으로 한다.

사회복지시설 운영의 민주성 · 투명성 제고 및 시설 이용 · 생활자의 권익 향상 등을 위해 사회복지시설 운영위원회를 설치 · 운영하여야 한다.

시설운영위원회는 위원장 1인을 포함하여 5인 이상 15인 이하의 위원으로 구성하고, 관할 시장 · 군수 · 구청장이 임명 또는 위촉한다.

운영위원은 시설장, 시설 거주자(이용자) 대표, 시설 거주자(이용자)의 보호자 대표, 시설 종사자의 대표, 해당 공무원, 후원자 또는 지역주민, 공익단체에서 추천한 사람, 전문지식과 경험이 풍부한 사람들로 구성하며, 위원장은 호선으로 선출한다. 위원의 임기는 3년으로 하되 연임할 수 있다.

운영위원회는 시설운영계획의 수립 · 평가, 사회복지프로그램의 개발 · 평가, 시설종사자의 근무환경 개선, 시설거주자의 생활환경 개선 및 고충처리, 종사자와 거주자의 인권보호 및 권익증진, 시설과 지역사회와의 협력에 관한 사항 등을 심의하고, 회계 및 예산 · 결산, 후원금 조성 및 집행, 사건 · 사고에 관한 사항을 보고한다. 운영위원회는 매 분기별 1회 이상 정기회의를 개최하며, 필요시 수시회의를 개최할 수 있다.

2) 시설운영의 투명성 강화

정부에서 인건비를 지원하는 시설의 시설장은 65세, 종사자는 60세를 초과하여 인건비를 지급할 수 없다. 이 기준을 초과하여 계속 근무하는 직원의 인건비는 시설이 자체적으로 지급하여야 한다.

시설운영비는 지출사무를 관리하는 자(대표이사, 시설장) 및 그 위임을 받아 지출명령이 있는 것에 한하여 지출원이 지출한다. 지출은 예금통장 또는 「전자거래

기본법」에 의한 전자거래로 집행하며, 특히 보조금의 경우 보조금 전용카드로 집행한다.

시 · 군 · 구는 시설운영위원회를 활성화하고 시설과 지역사회가 상호 협력체계를 구축하는 등 민주적이고 투명한 시설운영을 통해 인권유린 문제가 발생되지 않도록 지속적인 지도 · 감독을 실시한다. 시설 생활자에 대한 인권보호 강화를 위하여 수시로 인권 관련 시설 조치여부를 점검하고, 인권침해 등으로 정상적 운영이 불가능한 시설은 1회 적발만으로 시설폐쇄를 명하여야 한다.

3) 시설 서비스 최저기준 적용

사회복지시설의 운영자는 보건복지부 장관이 정하는 시설의 서비스 최저기준 이상으로 서비스 수준을 유지하여야 한다.

사회복지서비스 최저기준에는 다음의 사항이 포함되어야 한다. (「사회복지사업법 시행규칙」 제27조)

① 시설 이용자의 인권
② 시설의 환경
③ 시설의 운영
④ 시설의 안전관리
⑤ 시설의 인력관리
⑥ 지역사회 연계
⑦ 서비스의 과정 및 결과
⑧ 그 밖에 서비스 최저기준 유지에 필요한 사항

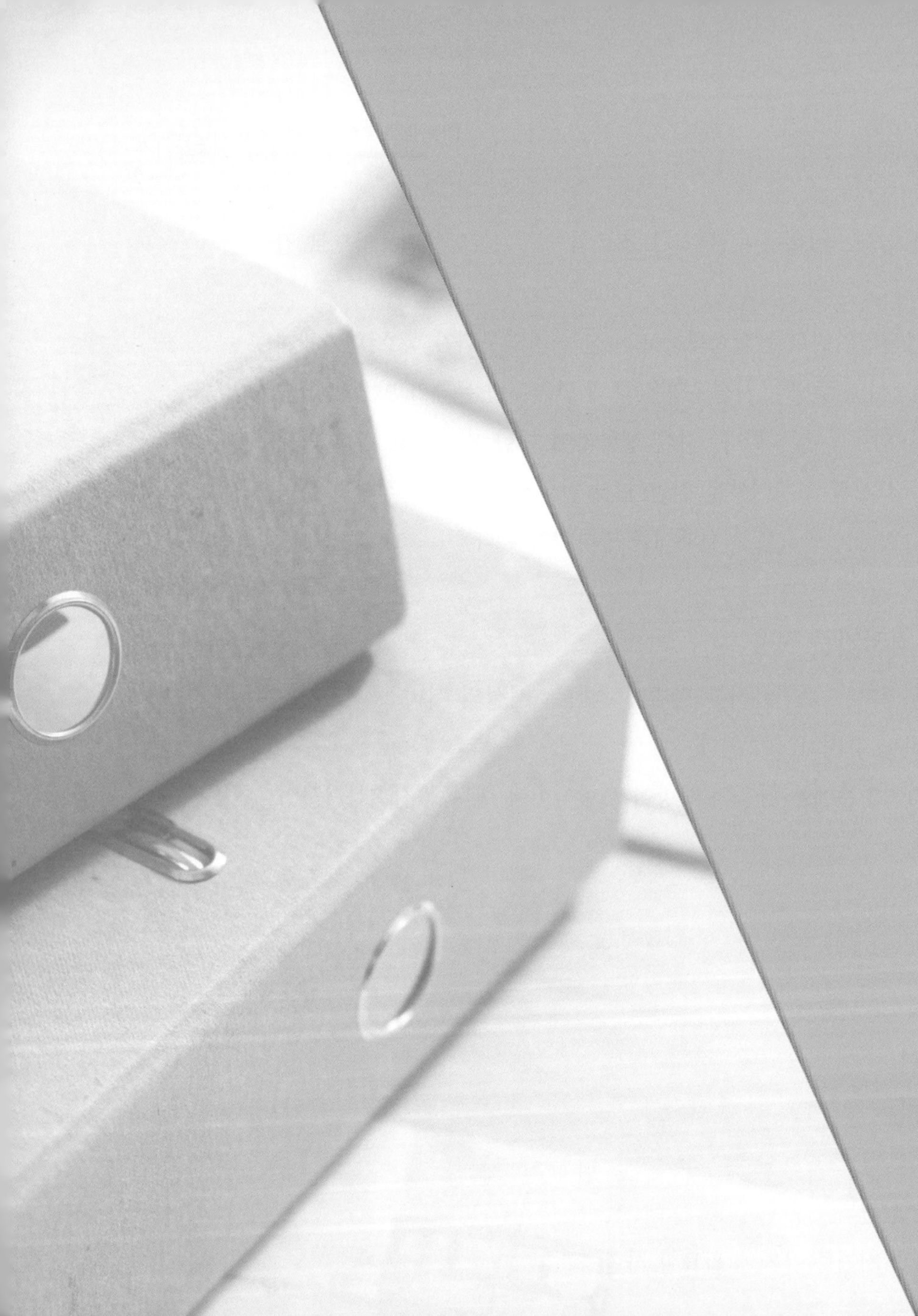

제3장

운영 규정

제1절 규정관리

1. 규정과 지침의 개요 및 관리

사회복지시설의 운영 주체는 지방자치단체장의 시설운영지침을 참고하여 조직, 인사, 복무, 보수, 회계, 물품, 문서 등 사회복지시설의 관리 · 운영에 필요한 규정을 정하여 시행하여야 한다.

1) 용어의 정의

규정이라 함은 공공기관의 내부조직 및 사무처리상의 규칙 혹은 사회복지시설에서 제정하는 규범적 문서를 말하며 지침은 이들 규정을 시행하기 위한 세부기준, 절차, 요령 등을 정한 것을 말한다.

명칭	정의
규정	시설의 기본조직, 경영활동의 질서, 직원의 권리와 의무, 제반 업무수행 등에 관한 방침 및 기준으로 체계적인 형식을 갖춘 것으로, 시설 규범의 근간이 됨
지침(규칙, 세칙, 요령)	규정에서 위임된 사항과 시설 업무 중 부분적이며 한정적인 사항에 관한 사무처리 방법 및 절차 등을 정한 것으로, 규정을 시행하기 위하여 필요한 세부기준 · 절차 · 요령 등을 정한 것

2) 작성형식

규정과 지침의 작성형식은 법률의 작성형식에 준하며, 구체적으로는 다음과 같다.

① 규정과 지침은 총칙, 본칙, 부칙의 요소를 구비하여야 한다. 다만 그 내용이 간단할 때는 총칙을 두지 아니할 수 있다.

② 규정과 지침의 항목구분은 장, 조, 항, 호로 하되 그 내용이 비교적 간단할 때에는 장을 두지 아니할 수 있다.

③ 각 조문에는 규정과 지침의 내용을 간결하게 요약한 조문 표제를 붙인다.

④ 외래어를 부득이 사용할 때에는 교육부 제정 외래어 표기법에 따르되 뜻의 전달이 곤란한 경우에는 괄호 안에 한자 또는 외국어를 병용할 수 있다.
⑤ 규정과 지침의 표기는 한글 가로쓰기를 원칙으로 한다.
⑥ 부칙에는 시행일, 기존 규정의 개정, 경과조치 및 유효기간에 관한 사항 등을 둔다.
⑦ 부칙이 5개항 이내일 때에는 '항'으로 표시하고 이를 초과할 때는 '조'로 표시한다.
⑧ '보기' 및 '서식' 등의 별표는 부칙 다음에 기재함을 원칙으로 한다.

3) 규정과 지침의 제정 및 개정 절차

규정과 지침은 상위 법령 등에서 위임한 사항을 사회복지시설의 형편 등을 감안하여 실질적으로 적용될 수 있도록 제정하여야 한다. 따라서 상위 법령이 개정되었을 경우에는 신속하게 개정하여야 하며, 필요가 없게 된 규정은 신속히 폐지하여야 한다.

사회복지시설에서 규정과 지침을 제정하거나 개정, 폐지할 경우 정부의 입법이나 지방자치단체의 자치법규 제정 등과 같이 절차를 따라야 하지만 현실적으로 인력 등의 부족으로 한계가 있다.

일반적인 규정과 지침의 제정 및 개정절차는 다음과 같다(부산복지개발원, 2016).

① 규정과 지침을 제정 및 개정하고자 할 경우 해당 팀장은 그 안을 작성하여 담당자(주로 기획 · 총무팀 등)에게 제출한다.
② 규정과 지침 담당자와 시설장은 제출된 안에 대하여 운영 기본방침과 다른 규정 및 지침과의 저촉 여부, 체계, 형식, 내용의 타당성 등을 검토하여 안을 확정한다.
③ 규정안은 이사회와 운영위원회의 심의 의결로 확정하며, 지침은 시설장의 결재로 확정한다.

[ㅇㅇ 종합사회복지관 이사회 심의 안건]

복무규정 일부개정(안)

1. 의결주문
   - ㅇㅇ종합사회복지관의 복무규정안을 원안대로 의결하여 주실 것을 주문함.

2. 제안사유
   - ㅇㅇ특별시의 사회복지시설 종사자 처우개선 계획(유급병가제도, 장기근속휴가제도)에 관한 자체규정의 반영 요청에 따라 복지관의 복무규정 개정
     ※ ㅇㅇ특별시 ㅇㅇ돌봄복지과-1504(2019.1.28.), '사회복지시설 종사자 처우개선 관련 시설의 운영규정 반영요청'

3. 주요골자
   - ㅇㅇ시 공무원 복무조례 제22조 일부 준용, "유급병가제도" 내용 신설 및 구체화(제21조)
   - "장기근속휴가" 신설(제24조)

4. 첨부
- 복무규정 일부개정(안) 신구대비표

현 행	개정(안)	비고
제21조(병가) ① 직원이 업무 외 재해 또는 질병으로 인하여 요양을 할 때에는 30일 이내의 병가를 인정한다(병가일수가 3일을 초과할 때에는 진단서 첨부)	〈좌동〉 ① 관장은 직원이 다음 각 호의 어느 하나에 해당할 경우에는 연60일의 범위 안에서 병가를 허가할 수 있다. 1. 질병 또는 부상으로 이하여 직무를 수행할 수 없을 때 2. 전염병으로 인하여 그 직원의 출근이 다른 직원의 건강에 영향을 미칠 우려가 있을 때	• ㅇㅇ시 공무원 복무 조례 제22조 (병가) 일부 준용

4) 효력

① 법령, 조례, 정관과 이사회 결의에 저촉되는 규정은 그 부분에 한하여 효력을 상실한다.

② 해당 지방자치단체의 시설 운영관련 지침이 변경되면 그에 따르며 관련 규정과 지침을 변경해야 한다.

③ 제 규정은 정관, 규정, 지침의 순으로 상하위의 순위를 가지며 상위의 규정은 하위의 규정에 우선한다.

④ 각 규정은 기능별 분류에 따른 소관사항의 것만을 정함을 원칙으로 한다.

⑤ 동일순위의 규정 중 서로 저촉되는 부분이 있는 때에는 특별규정이 일반규정에 우선하며, 신규정이 구규정에 우선한다.

⑥ 규정 및 지침은 시행일로부터 효력이 발생하되 시행일이 특정되지 않는 것은 공포일로부터 효력이 발생한다.

⑦ 규정은 원칙적으로 소급 적용하지 못한다. 다만, 그 적용을 받는 자에게 불이익을 주지 않은 범위 내에서 소급 적용할 수 있다.

5) 공포

① 규정과 지침 담당자는 확정된 규정을 규정 및 지침집에 등록한 후 곧바로 공포하여야 한다.

② 직원에게 규정집을 배포하며 이용자와 관련된 규정은 관내 게시판이나 홈페이지를 통해 공포한다.

2. 규정과 지침의 관리

1) 유지관리

① 규정과 지침 담당자는 규정관리대장을 비치하고 규정의 제 · 개정경과를 기록 · 유지하여야 한다.

② 규정과 지침 담당자는 규정의 제 · 개정에 관한 의안이 제출되었을 때는 신속한 조치를 취하여 항상 실효성이 있는 규정을 유지할 책임이 있다.

③ 규정과 지침집은 일련번호를 부여하여 관리한다.

④ 규정과 지침집은 각 팀 또는 전 직원에게 배부한다.

⑤ 배부된 규정과 지침집의 관리는 배부된 부서의 장(책임자)이 책임 · 관리한다.

⑥ 규정과 지침집 관리상태를 연 1회 이상 점검하고, 분실 또는 파손 시에는 관리책임자로 하여금 회복 조치하게 한다.

⑦ 사회복지시설의 사무수행에 필요한 경우를 제외하고는 복제, 복사 및 관외로 반출할 수 없다. 규정과 지침집을 관외로 반출하고자 할 때는 담당자의 협조를 받아 시설장의 재가를 받아야 한다.

2) 담당 및 업무

규정과 지침은 통상적으로 기획팀이나 총무팀에서 담당하며, 그 업무는 다음과 같다.

① 규정과 지침의 제정, 개정에 관련된 행정 총괄

② 규정과 지침의 명칭 및 규정과 지침 번호의 결정

③ 규정과 지침의 공포 및 관리

④ 규정과 지침의 시행 독려

⑤ 규정과 지침의 유권 해석 등

〈참고〉 ○○종합사회복지관 규정집 가제정리 일람표

규정집 가제정리 일람표

대본 : 2012년 8월 27일

추록횟수	내용시행일	가제정리일	정리자서명
제1회	20**년 0월 0일	20**년 0월 0일	홍길동
제2회	20**년 0월 0일	20**년 0월 0일	홍길동
제3회	20**년 0월 0일	20**년 0월 0일	홍길동

3. 규정과 지침에 포함될 내용

1) 규정

규정은 다음과 같이 분류할 수 있다.

- 기본편: 운영 규정, 윤리경영 규정 등
- 조직관리편: 조직 및 업무분장 규정 등
- 인사관리편: 인사관리 규정, 복무 규정, 보수 및 퇴직금 규정 등
- 재무회계 및 시설관리편: 재무회계관리 규정, 후원자 및 후원금(품)관리 규정, 물품관리 규정, 시설관리 규정 등
- 사업관리편: 서비스관리 규정 등

2) 지침

지침은 다음과 같이 분류할 수 있다.

- 조직관리편: 위임전결 지침, 노사협의회 지침 등
- 인사관리편: 직원개발 지침, 직원평정 지침 등
- 사무관리편: 문서 및 정보관리 지침, 개인정보 보호 지침 등
- 시설관리편: 차량관리 지침, 시설관리 지침, 시설 및 장비대여 지침

- 사업관리편: 서비스관리 지침, 사례지원 지침, 슈퍼비전 지침, 이용료 지침, 부속시설(각종센터 등) 지침 등
- 이용자권리편: 이용자 권리 지침
- 이용자안전편: 이용자 안전 지침
- 자원개발편: 사회복지현장실습 지침, 지역사회자원관리 지침, 자원봉사관리 지침 등

제2절 운영 규정

1. 조직관리

1) 조직의 이해

조직은 특정한 목적을 달성하기 위해 인위적으로 구성된 것으로 자원과 기술을 사용하는 공식화된 집단이다. 여러 인적, 물적, 수단들이 논리적이며 체계적으로 연결되고 조정되며 공통의 이해관계를 공유한다. 따라서 조직은 기관의 구조와 기능을 가지며, 다양한 수준의 직원, 이사회와 위원회, 명령계통, 기타요소를 포함한다.

사회복지조직의 활동은 클라이언트와 관련되어 있고 이들의 신체적, 심리적, 사회적, 문화적 특징을 개선된 상태로 변화시키는 것을 목적으로 한다.

일반적으로 사회복지조직의 특성은 다음과 같다(이봉주 외, 2012).

(1) 도덕적 가치

사회복지조직은 인간의 사회 · 심리적 욕구를 직접 다룬다. 따라서 사회복지의 대상인 인간을 다루는 서비스 기술은 사회적 가치에 제약을 받게 되고 도덕적으로 정당화될 수 있어야 한다. 즉, 서비스의 효과성은 제도적 측면이 아닌 인간적 가치의 측면에서 판단하여야 한다.

(2) 상호작용

사회복지조직의 핵심활동은 내부 구성원과 서비스 이용자 간의 상호작용이다. 따라서 이러한 관계는 사회서비스 제공에 핵심적인 역할을 수행하며, 서비스의 결과물은 언제나 불확실한 상태에 있다.

(3) 기술의 불확실성

사회복지조직의 대상은 인간이며, 인간은 복잡한 체계로서 상호 연관되어 있으며 다양한 속성을 지녔고 변동적인 존재이다. 따라서 사회복지조직이 사용하는 기술은 결정적이지 않다. 인간의 변화, 기능하는 방법에 대한 기술은 명료하지 못하고 불확실하며, 서비스의 질은 서비스를 제공하는 사람의 판단과 기술에 의존하게 된다.

(4) 전문성

사회복지조직은 주로 전문가에 의존한다. 사회복지조직의 업무과정에서 조직관리자의 지시뿐만 아니라 전문적 교육의 내용, 전문적 활동에의 참여, 전문 지지집단의 이용가능성 등에 의해서 그 실천이 결정된다.

(5) 환경 의존성

사회복지조직은 개방체계로서 사회적, 경제적 변화과정에 의해서 영향을 받으며, 반대로 사회복지조직도 현재상태, 환경의 변화를 지향한다.

2) 사회복지조직의 책임성과 변화

사회복지조직은 보다 효과적인 인간복지서비스를 유지 · 증진하기 위한 것으로 환경의 변화에 따라 끊임없이 변해야 한다. 사회복지조직의 책임성에 영향을 주는 요인은 서비스의 다양성, 기술의 복잡성, 목표의 불확실성에 따른 내부적 요인과 다양한 공급주체에 따른 외부적 요인으로 나눌 수 있다.

이러한 사회복지조직 책임성은 다음과 같이 관리할 수 있다(보건복지부, 2016).

첫째, 특정한 상황에서 서비스 제공자가 취해야 할 반응은 어떤 것이어야 하는지를 조직이 파악하고 있어야 한다.

둘째, 서비스 제공자의 활동을 모니터링하고, 모니터링된 활동을 조직이 선호하는 반응과 비교해 평가한다.

셋째, 사회복지조직은 서비스 제공자의 바람직한 행동을 유도하기 위해 다양한 유인적 동기와 제재수단을 갖추어야 한다.

최근 사회복지환경이 급변하고 있다. 이에 책임성 있는 조직으로 변화하기 위해 사회복지조직은 적응하지 않으면 안 된다. 이러한 사회복지조직 변화의 방향을 크게 다음 두 가지 방향에서 살펴볼 수 있다(박영숙, 2009).

(1) 공공 부문의 제도적 규범변화

사회복지조직의 개방화, 공공 규범의 변화, 클라이언트에 대한 권한 부여, 전문직의 권한 강화, 서비스 전달체계로서의 조직 등으로의 변혁이 과제로 주어진다.

(2) 사회복지조직들의 역량 강화

청렴성과 개방성 그리고 효과적인 기술들이 결합된 혁신적인 조직 모델과 이론의 개발, 혁신을 위한 인력 강화에 따른 전문화 교육, 투명한 시설운영의 역할 수행과 시설의 개방화를 촉진시키고 전문화된 프로그램의 수행이 요구된다. 또한 전문직의 기능 강화를 통해 그 전문직이 대표하려는 클라이언트 집단의 이익이 달성되도록 노력해야 할 것이다.

〈표 3-1〉 미래 조직변화의 기본방향

조직화 패러다임의 전통	신조직화 패러다임(미래 조직설계의 중심 축)
효율 지향성	고객 지향성: 프로세스 조직의 기본원리
경쟁 지향성	공생 지향성: 팀제 조직의 중심원리
계층 지향성	개인 지향성: 네트워크 조직의 기본 철학이며 가치관
관행 지향성	학습 지향성: 학습조직의 기본 철학이며 가치관

2. 인사관리

1) 사회복지시설에서의 인사관리[1)]

인사관리의 활동들은 사회서비스의 효과성과 효율성을 제공하며 전문성 향상에도 기여하는 중요한 요소가 된다. 사회복지사 자신이 일하는 사회복지조직은 그 어느 조직보다도 조직 구성원에 대한 관리, 즉 인사관리가 매우 중요하다 할 수 있다.

사회복지조직의 인사관리 구성요소로는 직원의 모집과 채용, 직원에 대한 오리엔테이션, 업무의 분석과 설계 및 할당, 과업평가의 설계와 실행, 직원의 훈련과 개발 및 경력개발, 직원 성과문제에 대한 대응, 그리고 직원에 대한 보상과 이직관리 등으로 정리해 볼 수 있다.

2) 관련 법령

(1) 공개채용 「채용절차의 공정화에 관한 법률」 제11조

사회복지시설에서 보조금으로 인건비를 지급받는 직원을 채용하고자 할 때에는 공개채용을 원칙으로 한다. 공개채용 방식에 있어 채용공고 후 지원자에 대한 합격 여부(서류전형, 면접전형 등 단계별 합격 포함)도 함께 공고하고, 불합격자에 대하여도 불합격사실을 반드시 통지한다.

1) 본 내용은 진광규(2008), '사회복지시설 운영 규정 및 재무회계 매뉴얼의 인사관리'와 황성철 외(2014), '사회복지행정론'을 일부 발췌하여 재집필하였다.

(2) 시설장 또는 종사자의 결격사유 「사회복지사업법」 제35조, 제35조의 2 제2항

시설장의 결격사유(전체 사회복지시설 공통 적용)로는 「사회복지사업법」 제35조, 「아동복지법」 제71조, 「보조금 관리에 관한 법률」 제40~42조, 「형법」 제28장, 제40장(제360조는 제외)의 죄를 범하거나 이 법을 위반한 것에 해당하는 사람, 「성폭력범죄의 처벌 등에 관한 특례법」 제2조의 성폭력범죄(제2조 제1항 제1호는 제외) 또는 「아동 · 청소년의 성보호에 관한 법률」 제2조 제2호의 아동 · 청소년 대상 성범죄를 저지른 사람으로서 형 또는 치료감호를 선고받고 확정된 후 그 형 또는 치료감호의 전부 또는 일부의 집행이 끝나거나(집행이 끝난 것으로 보는 경우 포함) 집행이 유예 · 면제된 날부터 10년이 지나지 아니한 사람은 채용할 수 없다.

그리고 종사자의 결격사유(전체 사회복지시설 공통 적용)와 관련하여 「사회복지사업법」 제35조의 2, 「성폭력범죄의 처벌 등에 관한 특례법」 제2조에 따른 성폭력범죄 및 「아동 · 청소년의 성보호에 관한 법률」 제2조 제2호에 따른 아동 · 청소년 대상 성범죄를 저질러 금고 이상의 형 또는 치료감소를 선고받고 그 형이 확정된 사람 등이 해당된다.

마지막으로, 개별법령상 결격사유 규정으로 「장애인복지법」 제59조의 3, 「아동복지법」 제29조의 3, 「성폭력방지 및 피해자 보호 등에 관한 법률」 제19조, 「가정폭력방지 및 피해자 보호 등에 관한 법률」, 「영유아보육법」 제16조, 「노인복지법」 제39조의 17 등이 해당된다.

(3) 관련근거에 따른 세부내용

- 인사위원회의 구성
- 임용
- 호봉획정 및 승진 · 승급
- 휴직 및 복직
- 포상 및 징계
- 퇴직

3. 복무관리

1) 복무관리의 이해

사회복지시설에서 복무관리는 시설의 제 규정이나 지침, 절차 등에 관한 사항을 준수하고 업무상의 지시나 명령에 복종하며, 업무적 능률향상과 효율화를 도모하는 행정적 관리를 의미한다.

복무 규정은 시설의 직원으로서의 성실성과 적극성 등 지켜야 할 의무사항이 주를 이룬다. 더불어 휴직, 퇴직, 휴가 등에 대하여 회사가 정한 규칙을 함께 기록한다.

「근로기준법」, 「남녀고용평등과 일 · 가정 양립 지원에 관한 법」 등에서 정한 근로조건 들을 준수하고 직원들의 능력개발 및 성장을 도모한다.

2) 관련 법령

(1) 「근로기준법」

「근로기준법」은 근로조건의 기준을 정함으로써 근로자의 기본생활을 보장, 향상시키며 균형 있는 국민경제의 발전을 도모함을 목적으로 한다(제1조). 이 법은 근로자와 사용자가 동등한 지위에서 자유의사에 의하여 근로조건이 결정되도록 하면서도(제4조), 실질적 종속관계의 배제를 위하여 근로조건의 적정화를 기하는데 목적이 있다.

그 근거는 「근로기준법」 제17조 '근로조건의 명시' 및 같은 법 시행령 제8조 '명시하여야 할 근로조건'에서 찾아볼 수 있다. 또한 「근로기준법」 제20조(위약 예정의 금지), 제21조(전차금 상계의 금지), 제22조(강제 저금의 금지), 제50조(근로시간), 제53조(연장근로의 제한), 제54조(휴게), 제56조(연장 · 야간 및 휴일근로), 제59조(근로시간 및 휴게시간의 특례), 제60조(연차유급휴가), 제61조(연차유급휴가의 사용촉진), 제69조(근로시간), 제71조(시간외근로), 제74조(임산부의 보호), 제95조(제재 규정의 제한) 등 관련 법조항을 근거로 할 수 있다.

부속법령으로는 「근로기준법 시행령」 등이 있고, 관련 법령으로 「최저임금법」 및 같은 법 시행령, 「남녀고용평등법(약칭)」 및 같은 법 시행령, 「산업안전보건법」 및 같은 법 시행령 등이 있다. 그리고 개별적 근로관계법이라 할 「산업재해보상보험법」, 「직업훈련기본법」, 「직업안정법」 등이 있다.

(2) 「기간제 및 단시간근로자 보호 등에 관한 법률」

기간제근로자 및 단시간근로자에 대한 불합리한 차별을 시정하고 이들 근로자의 근로조건 보호를 강화함으로써 노동시장의 건전한 발전에 이바지함을 목적으로 하며, 주요 내용은 다음과 같다.

① 기간제근로자의 최대 사용기간을 2년으로 정하고, 그 기간을 초과하여 사용하는 경우에는 '기간의 정함이 없는 근로계약'을 체결한 근로자로 본다(제4조).
② 단시간근로자에 대하여 소정 근로시간을 초과하여 근로를 시키는 경우에는 해당 단시간근로자의 동의를 얻도록 하고, 그 상한을 1주에 12시간으로 정한다(제6조).
③ 기간제 · 단시간근로자에 대한 임금 등 차별적 처우를 금지하고, 그와 관련한 분쟁 해결에 있어서의 입증책임은 사용자가 부담한다(제8조, 제9조).

(3) 「남녀고용평등법」

정식 명칭은 「남녀고용평등과 일 · 가정 양립 지원에 관한 법률」이다. 이 법은 근로자를 사용하는 모든 사업 또는 사업장에 적용되며(제3조), 남녀의 평등한 기회보장 및 대우, 직장 내 성희롱 금지 및 예방, 여성의 직업능력 개발 및 고용 촉진, 적극적 고용개선 조치, 모성보호, 일 · 가정의 양립 지원과 그와 관련한 분쟁의 예방과 해결에 대해 규정하고 있다.

관련 법 조항은 제7조(모집과 채용), 제10조(교육 · 배치 및 승진), 제19조(육아휴직), 제18조의 2(배우자 출산휴가), 제19조의 4(육아휴직과 육아기 근로시간 단축의 사용형태), 제22조의 2(근로자의 가족돌봄 등을 위한 지원) 등이 있다.

(4) 「고용정책 기본법」

국가가 고용에 관한 정책을 종합적으로 수립 · 시행함으로써 국민 개개인이 그 능력을 최대한 개발 · 발휘할 수 있도록 하고, 노동시장의 효율성 제고와 노동력의 수급균형을 도모하여 고용의 안정, 근로자의 경제적 · 사회적 지위의 향상 및 국민경제 · 사회의 균형 있는 발전에 이바지함을 목적으로 한다. 제7조(취업기회의 균등한 보장) 등이 적용된다.

(5) 「산업안전보건법」

「근로기준법」상의 안전과 보건에 관한 규정의 취지를 계승하면서 더욱 많은 안전관리규정과 보건관리규정을 종합하고 보완하는 법이다.

제31조(안전 · 보건교육), 시행규칙 제33조(교육시간 및 교육내용) 등이 현장에서 적용된다.

(6) 「근로자 참여 및 협력증진에 관한 법률」

근로자와 사용자 쌍방의 참여와 협력을 통하여 노 · 사 공동의 이익을 증진하고 기업의 경쟁력 강화와 근로자의 삶의 질 향상을 도모하기 위하여 제정된 법이다. 제4조(노사협의회의 설치), 제6조(협의회의 구성), 제26조(고충처리위원)이 노사협의회 규정 마련 등에 적용된다.

(7) 「근로자퇴직급여 보장법」

근로자의 퇴직급여제도 설정 및 운영에 필요한 사항을 정함으로써 근로자의 안정적인 노후생활 보장에 이바지함을 목적으로 제정된 법이다. 제4조 「퇴직급여제도의 설정」, 제8조 「퇴직금제도의 설정 등」이 퇴직급여 결정에 적용된다.

(8) 사회복지시설운영에 관한 각종 지침

원칙적으로 사회복지시설은 「근로기준법」이 적용되는 일반사업장이다. 보건복지부에서는 매년 사회복지시설 직원들의 근로조건에 관해 사회복지시설 운영지침 등을 공고한다.

사회복지시설 운영지침은 보조적 실무가이드라인이라 할 수 있으며, 만약 「근로기준법」과 충돌된다면 법이 우선 적용되어야 한다.

(9) 기타

「산업재해보상보험법」, 「국민건강보험법」, 「국가공무원 복무 규정」 등을 참고할 수 있으며 근로복지공단(www.kcomwel.or.kr), 고용노동부(www.moel.go.kr) 사이트를 통한 실무관련 사례 등을 파악하여 현장에 맞는 규정마련을 할 수 있다.

4. 업무관리

1) 규정의 이해

사회복지법인 · 사회복지시설 업무 운영에 관한 사항을 규정함으로써 행정업무의 간소화 · 표준화 · 과학화 및 정보화를 도모하고 행정기관 및 사회복지기관 간 협업을 촉진하여 업무의 효율을 높이는 데 목적이 있다.

(1) 업무의 개념

가) 고전적 개념: 사무중심

종래에는 '업무'의 본질을 종이를 사용한 기록 · 활용 및 보존이라는 '사무'의 범위로 좁게 인식하였고, 이에 따라 '업무'의 개념도 사무실에서 이루어지는 서류의 생산 · 유통 · 보존 등 서류에 관한 작업(paper work, desk work)으로 한정하여 파악하였다.

한편 운영이란 인간, 기계, 설비, 자금 등을 잘 활용 · 조정하여 설정된 목표를 능률적으로 달성할 수 있도록 계획(plan)하고 실행(do)하고 통제(see)하는 관리를 말한다.

나) 현대적 개념: 사무를 포함한 모든 일

현대에는 정보의 가치가 중요해지면서 '업무'의 개념에 행정목적을 달성하기 위한 정보의 수집 · 가공 · 저장 · 활용 등 일련의 정보 처리 과정을 포함시킨다. 또한 행정업무의 국민에 대한 성과를 강조함에 따라 사무실에서 이루어지는 일뿐만 아니라 국민과의 접점에서 이루어지는 일련의 행정과정까지 포괄하는 것으로 개념이 확대되었다. 업무의 품질관리 및 성과 관리를 포함하는 총체적인 관리활동을 의미한다.

(2) 업무의 종류

가) 본래업무

본래업무란 조직의 목적달성을 위하여 직접적으로 수행하고 있는 업무를 말한다. 사회복지관의 경우 지역주민의 복지증진과 삶의 질 향상이라는 목적 달성에 직접적으로 기여할 수 있도록 3대 기능(사례관리, 서비스제공, 지역조직화)별로 분화된 고유업무를 말한다.

나) 지원업무

본래업무가 조직의 본래 목적을 달성하기 위하여 행하는 사무인데 반하여 지원업무란 개개의 목적영역에 공통적으로 존재하며, 조직목적을 위하여 간접적으로 수행하는 업무로서 본래업무를 수행하는 데 필요한 수단적 성질을 갖는다. 예를 들면 사회복지관 운영에 각종 문서의 작성과 수발, 사업 추진을 위한 출장비 지급 등을 말한다.

2) 업무의 원칙

(1) 용이성

업무처리와 업무관리는 용이해야 한다. 업무처리와 관리에 따르는 육체적 · 정신적인 피로를 최대한 줄이고 시간당 업무처리량을 향상시키기 위하여 업무처리와 관리가 보다 쉽게 이루어지도록 개선 · 관리한다. 이를 위하여 업무처리 절차의 개선, 업무수행 방식의 개선, 업무재설계, 정보화에 맞는 전자문서시스템 · 기록관리시스템 및 행정정보시스템의 효율적인 운영 등이 요구된다.

(2) 정확성

업무는 의도하는 방향대로 정확하게 처리되고 관리되어야 한다. 문서에 오자와 탈자가 있어서는 안 된다. 특히 통계 숫자는 틀리면 안 된다. 객관적인 입증을 위해서는 정확성이 요구된다.

(3) 신속성

업무처리와 업무관리의 기본은 신속성이다. 현재 수행되고 있는 업무처리 절차가 복잡하거나 제도나 운영방식에 문제가 있다면 이를 개선하여야 한다. 업무처리의 신속성을 위해서는 기본적으로 업무 재설계가 필요하다.

(4) 경제성

업무처리에 필요한 비용, 즉 업무비용은 고정적이며 간접적인 경비이다. 업무처리와 관리에 있어서 최소의 비용으로 최대의 효과를 높이도록 하기 위해서는 비용편익분석과 비용효과분석이 요구된다.

3) 문서 처리

(1) 문서의 기능

가) 의사의 기록 · 구체화

문서는 사람의 의사를 구체적으로 표현하는 기능을 갖는다. 사람이 가지고 있는 주관적인 의사는 문자 · 숫자 · 기호 등을 활용하여 종이나 다른 매체에 표시하여 문서화함으로써 그 내용이 구체화된다. 이 기능은 문서의 기안에서부터 결재까지 문서가 성립하는 과정에서 나타나는 것이다.

나) 의사의 전달

문서는 자기의 의사를 타인에게 전달하는 기능을 갖는다. 문서에 의한 의사전달은 전화나 구두로 전달하는 것보다 좀 더 정확하고 변함없는 내용을 전달할 수 있다. 이것은 의사를 공간적으로 확산하는 기능으로서 문서의 발송 · 도달 등 유통과정에서 나타난다.

다) 의사의 보존

문서는 의사를 오랫동안 보존하는 기능을 갖는다. 문서로 전달된 의사는 지속적으로 보존할 수 있고 역사자료로서의 가치를 갖기도 한다. 이는 의사표시를 시간적으로 확산시키는 역할을 한다.

라) 자료 제공

보관 · 보존된 문서는 필요한 경우 언제든 참고자료 또는 증거자료로 제공되어 행정활동을 지원 · 촉진시킨다.

마) 업무의 연결 · 조정

문서의 기안 · 결재 및 협조 과정 등을 통해 조직 내외의 업무처리 및 정보순환이 이루어져 업무의 연결 · 조정 기능을 수행하게 된다.

(2) 문서처리의 원칙

가) 신속처리의 원칙

문서는 내용 또는 성질에 따라 그 처리기간이나 방법이 다를 수 있으나, 효율적인 업무수행을 위하여 신속하게 처리하여야 한다.

나) 책임처리의 원칙

문서는 정해진 업무분장에 따라 각자가 직무의 범위 내에서 책임을 가지고 관계 규정에 따라 신속 · 정확하게 처리하여야 한다.

다) 적법처리의 원칙

문서는 법령의 규정에 따라 일정한 형식 및 요건을 갖추어야 함은 물론 권한 있는 자에 의하여 작성 · 처리되어야 한다.

라) 전자처리의 원칙

문서는 전자처리가 원칙이다. 즉 문서의 기안, 검토, 협조, 결재, 등록, 시행, 분류, 편철, 보관, 보존, 이관, 접수, 배부, 공람, 검색, 활용 등 문서의 모든 처리절차가 업무관리 시스템이나 전자문서시스템에서 전자적으로 처리되도록 하여야 한다.

4) 업무의 적법성과 효율성 제고

(1) 문서의 결재

문서는 해당 행정기관과 사회복지시설의 장의 결재를 받아야 한다. 다만, 보조기관 또는 보좌기관의 명의로 발신하는 문서는 그 보조기관 또는 보좌기관의 결재를 받아야 한다.

사회복지시설의 장은 업무의 내용에 따라 보조기관 또는 보좌기관이나 해당 업무를 담당하는 직원으로 하여금 위임전결하게 할 수 있으며, 그 위임전결 사항은 해당 사회복지시설의 장이 규정 등으로 정하여야 한다. 결재할 수 있는 사람이 휴가, 출장, 그 밖의 사유로 결재할 수 없을 때에는 그 직무를 대리하는 사람이 대결하고 내용이 중요한 문서는 사후에 보고하여야 한다.

(2) 직원 교육

사회복지시설의 장은 소속 직원에 대하여 매년 1회 이상 행정업무의 효율성 증진을 위한 교육을 하여야 한다.

(3) 행정업무 운영에 관한 감사

비영리법인의 감사는 산하 사회복지시설에 대하여 행정업무 운영에 관한 감사를 할 수 있다.

(4) 문서 미등록자 등에 대한 조치

사회복지시설의 장은 다음 어느 하나에 해당하는 직원에게 징계나 그 밖에 필요한 조치를 하여야 한다.

① 결재받은 문서를 등록하지 아니한 사람
② 규정 등으로 정한 결재권자를 상향 또는 하향 조정하여 기안하거나 검토 · 결재를 한 사람
③ 관인을 부당하게 사용한 사람
④ 업무협조 지연의 책임이 있는 사람
⑤ 업무가 아닌 목적으로 업무관리시스템이나 전자문서시스템을 이용한 사람

5) 결재(전결) 권한 관련 유의사항

문서의 결재, 특히 전결과 대결의 경우에는 지방자치단체 등 각 기관의 「사무전결처리 규칙」에 따라 달라질 수가 있다.

5. 재무회계관리

재무회계는 사회복지법인 · 시설의 물적 자원인 예산을 합리적이고 효율적으로 관리하는 것을 의미한다. 이는 조직 내 · 외적인 환경변수와 관련성이 깊으며 시설의 수입이나 지출과 사업을 결합시키는 동태적인 과정이다.

「사회복지사업법」 제23조 제4항, 제34조 제3항 및 제45조 제2항의 규정에 의하여 사회복지법인 및 사회복지시설의 재무 · 회계 및 후원금 관리에 관한 사항을 규정한다. 이는 재무 · 회계 및 후원금 관리의 명확성, 공정성, 투명성을 기함으로써 사회복지법인 및 사회복지시설의 합리적인 운영에 기여함을 목적으로 한다.

1) 재무회계의 특성

재무회계는 재정에 관한 기술 · 운영 · 실천이다. 재무회계는 사회복지법인(시설) 등의 재정자원의 관리적 측면에 초점을 둔다.

사회복지기관의 재무회계에 관련된 특징적 요소는 다음과 같다.

- 사회환경 변화 등 여러 상황에서 예상되는 수입에 맞추어 지출을 검토하는 활동이다.
- 복지서비스 제공에 필요한 사업비 조성과 관계되는 활동으로 후원 캠페인, 모금운동, 교부금 신청, 수수료 징수 및 기타 다른 수단을 통해서 수입원을 찾아내고 그것을 확보한다.
- 이용 가능한 인적 · 물적 자원을 나누고 그것을 최적의 대안을 가지고 여러 가지로 할당해 주는 것이다.
- 지도감독, 재정의 공시, 회계기록 및 다른 관리과정을 통하여 적절한 수입과 지출에 관한 투명성과 공정성을 확보하여야 한다.

2) 사회복지기관 재원의 주요특징

- 사회복지기관은 일반적으로 재원의 지속적인 조달을 직접적으로 통제하기 어

려운 경우가 많다. 사회복지기관은 복지서비스 등 위임된 업무가 많아 재정 배분을 스스로 하기 어려우며 입법 또는 행정기관에서 정해 주는 경우가 대부분이다. 경영적 측면에서 기관의 자율성이 저해되는 경우가 많다.

- 사회복지기관은 매우 다양한 재원으로 운영된다. ① 정부나 지방자치단체로부터 직접 받거나 민간위탁의 계약 형태로 지원받는 보조금(국비, 시 · 도비, 시 · 군 · 구비), ② 사회복지법인 등 비영리법인으로 받는 법인전입금, ③ 후원자 등으로 받는 후원금, ④ 공동모금회, 기업의 사회공헌 재단 등으로부터 받는 공모사업비, ⑤ 이용시설의 경우 서비스 제공 및 시설 임대 등으로 받는 이용료 수입, ⑥ 기타 바자회 등 특별행사를 통한 기부금 등 다양한 형태로 운영된다. 이러한 다양한 형태의 재원은 사회복지기관의 유형과 규모 등에 따라 달리 운영되고 있다.
- 다양한 원천으로부터 재원을 확보하기 위해 사회복지기관은 특별한 업무를 수행해야 한다. 사회공헌 관련 비영리재단에 사업 제안을 하거나, 정부나 지방자치단체로부터 재정을 지원받기 위하여 사업계획서를 제출하거나, 공동모금회 등과 연계하여 모금행사와 기획사업 공모에 참여하고, 후원금품을 모집하거나 특별행사를 기획하는 등 다양한 재원확보 전략을 수립해야 한다.

3) 업무추진비 집행 및 신용카드 사용요령

- 업무추진비 50만 원 이상은 사용 내역을 월 1회 공개하여야 한다. 지출원 또는 일상경비출납원은 건당 50만 원 이상 업무추진비 신용카드 사용내역에 대해서는 매월 1회 내부 업무망을 통해 공개해야 한다.
- 법인카드 사용 내역을 구체화한다. 일시, 장소, 대상, 목적, 참석 인원, 1인당 지출액, 총지출액 등을 기재하고 50만 원 이상 집행 시 참석자 명단을 기재한 서류를 첨부해야 한다.
- 예산 편성 기본지침을 준수한다. 간담회, 위원회 경비를 편성 · 집행할 때는 1인당 4만 원 이내를 준수해야 하며, 업무추진비 편성 기준 및 목적에 맞게 집

행해야 한다.

- 업무 관련성에 대한 증빙자료를 확인한다. 심야(23시), 휴일, 자택 근처 등 업무 추진과 거리가 있는 시간, 장소 사용을 제한하고 휴일 사용의 예외적인 경우에도 사전 품의에 일시(휴무일), 장소(원거리)를 기재하여 제출한다.
- 법인 카드는 개인적인 용도로 사용하는 것을 금지한다. 개인카드의 착오 등으로 불가피하게 사용한 경우, 취소 및 환수 조치하며, 법인카드 사용 인센티브(포인트, 마일리지, 적립금 등)는 개인카드에 적립하는 것을 금지한다.
- 과도한 예산집행은 자제한다. 행사, 연수 시 의례적인 과다한 다과(간식) 구입을 지양하고 사무용품 등 구입 시 의도적인 특정업체 편중 사용을 자제해야 한다.

6. 시설관리

1) 규정의 이해

시설관리란 건축물, 전기, 소방, 가스, 위험물 설비 등을 전문 책임자로 하여금 지속적으로 유지 · 보수, 관리하도록 하여 시설 이용자들의 안전과 생명을 지키고 시설의 재산을 보호할 수 있도록 하는 것이다.

이에 따른 시설 유지 · 보수 관리는 ① 시설 내의 모든 시설물에 관한 정기적인 관리 및 유지보수를 통하여 시설물 보수비용을 절감시키고 쾌적한 환경을 조성한다. ② 시설의 각종 설비 및 장비들을 정기적으로 점검하여 점검내용을 기록한다. ③ 이상 유무를 확인하는 등의 유지 · 보수를 실시함으로써 시설물을 안전하게 관리한다. ④ 각종 사고 발생 요인을 사전에 제거함과 아울러 사고 발생 시 체계적인 대응으로 이용자(생활자)의 인명과 시설의 재산피해를 최소화하도록 한다. ⑤ 안전점검 내용을 서식에 따라 안전점검 결과 등을 작성하고, 관련기관에 보고하여야 한다.

시설 안전관리의 표준 매뉴얼이라고 볼 수 있는 보건복지부(2015) 「사회복지시설 안전관리 매뉴얼(SOP)」을 근거로, '위생관리, 시설물 안전관리, 급식, 가스 및 전기, 승강기, 차량, 종사자의 안전 · 보건관리, 소방관리' 등의 시설 안전관리 세부 운영 규정 매뉴얼을 참고한다.

2) 관련 법령

(1) 보험가입 여부 확인 「사회복지사업법」 제34조의 3

- 사회복지시설은 화재 및 시설 이용과 관련된 사고 등으로 인한 손해배상책임의 이행을 위해 책임보험에 가입할 의무가 있다. 매년 손해배상보험 가입 여부를 확인한다(책임보험은 종합보험으로 가입).
- 사회복지시설이 보험에 미가입하면 300만 원 이하의 과태료를 부과한다.

(2) 시설 안전점검 실시 「사회복지사업법」 제34조의 4

- 시 · 군 · 구 담당자는 시설의 장으로 하여금 매 반기 시설에 대해 정기안전점검을 실시하도록 하고 안전에 문제가 있을 시 수시 안전점검을 실시한 후 그 결과를 시 · 군 · 구청장에게 보고한다.
- 시 · 군 · 구청장은 안전에 필요한 경우 시설의 운영자로 하여금 시설의 보완 또는 개보수를 요구할 수 있다(시설의 장은 응해야 함).
- 국가 또는 지방자치단체는 예산의 범위 내에서 안전점검, 시설의 보완 및 시설의 개보수에 소요되는 비용의 전부 또는 일부를 보조할 수 있다.
- 시설 안전점검을 수행하지 않을 경우 300만 원 이하의 과태료를 부과한다.

(3) 안전교육 의무 「아동복지법」 제31조

- 아동복지시설의 장은 매년 안전에 대한 교육계획을 수립하여 실시한다.
- 성폭력 및 아동학대 예방, 실종유괴의 예방과 방지, 약물의 오남용 예방, 재난대비 안전, 교통안전에 대하여 교육한다.
- 교육계획 및 실시 결과를 시 · 군 · 구청장에게 매년 1회 보고한다.

(4) 아동복지시설의 안전기준 「아동복지법 시행령」 제27조 별표 4

- 피난시설 및 화재방지시설 설치, 비상약품, 구호설비 · 기구 등을 구비한다.
- 위험표지물 등 안내문 설치, 비상대피경로 등을 게시한다.
- 긴급수송대책 마련, 사고 후에는 재발 방지대책을 마련한다.
- 시설 종사자에 대한 정기적인 안전교육을 실시한다.

(5) 안전 · 급식 및 위생관리 「영유아보육법 시행규칙」 별표 8

- 아동복지시설의 장은 주기적 안전점검을 실시하여 화재, 상해 등의 위험 발생요인을 사전에 제거한다.
- 각 놀이시설물에 대하여 적절한 점검일정을 세워 점검하되 놀이시설물의 이음장치, 울타리 등은 매일 점검한다.
- 소방계획 작성 및 매월 소방훈련 실시, 안전교육 계획 수립 및 교육실시 결과를 보고한다.
- 원장 및 조리 제공 직원은 위생관리에 철저, 정기적으로 소독을 실시한다.

(6) 차량(통학) 안전관리 「영유아보육법 시행규칙」 별표 8

- 차량 신고(신고필증 발급), 운전기사의 건강진단서를 제출한다.
- 보호자 동승 및 36개월 미만 영아 보호장구를 착용한다.
- 안전수칙 부착, 소화기 · 구급상자 등을 구비, 안전점검을 실시한다.

(7) 식품위생안전관리 준수 「식품위생법」 제88조 제1항

- 집단급식소[2]를 설치 운영하는 자는 급식 위생관리를 철저히 한다.
- 「화재예방, 소방시설 설치 · 유지 및 안전관리에 관한 법률 시행령」에 따른 소방안전시설설치를 의무화한다.

	구분	대상 사회복지시설
소화장비	소화기구	연면적 33㎡
	스프링클러	600㎡ 이상
	간이스프링클러	생활시설, 그 외 300~600㎡
경보설비	비상경보설비	400㎡ 이상
	자동화재속보설비	생활시설, 그 외 500㎡ 이상 층이 있는 시설
	시각경보기, 가스누설경보기	모든 시설
피난보조설비	피난기구	모든 층(피난층, 1~2층, 11층 이상 제외)
	유도등, 유도표시	모든 시설
	비상조명등	지하층 또는 450㎡ 이상 무창층

(8) 근로자의 안전 · 보건을 유지 · 증진 의무 「산업안전보건법」

- 사회복지시설 종사자의 안전보건을 위해 시설의 장은 주기적인 점검을 실시하고, 문제점을 개선하여 안전한 상태로 유지관리한다.
- 산업재해 발생 기록 및 보고(제10조)
- 법령 요지의 게시 등(제11조)
- 안전표지의 부착 등(제12조)
- 안전 · 보건상의 조치(제23조 및 24조)
- 물질안전보건자료의 작성 · 비치 등(제41조)
- 건강진단(제43조)

2) 「식품위생법 시행령」 제2조(집단급식소의범위)와 「식품위생법」 제2조 제12호에 따른 집단급식소는 1회 50명 이상에게 식사를 제공하는 급식소를 말한다.

(9) 석면조사 「석면안전관리법」 제38조 제2항

- 석면조사 대상 건축물(시행령 제29조)[3)]
- 노유자 시설로서 연면적이 500㎡ 이상인 건축물
- 건축물 석면조사 결과에 따른 조치(제22조)는 조사완료 1개월 이내 시 · 군 · 구청장에게 결과를 통보한다.
- 기준 초과 시에는 임차인-관리인 등 건축물 관계자 및 건축물의 양수인에게 고지한다.

(10) 시설물안전관리 관련 법

- 「시설물의 안전 및 유지관리에 관한 특별법(약칭 시설물안전법)」 제2조 및 제3조에 따라 완공된 시설물의 기능보존과 이용자 편의증진을 위해 지속적으로 유지관리한다.

---

3) 제29조(건축물석면조사 대상 건축물) 법 제21조 제1항 각 호 외의 부분 본문에서 '대통령령으로 정하는 건축물'이란 다음 각 호의 어느 하나에 해당하는 건축물(1동의 건물 중 일부분만이 다음 각 호의 어느 하나에 해당하는 경우에는 해당 부분으로 한정한다)을 말한다.

1. 연면적이 500㎡ 이상인 다음 각 목의 건축물
   가. 국회, 법원, 헌법재판소, 중앙선거관리위원회, 중앙행정기관(대통령 소속 기관과 국무총리 소속 기관을 포함한다) 및 그 소속 기관과 지방자치단체가 소유 및 사용하는 건축물
   나. 「공공기관의 운영에 관한 법률」 제4조에 따른 공공기관이 소유 및 사용하는 건축물
   다. 특별법에 따라 설립된 특수법인이 소유 및 사용하는 건축물
   라. 「지방공기업법」 제49조 및 제76조에 따른 지방공사 및 지방공단이 소유 및 사용하는 건축물
2. 「유아교육법」 제7조에 따른 유치원, 「초 · 중등교육법」 제2조 또는 「고등교육법」 제2조에 따른 학교
3. 「다중이용시설 등의 실내공기질 관리법」 제3조에 따른 다중이용시설
4. 제1호부터 제3호까지의 시설에 속하지 않는 건축물로서 「건축법」 제2조 제2항에 따른 다음 각 목의 시설
   가. 문화 및 집회시설로서 연면적이 500㎡ 이상인 건축물
   나. 의료시설로서 연면적이 500㎡ 이상인 건축물
   다. 노인 및 어린이 시설로서 연면적이 500㎡ 이상인 건축물. 다만, 「영유아보육법」 제2조 제3호에 따른 어린이집은 연면적이 430㎡ 이상인 경우로 한다.

- 「재난 및 안전관리 기본법」 제3조에 따라 사람의 생명과 신체 및 재산의 안전을 위해 시설물의 안전관리를 한다.
- 「건축법」에 따라 건축물 소유자는 건축물과 그 대지를 유지관리한다.
- 안전점검 관련 규정
  - 「시설물안전법 시행령」에 의거하여 점검 및 진단업무를 실시한다.
  - 「사회복지사업법 시행령」 제18조의 4에 따라 안전점검을 실시한다.
  - 법 규정에 따른 안전점검별 실시주기는 다음과 같다.

구분	실시주기		비고
	건축물	토목시설	
정기 안전점검	매 반기마다	-	사회복지시설
긴급점검	필요시	필요시	모든 시설물
정기점검	반기에 1회 이상	반기에 1회 이상	「시설물안전법」 1, 2종 안전등급에 따라 차등 적용
정밀점검	2~4년	1~3년	
정밀 안전진단	4~6년	4~6년	「시설물안전법」 1종 안전등급에 따라 차등 적용

(11) 재난 및 화재 안전관리 관련 법 등

1. 재난 및 위기관리 관련 법령, 지침 등

   「재난 및 안전관리 기본법」, 「국가위기관리기본지침(대통령훈령)」, 「자연재해대책법」, 「기상법」, 「재해구호법」, 「대기환경보전법」(황사피해방지 종합대책의 수립 등), 「예보업무규정」(기상청 훈령), 「방재기상업무지침」, 「재난구호 및 재난복구비용 부담기준 등에 관한 규정」, 「국가안전관리 기본계획 및 집행계획」, 「자연재난 조사 및 복구계획 수립 지침」, 「중앙지진피해조사단 운영 규정(국민안전처 훈령)」

2. 사회복지시설의 화재안전과 관련된 건축법과 소방 관련 법

   '피난계단과 통로규정(「건축법 시행령」 제34~39조), 내화구조 규정(「건축법 시행령」 제53조, 제56조, 제61조), 소방시설 설치규정(「화재예방, 소방시설 설치 · 유지 및 안전관리에 관한 법률」), 소화 · 피난기구 설치(국가화재안전기준)

7. 인권보장과 개인정보 보호

1) 사회복지와 인권과의 관계

사회복지가 지향하는 궁극적 목적이 인간의 존엄성이며 사회복지가 개입하는 다양한 문제 역시 빈곤, 차별, 가족, 질병, 노동, 교육, 자유, 학대와 폭력 등 인권의 문제와 다르지 않다. 또한 사회복지실천의 기본원칙인 클라이언트의 자기결정, 수용, 비심판적 태도, 비밀보장 등의 내용에도 이미 인권의 원칙들이 내재되어 있다.

2) 관련 법령

(1) 세계인권선언(1948)

모든 사람은 날 때부터 자유롭고 동등한 존엄성과 권리를 가지고 있다. 사람은 천부적으로 이성과 양심을 가지고 있으며 서로 형제애의 정신으로 행동하여야 한다(제1조).

(2) 국제인권조약(1976)

모든 사람이 자신의 경제적, 사회적 및 문화적 권리뿐만 아니라 시민적 및 정치적 권리를 향유할 수 있는 여건이 조성되는 경우에만 성취될 수 있음을 인정하고 있다.

(3) 「대한민국헌법」 및 「국가인권위원회법」

「대한민국헌법」 제10조에서 "모든 국민은 인간으로서의 존엄과 가치를 가지며 행복을 추구할 권리를 가진다. 국가는 개인이 가지는 불가침의 기본적 인권을 확인하고 이를 보장할 의무를 진다."고 하여 인간의 존엄과 행복추구권 등을 선언하고 있다.

한편, 「국가인권위원회법」 제2조 제1호에서 "인권이라 함은 「대한민국헌법」 및 법률에서 보장하거나 대한민국이 가입 · 비준한 국제인권조약 및 국제관습법에서 인정하는 인간으로서의 존엄과 가치 및 자유와 권리를 말한다."라고 정의하고 있다.

특히 사회복지시설의 인권보호관련 「국가인권위원회법」 규정은 다음과 같다.

가) 인권침해 등 문제시설에 대한 관리 강화

- 인권침해 등으로 정상적인 운영이 불가능한 시설은 시 · 군 · 구청장이 1회 적발만으로 시설폐쇄를 명하도록 한다.
- 시 · 군 · 구는 시설운영위원회를 활성화하고 시설과 지역사회가 상호협력체계를 구축하는 등 민주적이고 투명한 시설운영을 통해 인권유린 문제가 발생되지 않도록 지속적인 지도감독을 실시한다.

나) 시설거주자에 대한 인권보호 강화

- 시설 조치여부 시 · 군 · 구 점검사항
  - 거주자에게 인권침해사실 진정권에 대한 고지여부
  - 시설 내에 진정함 설치 유무(같은 법 시행령 제7조)
  - 시설거주자가 작성한 진정서의 인권위원회 송부 여부
  - 방문 조사 시 협조 상태 등(같은 법 제24조)
- 위원회가 보낸 서면의 열람금지(같은 법 시행령 제8조)
- 진정서의 자유로운 작성 및 제출(같은 법 시행령 제9조), 시설거주자의 진정권 보장(같은 법 제31조)

3) 개인정보 보호 규정의 필요성

(1) 개인정보 보호에 대한 사회적 요구 증가

- 개인정보가 개인에는 인권, 기업에는 영업자산 및 사회활동의 기반, 국가에는 신뢰도와 밀접하게 연관되어 있다.
- 개인정보 자기정보결정권에 대한 관심 및 개인정보 침해에 따른 손해배상 증

가로 개인정보 보호에 대한 필요성이 증대하고 있다.

(2) 사회복지시설의 개인정보 보호를 위한 명확한 기준 제시 필요

- 개인정보 보호를 위한「개인정보 보호법(2011년 3월 29일 제정)」
- 개인정보 보호 기반조성 및「개인정보 보호법」의 안정적 정착을 위해 사회복지시설의 특성을 고려한 업무처리 기준의 마련이 필요하다.
- 개인정보수집 및 취급에 따른 사회복지시설과 이용자 간에 발생할 수 있는 분쟁예방 및 침해사고를 방지한다.

8. 윤리경영

1) 개요

가치지향 조직인 사회복지기관에서 '윤리'는 기본 사명이다. 사회복지사의 윤리 철학과 기준을 '도덕성과 책임성, 서비스 개발과 전문성 증진, 지역사회와 지구촌 관계, 인권문제, 클라이언트와의 관계, 윤리성 확보 등'으로 명기한 사회복지(사) 윤리강령은 사회복지기관 역량의 원천과 근본이 윤리임을 밝히고 있다.

사회복지기관에서 윤리경영이 필요한 것은 기업의 배경(생산성, 사회관계, 시장환경)과 크게 다르지 않으면서도, 근본 목표가 이윤창출인 기업과 달리 태생적으로 도덕성이 우선되는 조직의 특성에서 사회복지기관의 윤리경영은 더욱 강조되고 있다.

2) 관련근거

관련 법령 및 근거는 다음과 같다.

「사회복지사업법」

제1조의 2(기본이념)

제1항 사회복지를 필요로 하는 사람은 누구든지 자신의 의사에 따라 서비스를 요청하고 제공받을 수 있다.

제2항 사회복지법인 및 사회복지시설은 공공성을 가지며 사회복지사업을 시행하는 데 있어서 공공성을 확보하여야 한다.

제3항 사회복지사업을 시행하는 데 있어서 사회복지를 제공하는 자는 사회복지를 필요로 하는 사람의 인권을 보장하여야 한다.

제4조(복지와 인권증진의 책임)

제1항 국가와 지방자치단체는 사회복지서비스를 증진하고, 서비스를 이용하는 사람에 대하여 인권침해를 예방하고 차별을 금지하고 인권을 옹호할 책임을 진다.

제6항 국가와 지방자치단체는 사회복지를 필요로 하는 사람의 인권이 충분히 존중되는 방식으로 사회복지서비스를 제공하고 사회복지와 관련된 인권교육을 강화하여야 한다.

〈ISO 26000〉

공정운영관행(윤리적이고 투명한 활동), 지배구조(윤리적 행동), 인권, 환경, 지역사회참여와 사회개발

출처: 보건복지부(2015).

제4장

사회복지시설 전략기획

제1절 전략기획의 의의와 필요성

사회복지시설을 둘러싼 환경은 빠르게 변화하고 있다. 정책, 기술, 경제, 사회 전반의 변화 속도가 빨라지면서 앞으로 어떤 일이 일어날지 예측하기 어려운 상황이 계속되고 있다. 이런 변화에 효과적으로 대응하려면, 시설 차원에서 미리 준비하고 방향을 설정하는 중장기 전략기획이 필요하다.

중장기 계획은 시설이 어떤 목표를 가지고 앞으로 어떤 일을 해 나갈 것인지 미리 정하는 과정이다. 이를 통해 조직의 방향성이 명확해지고, 일의 우선순위도 뚜렷해진다.

조직 내부에서는 강점과 약점을 파악하고, 필요한 역량을 키우기 위한 계획을 세울 수 있다. 외부적으로는 정부나 운영법인의 복지정책, 비전과도 연계해 일관성을 유지할 수 있다.

한편 「사회보장급여의 이용·제공 및 수급권자 발굴에 관한 법률」에 따라 모든 시군구는 4년마다 지역사회보장계획을 수립하도록 되어 있다. 이와 연계해 각 사회복지시설에서도 지역의 특성과 주민 욕구를 반영한 중장기 계획을 마련하는 것이 중요하다. 그래야 지역사회와의 방향성을 함께하고, 시설 운영의 실효성을 높일 수 있다.

1. 전략기획의 의의

전략기획(strategic planning)은 조직이 생존과 발전을 위하여 반드시 생각하고 수행해야 할 일들이 무엇인가를 찾아내는 데 활용될 수 있는 개념, 절차 및 도구로 정의한다(김신복, 1999: 171)인적 자원개발의 관점에서는 조직이 주어진 조건이나 환경에서 조직의 목적과 목표를 보여 주며, 목적 달성을 위한 중요 정책과 계획을 세우고, 조직에서 추구하고자 하는 사업과 조직형태를 정의하는 의사결정의 형태로 정의하고 있다. 이들 두 가지 관점이 공통적으로 함축하고 있는 것은 전략은 조직의 사명, 목표, 그리고 전술 개념과 관련되어 있다는 것이다. 이러한 점에서 전략은 변화하는 환경적 여건하에서 조직이 설정한 목표를 달성하거나 사명을 수행하는 하나의 방식으로 정의할 수 있다. 나아가 전략경영은 조직의 사명과 전략이 결정되고, 조직의 구체적인 전략이 선택되며, 이러한 전략이 구체적인 전술을 통해 실행되는 총체적인 과정이라고 할 수 있다(Jay B. Baarney, 2000).

사명(mission)	조직이 장기적으로 무엇을 추구하고 지향할 것인가에 대한 최고 경영층의 관점
⬇ 목표	조직의 사명을 바탕으로 한 구체적인 성과목표
⬇ 전략	조직의 사명과 목표를 달성하게 하는 수단
⬇ 전술	전략을 실행하기 위한 조직의 행동

[그림 4-1] **전략의 계층적 정의**

박홍윤(2014)은 전략기획을 조직의 리더나 관리자들이 수행하는 업무를 지원하는 일련의 개념, 절차, 도구로 이해하면서 '그 조직의 실체는 무엇인가, 조직은 무엇을 하고, 조직은 그것을 왜 하는가'를 구체화하고 이에 지침이 되는 근본적인 의사결정과 활동을 산출하는 훈련된 노력으로 정의하였다.

사회복지시설에서는 전략기획을 통해서 다양한 조직 차원에서의 이익을 얻을 수 있다.

① 효과성 증대: 전략기획을 통해 조직의 활동이 향상되고, 조직의 사명이 보다 나아질 수 있으며, 조직 스스로가 급변하는 환경에도 효과적으로 대응할 수 있게 된다.
② 효율성 증대: 최소한의 자원으로 더 좋은 결과를 얻을 수 있다.
③ 조직에 대한 이해와 지식의 증대: 조직은 자신의 상황을 보다 명확히 이해할 수 있게 된다.

④ 양질의 의사결정: 전략기획은 조직의 의사결정에 있어서 필요한 일관되고, 집중적이며, 방어 가능한 기초를 구축해 준다. 전략기획은 미래에 일어날지도 모를 결과들을 예측하게 함으로써 의사결정을 보다 합리적으로 가능하게 해 준다.

⑤ 조직의 능력 향상: 기관의 리더십이 향상되고 전략 사고와 행동에 대한 능력이 높아진다.

⑥ 원활한 의사소통: 전략기획 수립의 과정을 통해 그 조직이 갖고 있는 사명, 비전, 핵심가치 등에 대한 조직의 핵심 구성원들 사이의 의사소통이 원활해지고 조직에 대한 긍정적이고 바람직한 이미지가 구축되고 관리될 수 있다.

⑦ 조직의 합법성 또는 정당성 제고: 조직의 정당성을 옹호할 수 있는 기초가 넓어지며 보다 강력한 지지 연대를 구축할 수 있다.

2. 전략기획의 필요성

전략기획은 조직이 앞으로 무엇을, 왜, 어떻게 할지를 미리 정하고 준비하는 활동이다. 단순한 계획이 아니라, 조직 전체가 함께 참여해 목표를 세우고 실행 방향을 잡아가는 데 꼭 필요한 과정이다.

① 전략기획은 조직을 관리하는 도구이다.

전략기획은 조직이 그의 업무를 더 잘 수행하도록 하는 목적 지향적인 관리 도구이다. 전략 계획의 도입은 변화를 제도화하기 위한 하나의 수단이다.

② 전략기획은 조직의 전체 구성원을 대상으로 한 활동 과정이다.

모든 직원들이 전략기획에 관한 필요성을 인식하고 능동적으로 참여함으로써 활동의 성과를 향상시키는 데 큰 도움이 된다.

③ 전략기획은 지피지기의 과정이다.

조직의 환경에 대한 정확한 인식과 자신에 대한 객관적 평가를 통해 능동적으로 변화하는 환경에 대응할 수 있게 한다.

④ 전략기획은 미래 지향적 활동이다.

미래에 대한 가정을 기초로 하여 미래를 준비하고 창조하는 행위이다.

⑤ 전략기획은 성과 또는 결과 지향적인 질 관리활동이다.

성과 또는 결과 지향이란 조직의 기획이나 의사결정의 초점을 수행하는 활동이 아닌 활동의 결과에 두는 것을 의미한다. 그리고 결과 지향을 위한 질 관리로 지속적 모니터링과 성과측정 및 평가를 중시한다.

⑥ 전략기획은 전략적이고 참여적 의사결정 과정이다.

조직이 무엇을 할 것인가, 그것을 어떻게 할 것인가, 왜 그것을 해야 하는가에 대한 의사결정 행위이다. 전략적 의사결정은 선택과 집중의 논리에 의한 문제 해결 과정이다. 의사결정 과정에서 조직의 다양한 구성원뿐만 아니라 고객과 이해관계자의 실질적 참여를 요구한다.

⑦ 전략기획은 체계적인 과정이다.

목적 달성을 위해 다양한 구성 요소(환경, 목적과 목표, 자원, 이해관계자, 전략, 집행 요소, 평가 등)를 연계하는 체계적 과정이다.

⑧ 전략기획은 적응적이고 지속적인 순환적 변화 과정이다.

조직의 환경이 지속해서 변화하기 때문에 지속해서 수정 개선된다는 의미에서 적응적이다.

3. 전략기획의 과정

전략기획의 수립과정은 시설의 활동 영역, 시설의 상황, 당면하고 있는 문제, 시설의 규모, 가용한 시간과 자원의 정도 등에 따라 다양한 방법과 모형이 제시되고 있다.

전략기획의 과정은 대체로 다음과 같이 상호 연관성을 지니는 5단계로 정리할 수 있다.

① 환경적 검토: 문화적 · 인구통계학적 · 경제적 · 정치적 주요 요인들을 검토하고, 그러한 요인들이 조직 및 지역사회와 어떠한 관련성을 가지는지 확인한다.

② 조직의 사명과 목적에 대한 결정: 환경적 검토에 기초하여 새로운 접근방법이나 새로운 서비스를 제공하기 위한 기회와 이슈를 확인한다.

③ SWOT분석: 조직 내부 및 외부의 강점, 약점, 기회, 위협, 자원적 한계 등을 분석하고, 사명과 목적의 달성을 위한 구체적인 행동계획을 개발하며, 정책 및 사업의 우선순위를 결정한다.

④ 집행전략의 개발: 집행을 위한 실제적인 전략을 개발한다.

⑤ 집행과정에 대한 모니터링: 집행과정을 모니터링하며 평가한다(나태준 · 김성준, 2003).

제2절 전략기획의 수립 방법

1. 전략의 수립절차

전략기획의 과정은 조직이 환경의 요구에 부응하여 조직이 추구하는 사명, 가치 그리고 목표를 구체적으로 실행하기 위한 미래의 행동계획을 설정하는 과정이라 할 수 있다. 이러한 측면에서 전략기획은 일반적으로 [그림 4-2]와 같이 3단계 과정으로 구분할 수 있다.

[그림 4-2] **전략수립 절차**

1) 준비 및 시작 단계

(1) 전략기획의 필요성 확인

먼저, 환경 변화에 대응하여 왜 이 시점에서 시설의 전략기획이 필요한 것인지를 판단한다. 시설장과 중간관리자 등 주요 의사결정권자는 다음을 참조하여 시설단위 전략기획의 필요성을 판단한다.

〈표 4-1〉 **시설 단위 전략기획이 필요한 경우**

	시설이 처한 상황들	예	아니오
1	통상적으로 시설의 전략을 수립할 시기가 도래하였는가?		
2	조직의 사명과 비전, 전략들이 명확하게 설정되어 있지 못한가?		
3	조직을 둘러싼 복지환경이 급격하게 변하고 있는가?		
4	양적 팽창뿐 아니라 질적으로 향상된 서비스 공급체로서 기능하고 있는가?		
5	조직 구성원 간 소통 부재로 갈등이 지속적으로 발생하고 있는가?		
6	조직의 의사결정이 달성하기 어렵고 비효율적인가?		
7	기타		
*위 항목 가운데 적어도 하나 이상에 '예'라고 응답한 경우에는 전략기획 수립이 필요하다.			

출처: 김신열(2007). 비영리기관의 전략기획. 한국사회복지행정학회 학술대회 자료집, p.6.

(2) 전략기획팀 구성 및 역할

시설장은 전략기획 수립을 결정하고, 계획과정을 이끌어갈 직원을 결정해 '전략기획팀(strategic planning team)'을 편성 · 운영한다. 시설에 따라서 달라질 수 있으나, 보통 5~8명 정도가 적당하며 실무책임자(부장급)를 중심으로 사업팀별로 1명 이상을 참여시켜 전체 사업 내용을 반영한다. 필요시 전략기획 수립의 전문성 및 대외적 공신력 확보를 위해 외부 전문가 및 관계자가 참여할 수도 있다. 계획 수립의 방향과 일정 관리, 계획서 작성 등의 업무를 주로 담당한다.

2) 환경분석

(1) 내부환경(능력) 분석

내부환경(능력)을 분석하는 목적은 시설이 보유하고 있는 유형 및 무형의 자원과 기능에 대한 분석을 통해 시설의 강점과 약점을 도출하는 데 있다. 이에 시설은 외부환경으로부터의 기회와 위협을 내부능력의 강점 및 약점과 종합하여 전략을 수립하게 된다(SWOT 분석).

따라서 그 시설의 약점을 가능한 한 나타내지 않고, 강점만을 효과적으로 발휘하게 할 수 있는 방안이 무엇인가를 파악하여야 한다. 한편 내부환경(능력)을 분석하는 방법은 다음과 같이 자원기준 관점과 기능기준 관점의 두 가지가 있다.

가) 자원기준 관점 분석

자원기준 관점은 현재 시설이 보유하고 있는 자원을 분석 · 평가하는 것이다. 이는 첫째, 보유 자원의 규명 및 유형분류. 둘째, 유사 기능을 수행하는 관련 기관과의 비교를 통한 강점과 약점 평가. 셋째, 자원의 효율적 활용 방안 규명 등 세 가지 측면에서 이루어진다.

〈표 4-2〉 사회복지시설 내부 자원의 분석 요소와 그 내용

요소	내 용
사람	조직 구성원(시설장, 중간관리자, 실무자)의 능력
예산	예산(세입) 확보 및 운영(세출)하는 능력
조직문화	구성원의 가치관, 행동양식, 의사결정
지식 · 정보	경영에 필요한 지식, 정보를 획득, 공유, 활용하는 능력
시스템	성과 관리, 업무수행 등을 체계화하는 능력

나) 기능기준 관점 분석

기능이란 사회복지시설이 보유하고 있는 자원을 효과적으로 결합하여 이를 생산적으로 활용할 수 있는 능력을 말한다. 기능에 대한 분석은 해당 시설에서 추진해야 할 사업과제 부문별로 시설의 강점과 약점을 분석하는 방법이며, 실무적으로 널리 활용되고 있다. 예를 들어 사회복지관의 경우, 「사회복지사업법 시행규칙」에 의거하여 사례관리 기능, 서비스 제공 기능, 지역사회조직화 기능의 3대 기능을 수행하는 데 있어서 성공에 영향을 미치는 중요한 요소가 무엇인지 규명하고, 이들에 대한 강점과 약점을 평가하여 그를 바탕으로 전략기획에 활용해야 한다.

다) 내부환경에 대한 분류: 강점과 약점

앞에서 파악된 내부환경 요소 가운데 팀원들 간의 강점과 약점으로 작용할 수 있는 것들 가운데 5~8개 정도를 골라 투표방식(ranking 등)을 사용하여 순위를 정한다.

강점요소	순위	약점요소	순위

(2) 외부환경의 분석

가) 외부환경 분석의 방법

외부환경을 분석하는 목적은 시설의 기회와 위협요인을 규명하기 위한 것이다. 외부환경을 분석하기 위해서는 현재와 미래의 시설활동에 영향을 미칠 수 있는 정치, 경제, 사회 등의 일반환경과 사회복지시설의 사업 수행에 직접적인 영향을 미치는 요소인 이용자, 합법성 및 권위의 제공자, 동종 복지시설 및 조직의 자원과 이용자, 주민들의 욕구, 지역사회 문제, 인적물적 자원 목록 등의 과업 환경을 분석해야 한다. 외부환경은 끊임없이 변화하고 있기에 현재 선택하고 있는 전략은 환경변화에 따라 수정 · 보완이 불가피하다. 이러한 수정 · 보완은 시설이 의식적으로, 능동적으로 행동에 옮길 때에만 가능하다.

〈표 4-3〉 **외부환경 분석 방법**

요소		내용
일반환경	정치	중앙정부 및 지방자치단체의 정책, 법, 제도 및 계획 등
	경제	지방자치단체의 재정자립도, 재정자원 제공자, 복지예산 등
	사회	사회인구학적 조건, 라이프 스타일, 환경 등
과업환경		이용자, 합법성 및 권위 제공자(정부 등), 지역사회 문제, 인적물적 자원 목록 등 이용자와 이해관련 기관이 우리에게 원하는 것은 무엇인가? 이용자의 욕구가 어떻게 변하고 있는가?

나) 외부환경에 대한 분류: 기회와 위협

앞에서 파악된 외부환경 요소 가운데 팀원들 간의 기회와 위협이 될 수 있는 5~8개 정도를 골라 투표방식(ranking 등)을 사용하여 순위를 정한다.

기회요소	순위	위협 요소	순위

3) 전략수립

(1) 사명과 비전 재정립

사회복지시설의 궁극적인 존재이유에 해당하는 것이 사명(mission)이다. 왜 존재하는지, 누구를 위해, 무엇을 제공해야 하는지에 대한 존재목적을 구체적으로 표현한 것으로, 가장 상위의 개념이다. 사명은 시설의 업무 추진 방향을 제시해 주고, 어떤 업무를 추진해야 하는가에 대한 근본적인 해답을 제시해 준다. 사명을 재정립하기 위해서는 반드시 시설의 현재 모습에 대한 객관적인 분석이 선행되어야 한다. 아울러 사명은 시설과 관련된 이용자, 자원봉사자, 운영법인 등 시설을 둘러싼 모든 이해관계자들이 받아들일 수 있어야 한다.

따라서 사명은 반드시 모든 구성원들과 함께 수립한다. '누구에게, 무엇을, 어떻게'를 두고 조직 구성원 모두가 함께 토론하고 공유하면서 수립해야 한다.

〈표 4-4〉 사명 설정

구분	자가 질문	작성 내용
누구에게(customer)	시설과 중요한 관계를 맺고 있는 내외부 이해관계자는 누구인가?	
무엇을(value)	시설이 이해관계자에게 제공하는 가치는 무엇인가?	
어떻게(how to)	그들이 원하는 가치를 어떻게 제공할 것인가?	

⬇

- '누구에게', '무엇을', '어떻게'에 대한 내용을 포함하여 사명을 기술한다.
  우리는____________________________________한다.

사명이 무엇인가에 따라서 구체적으로 달성해야 할 미래의 목표가 도출될 수 있는데, 이를 비전(vision)이라 한다. 비전은 시설이 미래의 특정 시점에 성취하고자 하는 모습을 제시하는 것이다. 이는 미래에 어떤 시설이 되고자 하는지를 보다 명확하게 나타내는 용어로 새롭게 정립할 필요가 있다.

'사명'이 마치 북극성처럼 언제나 한결같이 시설이 가야할 길을 인도해 주는 것이라면, '비전'은 오를 수 있는 산과 같은 이미지라고 할 수 있다.

비전은 순간적인 발상이나 영감에 의해 우연히 발생되는 것이 아니라 사명과 동일하게 반드시 시설의 현재의 모습에 대한 객관적인 분석을 통해 미래의 포지셔닝을 설정 · 수립하는 것이다(위키백과). 중요한 것은 조직 내 각 부문과 계층에서 비전 수립 과정에 골고루 참여하는 것이 필요하다. 워크샵 등을 통하여 직원들의 자유로운 논의과정을 거쳐 자발적인 의지에 기반하여 비전을 수립해야 한다.

비전 설정 대상 기간은 10년이 보통이다. 그러나 엄청난 속도로 변해가는 환경 속에서 10년이라는 세월은 예측하기도 힘들고, 시간이 흐름에 따라 비전의 의미가 퇴색할 가능성이 높아진다. 이런 문제를 해결하기 위해 10년간의 비전을 달성하기 위한 중장기전략을 3~5년 단위로 설정한다.

비전을 수립할 때는 사명 수행을 통해 이루고자 하는 모습, 조직의 역량, 주변환경 및 미래 예측, 이해관계자의 요구사항이라는 네 가지 요건을 중점적으로 고려해야 한다. 비전은 현재형으로 기술하며, 간단히 수치형태로 된 목표를 설정해도 괜찮다.

〈표 4-5〉 **비전 수립**

<table>
<tr><th colspan="2">비전 수립의 핵심요소</th><th>고려사항</th></tr>
<tr><td colspan="2">사명</td><td></td></tr>
<tr><td colspan="2">조직 역량</td><td></td></tr>
<tr><td rowspan="4">주변환경 및
미래예측</td><td>강점</td><td></td></tr>
<tr><td>약점</td><td></td></tr>
<tr><td>기회</td><td></td></tr>
<tr><td>위협</td><td></td></tr>
<tr><td colspan="2">이해관계자 욕구사항</td><td></td></tr>
</table>

<table>
<tr><td>비전</td><td>3~5년 후
포지셔닝</td><td></td></tr>
</table>

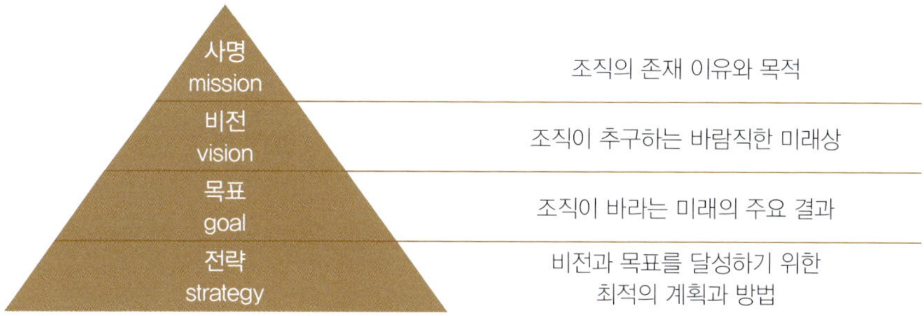

[그림 4-3] 사명과 비전의 체계도

(2) SWOT 분석

전략기획에서 자주 사용되는 도구는 SWOT분석이다. 이 분석방법은 시설 내부의 강점과 약점을 외부 환경에 제시되는 위협과 기회를 관련시키는 분석이다. SWOT분석을 토대로 한 다음의 네 가지 대안적인 전략이 있다.

〈참고〉 복지시설 SWOT 분석

	강점(Strength)	약점(Weakness)
내부 환경	· 우수 인력, 사업전문성, 전문 상근 시설장 · 조직체계성, 직원관리 우수 · 운영법인 브랜드의 후광 · 시너지효과 · 원칙중심, 합리적 운영	· 우수 인력 유지시스템 부족 · 시설의 물리적(공간), 위치적 한계(접근성) · 운영법인에 대한 오해 · 사업 성과의 지속화 노력 부족
	기회(Opportunity)	**위협(Threat)**
외부 환경	· 주변지역 환경 · 바우처 제도 확산으로 인한 이용자 확대 및 서비스 질 향상 계기 · 활용가능한 자원의 종류와 양 증가, 나눔 · 사회복지에 대한 긍정적 인식 확산	· 지역개발로 인한 대상자, 사업량 축소 · 유사 신규 인근 시설 간 경쟁심화(바우처, 사업 · 자원개발 등) · 정책변화(성과별 보조금 지원체계, 직영시설 지원 약화)

출처: 서울시복지재단(2009). 사회복지시설 경영컨설팅사업 사례발표 자료집, p.14.

가) SO 전략(내부강점, 외부기회)

시설이 외부의 기회를 이용하기 위해 내부적 강점을 사용할 수 있을 때 선택하는 가장 바람직한 전략이 된다. 실제 매트릭스상의 다른 위치에서 이러한 위치로 옮기는 것은 모든 시설들의 목표이다.

나) ST 전략(내부강점, 외부위협)

시설내부의 강점으로 외부환경 속에 있는 위협에 대응하는 것을 토대로 선택하는 전략이다. 이 전략의 목적은 내부의 강점을 극대화하는 반면 외부위협을 최소화하는 데 있다.

다) WO 전략(내부약점, 외부기회)

약점을 최소화하고 기회를 극대화하려는 것이다. 따라서 어떤 분야에 약점을 가진 시설은 시설내부에서 이를 보강하기 위한 기술이나 숙련된 인적 자원 등 필요에 알맞은 것을 보완함으로써 시설로 하여금 외부환경 속에 있는 유리한 기회를 활용하게 할 수도 있다.

라) WT 전략(내부약점, 외부위협)

이는 위협과 약점을 최소화하는 것으로, 예를 들면, 외부지원금의 중단으로 사업을 종료하여야 할 상황이다.

〈참고〉 SWOT 분석표 양식 및 작성방법

외부환경 / 내부 환경		기회(O)	위협(T)
		시설에 대해 외부 환경요인 중 운영에 기회가 될 수 있는 요인을 분석하여 요약 정리함	시설의 운영과 관련하여 위기 상황을 초래할 외부 문제점을 찾아 요약하여 정리함
강점 (S)	시설 자체의 강점을 조직측면, 제도측면, 사업측면, 성과측면 등 다양한 측면에서 분석하여 요약 정리함	[강점-기회 SO 전략] 내부적 강점과 외부 기회요인을 연계하여 지속적 발전을 도모할 수 있는 방안 제시	[강점-위협 ST 전략] 외부적 위협요인이나 내부 강점요인을 통해 이를 감소시키고 발전 도모할 방안 제시
약점 (W)	시설의 기능수행 및 운영과 관련하여 갖고 있는 문제점을 분석하여 요약 정리함	[약점-기회 WO 전략] 내부 문제점이나 이를 외부 기회요인과 연계 보완하여 발전에 활용할 수 있는 방안 제시	[약점-위협 WT전략] 내부의 문제점과 외부의 위협 요인을 명확히 진단하여 이를 극복할 수 있는 방안을 제시

출처: 여성가족부 · 한국청소년활동진흥원(2011). 시도 청소년활동진흥센터 운영관리매뉴얼, p.28.

이상에서 살펴본 바와 같이 SWOT 분석을 통한 효과적인 전략이란 환경의 기회와 시설의 강점을 최대한 활용하면서, 환경의 위협과 시설의 약점을 최소화하는 것이라는 전제에 바탕을 주고 있다.

SWOT 분석은 전략 대안을 도출하기 위한 기본 방향을 제시해 주는 것으로서 구체적으로 다음과 같은 전략 질문에 대한 답을 제시해 준다.

① 우리 시설이 어떠한 강점에 바탕을 두고 전략을 개발해야 하는가?
② 환경의 기회를 활용할 수 있는 우리의 강점은 무엇인가?
③ 가장 우려되는 환경의 위협요인은 무엇이며, 이에 대처하기 위한 전략 방안은 무엇인가?
④ 우리의 약점 중에서 가장 취약한 부분은 무엇이며, 환경의 기회를 선취하는 데 장애가 되는 요인은 무엇인가? 그리고 우리의 약점을 보완할 수 있는 전략은 무엇인가?

(3) 전략 이슈 설정과 전략 구성

가) 전략 이슈 구성

SWOT 분석이 이루어지면 시설에서는 구체적으로 어떻게 활용하고 대응해 나갈 것인가 하는 것은 매우 중요한 전략상의 과제가 아닐 수 없다. 전략 방향을 설정하는 데 필요한 기준들은 다음과 같다(김신열, 2007: 14-17).

- SWOT분석으로부터 얻어진 정보일 것
- 급한 것보다는 중요한 것, 즉 미래에 대한 준비 의미
- 시설이 할 수 있는 것
- 시설이 무언가 하지 않으면 중요한 문제가 될 소지가 있는 것
- 전체적으로 시설이나 프로그램 차원에 초점을 맞출 것

위에서 제시한 기준들을 통해 전략기획팀 구성원들의 합의를 거쳐 3~4개의 전략 이슈 상황에 대해 기술한다. 완성 후 이슈들 간에 중복되는 것, 통합할 수 있는

것, 분리해야 하는 것, 상호 관련되어 있는 것, 한 가지 이슈로 해결할 수 있는 다른 것들이 있는지에 대한 여부를 검토하는 것도 중요하다.

〈표 4-6〉 **전략 이슈 구성 작업**

순위	전략 이슈 상황	미해결 시 예상결과	시간(단기, 장기)	수준 (조직차원, 개별사업)
1				
2				
3				
4				

나) 전략 목적과 개별 전략 구성

구체적인 전략을 세워나가기 위해서는 전략기획 구성에 참여하고 있는 팀원들의 전략적 사고가 중요하다.

① 전략 목적 구성

전략 목적은 전략 이슈들을 함축적으로 대표하는 형태의 문장으로 구성하며, 목적 진술은 다음과 같은 조건을 만족할 수 있도록 작성한다.

- 이해할 수 있고 설명이 가능할 수 있도록 진술한다.
- 시설의 내부 강령의 허용범위 내에 있어야 한다.
- 시설의 사명, 비전, 그리고 가치와 일치해야 한다.
- 이해당사자들에게 예측가능하고 수용 가능한 것이어야 한다.
- SWOT분석의 결과를 반영하여야 한다.
- 시설차원인지 프로그램 차원인지를 명확히 한다.
- 시설의 활동 혹은 결과와의 관련성을 명시한다.
- 전략 수행관련 타이밍 규정을 명확히 한다.
- 수행을 위해 필요한 자원을 명시한다.
- 목적 달성의 현실성과 실현 가능성을 확보한다.

② 개별 전략 구성

전략 목적이 이슈로부터 제기된 것을 해결하기 위해 중요한 것이라면 개별 전략은 전략 목적을 달성하기 위한 구체적 방법을 제시한 것이다. 따라서 하나의 전략 목적하에 여러 개의 전략들이 만들어질 수 있다.

이러한 전략은 SMART하여야 한다. 즉, 구체적(Specific)이어야 하고, 측정 가능(Measurable)해야 하며, 행동지향적(Action-oriented)이어야 하고, 목적 달성과 관련이 있어야(Related/Relevant)하며 적절한 시간의 범위(Timely/Time-limited) 내에서 이루어질 수 있도록 진술하는 것이 좋다.

(4) 실행계획서(중장기 발전계획서) 작성

실행계획 즉, 중장기 발전계획은 비전과 목표를 실현하기 위한 구체적인 행동계획이다. 개별 전략에 대한 구체적인 수행 작업 내용, 수행 담당자, 수행에 필요한 시간이나 일정, 그리고 역할 수행에 대한 모니터링 활동과 관련된 사항들을 3~5년, 5~10년 단위의 기간별로 일목요연하게 작성하며 내부의 전 직원과 공유한다.

또한 개별 전략별로 추진과제를 수립하고 이를 반영하여 정량적 목표와 정성적 목표를 설정하여 과제별 세부사업내용 선정의 기준으로 활용한다. 그리고 추진과제별 세부사업과제 단위로 실행계획서를 작성하고 다음 해부터 연간사업에 반영토록 한다. 추진기간 동안 수행되어야 할 과정 및 운영체계를 중심으로 로드맵을 작성한다.

2. 연간계획의 수립 및 관리

1) 연간계획의 수립

(1) 연간계획과 중장기 발전계획

연간계획은 중장기 발전계획을 수립하고 그것을 실행하기 위해 연간 단위로 작성하는 것이다. 따라서 연간사업계획과 중장기 발전계획은 서로 보완적이고 일관성을 유지해야만 한다.

(2) 연간계획은 실행계획

연간계획은 중장기발전계획의 각 부문별 연차계획을 실현하기 위해 계획을 추진하는 것이다. 따라서 연간계획이 제대로 수립, 실행될 때 중장기발전계획을 달성할 수 있고 비전과 사명도 실현할 수 있는 것이다(신용보증기금, 2004).

사명	있어야 할 모습	10~20년 이상
비전	도달할 수 있는 최대 목표	5~10년
중장기발전계획	비전 실현을 위한 구체전략	3~5년
연간계획	반드시 도달해야 할 목표	1년

[그림 4-4] 연간계획의 수립방법

2) 계획의 체계

계획은 크게 사명 및 비전 설정, 중장기 발전계획 수립, 연간계획 수립, 계획의 실행, 그리고 평가로 이루어진다.

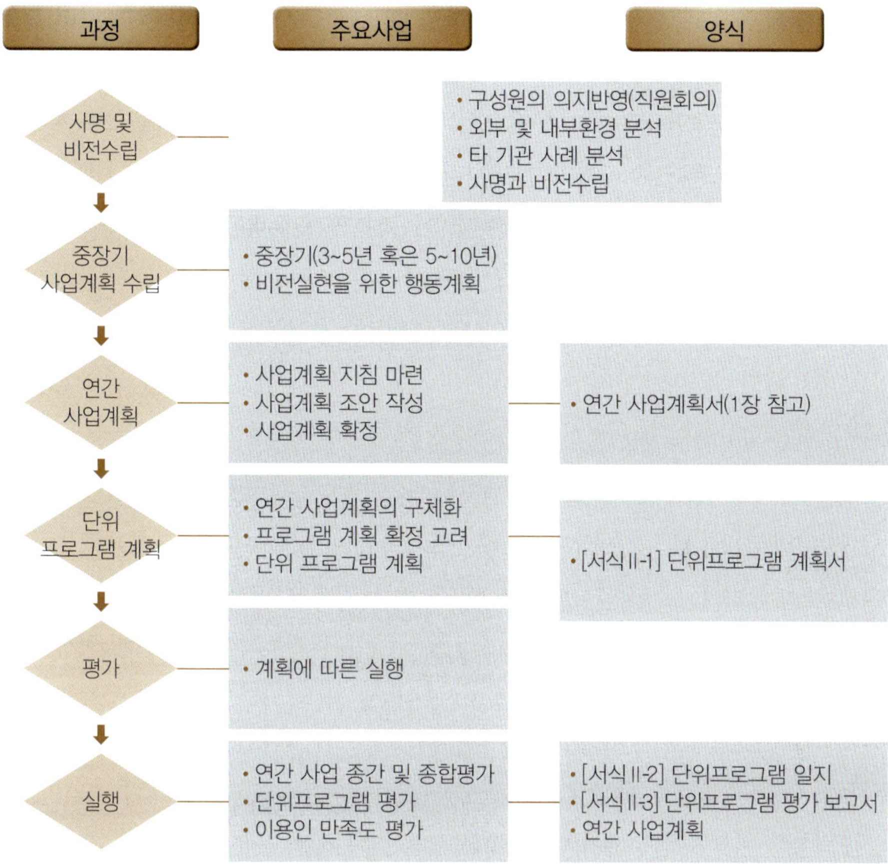

[그림 4-5] **계획 수립 및 평가과정**

출처: 총신대학교산학협력단 · 한국장애인복지시설협회(2014). 장애인주간보호시설운영매뉴얼, p.86.

3) 연간계획 수립의 기본

(1) 연간계획을 수립 시 검토사항

① 각 시설의 수행사업 관련 매년 제시되는 보건복지부의 사업안내서를 참조한다.

예 2025년 사회복지관 운영관련 업무처리 안내

② 이미 설정된 사명, 비전 및 시설장의 기본방침을 확인, 검토하고 미진하거나 필요하면 수정 또는 재설정한다.

③ 시설의 내부 능력(강점 · 약점요인) 및 현황을 추세적(과거-현재-미래)으로 철저히 분석 · 인식한다.

④ 외부 시설의 환경(기회 · 위협요인)을 추세적(과거-현재-미래)으로 철저히 분석 · 인식한다.

⑤ 이용자 의견 수렴 과정에 기초한다. 이용자 의견 수렴은 이용자 욕구평가 및 전년사업에 대한 이용자 만족도 결과를 포함한다.

⑥ 이미 설정된 중장기적 대응전략 및 실행전략을 확인, 검토하고 미진하거나 필요하면 수정 또는 재설정한다.

4) 연간계획의 수립 방법

(1) 연간계획 내용

〈표 4-7〉 **연간계획 내용**

항목	내용
1. 사업개요	• 사업의 필요성 및 중점 추진사항: 이용자, 시설의 사명과 비전, 지역특성을 반영한 사업의 필요성 및 중점 추진과제를 제시 • 목적: 사업목적을 간략히 제시 • 주요 사업내용: 주요 단위사업, 일과표, 이용시간 등을 포함한 주요 사업을 제시 • 사업대상: 사업대상 및 대상자 선정 기준을 제시 • 종사자 현황: 주요 종사자 및 지원인력을 기술 • 시설현황: 운영법인 및 시설의 기본현황을 제시 • 사업 기대효과: 연간 사업계획 추진을 통한 주요 기대효과 제시
2. 연간 사업계획표	• 시설의 사명과 비전을 달성하기 위한 사업분류 및 세부사업 결정 • 사업별 지원 대상의 명확화 • 기간 내 달성하고자 하는 산출목표(회 · 명) 및 예산을 제시 • 목표의 경우 해당사업의 연인원, 실인원, 목표 건수를 제시 • 목표 달성을 위한 예산계획을 제시 • 사업내용에는 목적, 주요 사업내용, 진행방법, 평가도구 등을 간략히 제시 • 사업진행에 따른 기대효과를 제시
3. 예산계획	• 사업추진을 위한 관 · 항 · 목별 세입 및 세출예산계획 제시

출처: 총신대학교산학협력단 · 한국장애인복지시설협회(2014). 장애인주간보호시설운영매뉴얼, p.91.

(2) 수립 절차

구분	내용	시행시기	주관
평가 및 분석	준비(안)에 따른 자료 작성 · 전년도 사업 및 예산평가 · 내외부 환경 분석 · 타 기관 사례분석	9월 중순 ~10월 중순	
기획	사업 및 예산 수립을 위한 기획회의 · 사업목적과 사업목표 수립 · 세부사업 단위 결정 · 연간 예산 범위 추정	10월 중순	간부회의
계획 수립	사업 및 예산계획 수립	10월 말	전 부서
심의	· 사업계획(초안)심의 · 전체 사업계획 최종안 심의	11월 중순	간부회의
제출 및 승인	· 시설 전체 사업 및 예산 제출 · 수정 및 편집 · 운영위원회 심의 · 법인 제출/이사회 승인 · 지방자치단체 주무관청 제출	11월 말~ 회계연도 개시일 5일 전	기획팀

[그림 4-6] **연간계획 수립 절차(예시)**

연간계획은 시설의 규모나 형태에 따라 다를 수 있지만, 다음과 같은 작성(수립) 순서를 밟는 것이 일반적이다.

가) 주관 부서의 차기 연도 계획 기본방향 통보 및 작성요청

간부회의에서 확정된 차기 연도 경영방침 및 계획 수립 기본방향을 각 부서에 통보함과 동시에 이에 따른 각 부서의 차기 연도 사업계획(안)을 ○월 ○일까지 작성하여 제출토록 요청한다(주관부서→각 부서).

나) 부서별 차기 연도 계획(안)의 작성 및 제출

각 부서는 동 방침 및 기본방향에 따라 자기 부서의 차기 연도 계획(안)을 작성(예산 포함)하여 제출한다(각 부서→주관 부서).

다) 부서별 차기 연도 계획(안) 심의

주관부서는 각 부서에서 제출받은 차기 연도 계획(안)을 취합, 간부회의를 개최하여 심의한다(각 부서장이 보고→간부회의).

라) 부서별 최종적인 차기 연도 계획(안)을 제출

각 부서는 간부회의에서 논의된 사항을 수정 · 보완한 각 부서의 최종적인 차기 연도 계획(안)을 작성(예산 포함)하고 보고한다(각 부서→주관 부서).

마) 시설 전체의 차기 연도 계획(안) 작성, 보고 및 확정

주관부서는 각 부서에서 제출된 각 부서의 차기 연도 계획(안)을 토대로 시설 전체의 차기 연도 계획(안)을 작성 · 보고 및 조정 · 확정한다(주관부서→운영위원회→이사회→지방자치단체 제출).

바) 확정된 시설 전체의 차기 연도 계획을 각 부서에 통보

주관부서는 이사회에서 확정된 시설 전체의 차기 연도 계획을 각 부서에 통보한다(주관부서→각 부서).

사) 각 부서로부터 정기적으로 계획 대 실적을 제출받아 분석 · 평가

주관부서는 각 부서로부터 계획 대 실적을 매월(매 분기, 반기, 년간) 제출받아서(계획 대비 실적이 부진한 경우 그 원인과 대책 포함), 이를 분석 · 평가하여 시설장에게 보고한다(주관부서→시설장).

또한 각 부서는 같은 계획 대비 실적을 매월(매 분기, 반기, 년간) 간부회의에서 보고토록 한다(각부서→간부회의).

〈표 4-8〉 사업평가 내용

구분	내용	시기
연간 사업계획 중간평가	· 주간(월)평가: 주간(월) 계획서 및 보고서에 기초하여 업무를 평가 · 분기(반기)평가: 분기 혹은 상하반기 평가를 실시하여 연간 사업계획의 달성 정도를 전반적으로 평가	주간, 월, 반기
연간 사업계획 종합평가	· 연간 사업계획서의 사업목표 달성 정도에 대한 종합평가를 진행	익년 1월
단위 프로그램 평가	· 단위 프로그램별 목표 달성 정도, 진행과정 중 특이사항을 프로그램 보고서를 통하여 평가	일, 월, 반기, 종합평가
이용자 만족도 평가	· 이용자 및 보호자의 서비스 만족도 평가 · 설문조사 결과의 양적 분석, 이용자에 대한 관찰 등의 질적 자료 활용	수시

출처: 총신대학교산학협력단 · 한국장애인복지시설협회(2014). 장애인주간보호시설운영매뉴얼, p.97.

제5장

인사관리

제1절 인사관리의 개요

1. 인사관리의 개념과 경향

사회복지 현장에서 클라이언트들의 욕구나 문제는 다양하다. 따라서 사회복지 시설(기관)에서의 서비스는 미리 규정된 규칙이나 절차에 의존하기보다는 상황에 따라 일선 시설들의 판단이나 기술, 재량행위에 크게 의존하게 된다. 서비스의 질은 결국 전문 인력으로서 직원들에 의해 결정된다고 할 수 있다. 이러한 이유로 조직의 인적 자원에 관한 합리적인 인사관리가 중요하다 할 수 있다.

인사관리란 사회복지시설의 핵심적 요소인 인력, 즉 직원을 채용하고 유지 및 능력을 개발하며 평가함으로써 시설의 목표 달성을 효과적으로 수행하려는 일련의 관리활동을 말한다. 이러한 점에서 인사관리는 우수한 인력을 직원으로 채용하며, 그들의 역량을 강화하고 이를 통해 서비스의 효율성과 효과성을 증대하는 동시에, 궁극적으로는 클라이언트의 욕구를 충족시키고 복지 증진에 이바지하는 데 주된 관심과 목적을 갖는다.

인사관리는 그 강조하는 기능에 따라 다양한 측면을 내포한다. 크게 보면 인사관리에는 고용관계와 인간관계, 그리고 노사관계 등이 포함된다고 할 수 있다.

〈표 5-1〉 **인사관리에 내포된 다양한 함의**

인사관리 함의	고용관계	인간관계	노사관계
관계측면	노동력(직원)	조직 내 인간화	임금(급여)과 노동력
성격	직무상 협력관계	감정과 의욕을 갖는 인간 상호관계	노동조건을 둘러싼 대립 관계
목적	노동력의 효율적 이용	근로의욕 향상과 만족	노사관계 이해와 조정
원리	능률화 원리	인간화 원리	민주화 원리

1) 고용관계

인사관리는 고용관계 측면에서 접근한다. 과거에는 시설의 직원을 생산수단의 하나로 간주하고, 시설은 생산을 극대화하기 위하여 직원을 어떻게 최대한 활용하는가에 관심을 두었다. 그러나 현대 경영에서는 직원을 사용자와 대등한 관계로 보고, 지시가 아닌 협력을 통해 업무를 수행하는 것으로 본다. 직원을 최대한 활용하기보다는 효율적인 이용을 지향하고 있다.

2) 인간관계

인사관리는 직원들의 인간적인 측면에 관심을 갖는다. 직원이 단순히 시설에 노동력을 제공하고 그 대가로 보상, 즉 임금을 받는 것에 그치지 않는다. 직원은 시설을 통해 인간의 기본적 욕구를 충족시킬 뿐 아니라 사회적 관계와 자아실현을 위한 존재, 자존을 갖고 자신의 가치를 인정받고자 한다는 측면을 강조한다.

3) 노사관계

인사관리는 노사관계의 측면에서도 접근한다. 노사관계는 임금을 주고 노동력을 사는 사용자와 노동력을 파는 노동자의 대립적 관계에 기반하여 형성되는 관계이다. 노사관계에는 사용자에 효과적으로 대응하기 위한 노동조합의 결성, 단체교섭 및 협약, 단체행동과 노동쟁의조정, 부당노동행위 등이 포함된다.

이렇듯 다양한 함의 또는 접근으로 이루어지는 인사관리는 오늘날 전통적인 인사관리와 차별화된 경향성을 보여 주고 있다. 전체적으로 시설은 직원을 자산으로 보고, 보다 개방적이며 적극적인 입장에서, 그리고 상호 대등하게 소통하고 인정해 주는 방향으로 인사관리가 전개되는 추세이다.

〈표 5-2〉 전통적 인사관리와 현대적 인사관리

구분	전통적 인사관리	현대적 인사관리
철학	· 관리자의 특권(전유물) · 모든 직원을 동등하게 대우(형평성) · 인력은 생산요소(인력=비용)	· 관리자층의 적극적 지원 · 직원 간 차별적 형평성의 강조 · 인력은 자산으로 투자(인력=자산)
목표	· 시설의 목표 달성을 강조 · 최소성과 기준의 설정	· 시설과 개인의 목표 조화 · 참여적 목표 설정
인간관	· 관리자 중심의 시설 및 업무 운영 · 소극적이고 타율적인 X형 인간	· 직원 참여를 통한 신뢰형성 · 주체적이고 자율적인 Y형 인간
관리방향	· 경력 중심 · 평생고용의 보장 · 규정 등에 의존 · 주어진 인력을 활용하는 단기적 안목 · 상의하달식 의사소통(집권화)	· 직무 중심 · 개방형 인사제도 · 전략적 관리 · 인력을 육성하고 개발하는 장기적 안목 · 수직 · 수평 등 전방위적 의사소통(분권화)
노사관계	· 노동조합의 억압과 억제 · 노사 갈등과 배타	· 노사 간 상호 협동 · 노사 공동의 목표 달성

2. 인사관리의 과정

인사관리는 여러 기능들이 일련의 과정으로 연결되어 있으며, 이는 순환적 관계를 구성한다. 인사관리의 기능을 관리과정의 차원에서 각 단계를 분류하면 다음과 같다.

① 인사관리의 기본정책 및 방침을 결정하고 인력의 수급계획 등을 입안하는 인사계획 단계
② 유능한 인재를 시설의 종사자로 유치하고 투입하는 모집 및 선발의 채용 단계
③ 종사자들의 업무 역량을 강화하기 위한 교육, 훈련 등의 인력개발 단계
④ 일정 기간 종사자들의 직무성과를 평가하여 시설의 기초자료로 활용하는 인사고과 단계
⑤ 성과평가의 결과에 따라 그에 상응하는 임금과 복리후생 등을 제공하는 보상 단계

⑥ 종사자들의 승진과 승급, 보직변경, 이직 등의 인력유지 단계라는 일련의 과정으로 구분할 수 있다.

인사계획 → 모집 · 선발 (채용) → 교육 · 훈련 (인력개발) → 직무성과 평가 (인사고과) → 보상 → 인력유지

[그림 5-1] 인사관리의 과정

이들 인사관리의 과정별 주요 행정실무를 구체적으로 살펴보기로 한다.

제2절 채용실무

인사관리의 첫 단계는 인사계획을 수립하는 단계이다. 인사계획은 시설의 중 · 장기발전계획에 따라 그에 소요되는 인력 규모와 자질을 고려하여 세부계획 차원으로 수립하게 된다. 이 인사계획에 따라 실제적인 첫 활동으로 나타나는 것이 채용이다. 채용이란 사용자가 필요에 따라 근로조건을 구체적으로 명시하여 종사자를 모집하거나, 필요한 문서를 제출하여 응모해 온 지원자들을 심사한 후 선발, 입사시키는 것을 말한다. 따라서 채용은 모집과 선발, 임용의 과정으로 구성된다.

1. 모집

모집은 자격 있는 지원자들을 해당 직무에 유치하는 과정으로 채용의 첫 출발점이 된다. 모집의 핵심은 그 직무에 적합한 유능한 인재들을 유치하는 것이다. 따라서 적합한 자격요건을 명확히 하고, 모집 사실을 두루 알려 많은 사람들이 알게 하는 것이 무엇보다 중요하다.

적합한 자격요건은 직무분석을 통한 직무기술서와 직무명세서를 작성함으로써 확인되고(대개의 경우 인사계획 수립으로 이미 준비되어 있다), 두루 널리 알리는 것은 채용공고를 효과적으로 수행함으로써 가능해진다.

1) 직무분석

사회복지시설에서는 여러 가지 사유로 인력을 충원하여야 할 일이 발생한다. 시설에 인력이 필요하여 모집을 해야 한다면 가장 먼저 해당 직무에 어떠한 인력이 필요한지를 밝히는 직무분석을 통해 마련한 직무기술서와 직무명세서를 확인하여야 한다.

직무분석이란 인사관리가 일관성 있고 공정하게 수행될 수 있도록 하는 데 있어서 직무에 관한 객관적 자료를 제공하는 것이다. 모집해야 할 직무(직위)에 대한 직무분석을 하고, 직무의 종류 및 내용 등을 중심으로 직무기술서와 직무명세서를 확인한다.

(1) 직무기술서(job description)

직무기술서는 직무분석을 통하여 얻은 직무에 관한 자료와 정보를 직무의 특성에 중점을 두고 정리, 기록한 문서이다. 직무기술서에는 직무의 효율적인 수행을 위하여 해당 직무의 성격은 어떤지, 직무에 요구되는 지식과 기술은 무엇인지 등의 내용을 포함한다. 구체적으로 과업내용과 권한관계, 그리고 감독범위 등을 규정한다.

(2) 직무명세서(job specification)

직무명세서란 직무기술서의 내용을 기초로 직무요건만을 분리하여 구체적으로 작성한 문서이다. 직무명세서는 직무요건, 특히 성공적인 직무수행을 위하여 필요한 인적 요건에 비중을 두고 정리, 기록된다. 구체적으로는 해당 직무에 필요한 교육 등 자격요건, 경력, 기타 인적 요건 등이 적시된다.

다음은 직무명세서와 직무기술서를 통합적으로 작성한 예시(장애인복지관)이다.

〈표 5-3〉 직무명세 및 기술서 (예시)

<table>
<tr><th colspan="6">직무명세서</th></tr>
<tr><td rowspan="2">직무 구분</td><td>직급</td><td>직무명</td><td>소속부서</td><td colspan="2">소속과(팀)명</td></tr>
<tr><td>직업재활사</td><td>평생교육, 직업재활</td><td></td><td colspan="2">평생교육지원팀</td></tr>
<tr><td>직무 요약</td><td colspan="5">장애인의 평생교육, 직업재활과 관련된 사무 및 서비스를 담당한다.</td></tr>
<tr><td rowspan="14">인적 요건</td><td colspan="2">신체적 요건: 해당사항 없음</td><td colspan="3">최적 연령범위: 해당사항 없음</td></tr>
<tr><td colspan="2" rowspan="2">필요 지식/기술/능력</td><td colspan="3">요구수준</td></tr>
<tr><td>상</td><td>중</td><td>하</td></tr>
<tr><td colspan="2">사회복지에 대한 일반적 지식</td><td>V</td><td></td><td></td></tr>
<tr><td colspan="2">기관운영에 대한 행정 및 경영학적 지식</td><td></td><td>V</td><td></td></tr>
<tr><td colspan="2">고객에 대한 인권적 자세</td><td>V</td><td></td><td></td></tr>
<tr><td colspan="2">고객에 대한 서비스 마인드</td><td>V</td><td></td><td></td></tr>
<tr><td colspan="2">인사, 노무관리 등에 대한 일반적 지식</td><td></td><td>V</td><td></td></tr>
<tr><td colspan="2">기관의 자금운영과 관련된 회계적 지식</td><td></td><td>V</td><td></td></tr>
<tr><td colspan="2">직업재활에 관련된 전문적 지식</td><td>V</td><td></td><td></td></tr>
<tr><td>최소학력</td><td>4년제 이상</td><td>전공</td><td colspan="2">사회복지, 직업재활, 특수교육</td></tr>
<tr><td>최소경력</td><td>3년 이상</td><td>최소자격/면허</td><td colspan="2">사회복지사, 직업재활사, 특수교사</td></tr>
<tr><td>비고</td><td colspan="4"></td></tr>
<tr><th colspan="6">직무기술서</th></tr>
<tr><td rowspan="10">과업 내용</td><td>업무명</td><td colspan="4">업무내용</td></tr>
<tr><td>1. 이용고객 상담</td><td colspan="4">평생교육 이용고객 상담, 부모 및 가족상담</td></tr>
<tr><td>2. 이용고객 지원</td><td colspan="4">일상생활 지원(신변처리, 위생, 간식, 식사지도 등)</td></tr>
<tr><td>3. 직업평가</td><td colspan="4">직업평가, 관찰평가</td></tr>
<tr><td>4. 사례관리</td><td colspan="4">서비스 적격성 결정, 부적응행동 지원계획 및 서비스 의뢰</td></tr>
<tr><td>5. 평생교육 관리</td><td colspan="4">평생교육(직업적응훈련반) 프로그램 담당 및 관리</td></tr>
<tr><td>6. 하청업체 관리</td><td colspan="4">하청업체 개발 및 관리, 자재관리, 입납품관리, 작업수당관리</td></tr>
<tr><td>7. Pr. 실적관리</td><td colspan="4">이용고객 출 · 퇴근관리, 프로그램 실적 관리</td></tr>
<tr><td>8. 보조인력 관리</td><td colspan="4">공익근무요원, 강사 및 자원봉사자 관리</td></tr>
<tr><td>9. Pr. 물품구입</td><td colspan="4">프로그램 관련 물품 구입</td></tr>
<tr><td rowspan="2">권한 관계</td><td>의사결정 권한</td><td colspan="4"></td></tr>
<tr><td>예산관련 권한</td><td colspan="4">없음</td></tr>
<tr><td rowspan="2">감독 범위</td><td colspan="2">보고자</td><td colspan="3">감독자</td></tr>
<tr><td colspan="2">팀장</td><td colspan="3">국장</td></tr>
</table>

출처: 서울시 중구장애인복지관(www.jgcrc.or.kr).

2) 모집공고

해당 직무에 대한 직무기술서와 직무명세서를 확인하면 그에 따라 모집공고를 내게 된다. 모집이란 유능한 종사자를 외부로부터 구하는 것과 그들이 시설 내의 어떤 직무에 응시하도록 자극을 주는 과정을 말한다.

(1) 공개모집의 원칙

모집은 공개적으로 하는 것을 원칙으로 한다. 특히 사회복지시설과 같이 정부에서 인건비를 보조받는 시설의 종사자에 대한 신규채용은 직무와 관계없이 공개모집을 원칙으로 규정하고 있다.[1)]

공개모집이란 자격을 갖춘 누구에게나 응모 기회를 제공하여, 경쟁을 통해 능력 있는 자를 임용하는 제도이다. 따라서 특정인을 채용하기 위한 법인 및 시설의 채용 내규, 응모자격을 특정인으로 제한하는 것 등은 이러한 공개모집의 원칙에 위배된다 할 수 있다.

공개모집을 위해서는 해당 법인 및 시설에서 운영하는 홈페이지, 관할 지방자치단체의 홈페이지, 워크넷, 복지넷, 사회서비스정보시스템(희망이음) 중 두 곳 이상의 사이트 등에 채용관련 사항을 15일 이상 공고하도록 하고 있다. 다만, 긴급한 업무처리 등 불가피한 사유가 있는 경우 공고기간을 자체 사정에 따라 7일 이상, 15일 이하로 단축할 수 있다.

(2) 모집공고 방식의 선택

모집공고의 방법은 절대적인 것이 없으므로 사회제도나 조직풍토와 형편, 시대의 흐름, 비용 부담 정도 등에 따라 알맞은 방침을 선택하면 된다. 그렇지만 어떠한 모집공고 방식을 선택하느냐에 따라 그 효과가 상당히 달라지므로 많은 고민과

---

1) 다만, 종교법인이나 학교법인의 소속 시설에 해당하는 성직자나 교직원 등 순환직 직원, 사회복지시설의 통합으로 인한 고용승계 등의 경우는 공개모집원칙을 적용하지 않을 수 있다.

노력이 필요한 부분이기도 하다. 과거에는 신문, 방송, 잡지 등 대중매체에 모집 광고하는 방식을 주로 사용하였으나, 최근에는 그 효과나 비용 효율 등의 면에서 인터넷 등 웹기반을 통한 모집방법이 지배적이라 할 수 있다.

〈표 5-4〉 사회복지관련 주요 채용사이트

- 각 시설의 홈페이지
- 시설의 관할 지방자치단체 홈페이지
- 워크넷(work.go.kr): 고용노동부 공식 사이트
- 복지넷(bokji.net): 사회복지협의회 사이트
- 사회서비스정보시스템(ssis.go.kr): 보건복지부 사회복지시설 업무 처리시스템
- 웰페어넷(welfare.net): 한국사회복지사협회 사이트
- 복지인(bokjiin.com): 한국복지넷 홈페이지
- 기타 각 기관소속 협회 사이트 등

[예시] ㅇㅇ사회복지관 사회복지사 채용 공고

ㅇㅇ사회복지관에서는 아래와 같이 복지관에서 근무할 사회복지사를 공개모집 하고자 하오니, 관심 있으신 분들의 많은 지원 바랍니다.

2020ㅇ년 ㅇ월 ㅇㅇ일
ㅇㅇ사회복지관장

1. **모집분야 및 인원** : 정규직 사회복지사 ㅇ명 - 모집분야 설정
2. **공고기간** : 202ㅇ년 ㅇ월 ㅇ일 ~ ㅇ월 ㅇ일 24:00까지(15일간) - 14일 이상 접수기간
3. **자격요건** - 채용직종 및 직위에 따라 필수 및 우대조건 기재
   ① 필수: 사회복지사 자격증 소지자
   ② 우대: 사회복지관 업무 유경험자, 운전면허 소지 및 운전가능자
   ③ 우대: 사회복지시설 근무 경험자(5년 미만)
   ④ (공통)필수 사회복지사업법에 따라 사회복지시설 종사자 결격사유에 해당되지 않는 자(법 제35조의 2)
   ※ 성범죄 및 아동학대범죄 경력이 있으신 분은 지원하실 수 없고, 입사전에 성범죄 및 아동학대범죄 경력 조회 동의서를 제출하셔야 합니다.
4. **제출서류**
   - 서류접수 시 필수 ① 기관응시원서(첨부파일)
     ② 자기소개서(첨부파일)
     ③ 개인정보처리방침(첨부파일)
   - 면접 시 필수 ① 자격증 사본 및 경력증명서 각1부(해당자)
     ② 성범죄 경력조회 및 아동학대관련범죄 전력 조회 동의서 각1부(첨부파일)

5. 채용일정

구 분	기 간	비 고
① 1차 서류접수	202ㅇ.ㅇ.ㅇ. ~ ㅇ.ㅇ. ㅇㅇ:00	※ 202ㅇ.ㅇ.ㅇ. ㅇㅇ:00 1차합격자 홈페이지 및 개별공지
② 2차 면접	(예정)202ㅇ.ㅇ.ㅇ. ㅇㅇ:00 ~	서류심사 합격자에 한함
③ 3차 적격여부 확인	(예정)202ㅇ.ㅇ.11. ~5.18.	면접합격자에 한함
③ 근무개시일	202ㅇ.ㅇ.ㅇ.	※ 202ㅇ.ㅇ.ㅇ. 최종합격자 홈페이지 및 개별공지 ※ 근무개시일 협의후 조정가능

- 기관 사정에 맞춰 일정 수립

6. 제출방법
   ① 온라인(이메일)접수 : ㅇㅇ사회복지관메일 주소
   ② 기타 - 접수 방법에 따라 적용 기재

7. 근무조건 - 채용직종에 따라 적용
   ① 정규직, 수습 3개월 적용 (※ 단 수습기간 만료 후 평가에 따라 임용이 취소될 수 있음)
   ② 보수지급기준 : 서울시사회복지시설 종사자 인건비 지급기준에 의거
   ③ 근무시간 : 주40시간 기준. 단, 사업의 특성상 필요에 따라 탄력근무 가능
   ④ 근무기간 : 202ㅇ년 ㅇ월 ~ 면직시 - 정규직의 경우. 기간제는 근무종료일 명시

8. 문의
   - 담 당 : ㅇㅇ사회복지관 담당자 ㅇ ㅇ ㅇ
     Tel : 02)123-1234 (직통번호 : 02-123-1234), Fax : 02)123-1111

2. 선발

선발이란 모집공고를 보고 응시한 자 중에서 시설에 적합하다고 판단되는 지원자를 선별하는 과정이다. 선발과정은 모집공고에서 적시한 전형절차에 따라 이루어지게 된다.

1) 서류전형

서류전형은 지원자 중에서 서류를 통해 직무에 적합한 유능한 인재를 일차적으로 선별하는 과정으로, 제출된 서류를 기반으로 구조화된 심사평가서에 따라 평

가하게 된다. 서류전형의 과정은 다음과 같다.

① 제출된 서류들을 일련의 기준으로 정리한다.
② 제출된 서류의 내용을 통해 적격성 여부를 확인하고 오류 및 진위 여부를 확인한다.
③ 부적격자를 제외하고 리스트를 만든다.
④ 지원자들의 서류를 심사평가서와 더불어 복수의 심사자에게 심사를 의뢰한다.
⑤ 심사결과를 받아서 순위에 따라 명부를 작성한다.
⑥ 시험 혹은 면접 대상자를 선별하고 대상자에게 개별적으로 통보한다.

시험응시자는 대체로 결격자를 제외한 전원 혹은 다수를 대상으로 하며, 면접 대상자는 대개 3배수 또는 5배수로 압축한다.

이러한 과정에서 고려하여야 할 사항으로는 결격사유 확인, 심사평가서 준비, 심사자 구성 등이 있다.

(1) 결격사유 확인

사회복지시설 및 기관 종사자의 결격사유에 관해서는 「사회복지사업법」 제35조의 2(종사자) ②항에 다음과 같이 규정하고 있다.

> ② 다음 각호의 어느 하나에 해당하는 사람은 사회복지법인 또는 사회복지시설의 종사자가 될 수 없다.
> 1호 제19조 제1항 제1호, 제1호의 2부터 제1호의 8에 해당하는 사람
> 2호 제1호에도 불구하고 종사자로 재직하는 동안 시설 이용자를 대상으로 「성폭력범죄의 처벌 등에 관한 특례법」 제2조에 따른 성폭력범죄, 「아동 · 청소년의 성보호에 관한 법률」 제2조 제2호에 따른 아동 · 청소년대상 성범죄를 저질러 금고 이상의 형 또는 치료감호를 선고받고 그 형이 확정된 사람

그러나 실제 사회복지현장에서는 결격사유 확인을 할 때 대체로 서류전형과 면접시험을 통과한 합격예정자에 한하여 실시하고 있다.

(2) 심사평가서 준비

서류심사 심사평가서는 모집분야 관련성, 전문성, 경력 및 실적 등을 위주로 구성된다. 평가항목은 시설에 따라 강조하는 바를 채택하게 되며, 계량적 항목과 비계량적 항목을 단독 혹은 병행 사용할 수 있다. 일반적인 서류심사표의 형식은 다음과 같다.

평가대상자	지원부서		
	성명		
평가항목	배점기준		점수
	지원자 수준	배점	
모집분야 관련성	매우 적합	10	
	적합	8	
	보통	6	
	미흡	4	
	매우 미흡	2	
전문성	매우 적합	10	
	적합	8	
	보통	6	
	미흡	4	
	매우 미흡	2	
경력 및 실적	매우 적합	10	
	적합	8	
	보통	6	
	미흡	4	
	매우 미흡	2	
합계		30점 만점	
종합의견			

년 월 일

심사자 소속 :

직위(직급) :

성명 : (서명)

[그림 5-2] **서류심사표(예시)**

이상의 일반적 서류심사표에 더하여 사회복지시설에서는 각 직종별 서류심사척도표를 표준화하여 객관성을 제고하고 있다. 다음은 사회복지사 및 서무 직종 서류심사척도표를 예시로 살펴본다.

〈표 5-5〉 사회복지사 및 서무 직종 서류심사척도표

구분		사회복지사	서무
코드명		C	K
서류 심사 항목 (8항목) 40점	학력 사항	· 석사학위 5점 · 대졸 4점 · 기타 3점	· 대졸 5점 · 초대졸 4점 · 고졸 3점
	성적	· 4.0 이상 5점 · 3.5 이상 4점 · 3.0 이상 3점 · 3.0 미만 2점	· 4.0 이상 5점 · 3.5 이상 4점 · 3.0 이상 3점 · 3.0 미만 2점
	경력 사항	· 복지 4년 · 유사경력 5년 이상 5점 · 복지 3년 · 유사 4년 이상 4점 · 복지 2년 · 유사 3년 이상 3점 · 복지 1년 · 유사 2년 이상 2점 · 유사 1년 이하 1점	· 해당경력 3년 이상 5점 · 해당경력 2년 이상 4점 · 해당경력 1년 이상 3점 · 해당경력 1년 미만 2점 · 무경력 1점
	자격 사항	· 전문자격증 3개 이상 5점 · 2개 이상 4점 · 1개 이상 3점 · 1개 미만 2점	· 사회복지사 2급, 전문자격증 1개 이상 5점 · 전문자격증 1개 이상 4점 · 해당없음 3점
	자기소개	· 5~1점	· 5~1점
	자원봉사 · 종교 · 서클	· 상 5점 · 중 3점 · 하 1점 · 해당없음 0점	· 상 5점 · 중 3점 · 하 1점 · 해당없음 0점
	서류상태	· 5~1점	· 5~1점
	연구실적 · 프로젝트	· 2건 이상 5점 · 1건 이상 4점 · 없음 0점	· 2건 이상 5점 · 1건 이상 4점 · 없음 0점
	기타사항 (가산점)	홈페이지, 서버관리, 영상기술, 운전가능자, 사회통계, 특기, 추천서	운전면허 1종, 서무회계전공자
비고			

(3) 심사자 구성

서류 심사자는 복수로 구성하되, 시설 내부(인사위원회 등) 혹은 외부에서 위촉할 수 있다. 시설 내부에서는 해당 부서의 업무를 잘 아는 재직자 중에서, 시설 외부에서는 해당 분야 종사자 혹은 관련분야에 관한 지식과 경험이 있는 전문가들을 심사위원으로 위촉한다. 객관성과 공정성을 기할 수 있는 사람, 그리고 보안을 유지할 수 있는 사람으로 선정한다.

2) 시험 및 면접

서류심사 합격자에 대하여 시험심사 및 면접심사를 실시하게 된다. 전문성에 대한 객관성을 확보하거나 대규모 인원을 채용하는 경우에는 시험심사의 과정을 실시하지만, 소규모 1~2명의 인원을 채용할 경우에는 시험심사를 생략하고 면접심사로 선발한다.

시험은 지원자들의 능력에 대해 상대적인 우열을 가리는 제도이다. 시험은 여러 방식이 있다. 대표적으로 주관식과 객관식의 필기시험이 활용되지만, 그 외에도 필요에 따라 실기시험, 적성검사, 체력검사 등이 활용되기도 한다.

시험의 평가기준으로는 측정하고자 하는 것을 정확히 측정하는 타당도, 일관성을 나타내는 신뢰도, 채점자의 편견을 없애는 객관도, 쉽고 어려운 정도를 나타내는 난이도 등이 확보되어야 한다.

면접시험은 평가자가 지원자와의 대화 · 관찰 등을 통해 지원자 개인의 가치관과 성격, 행태상의 특성, 협조성 등의 특징을 파악하는 구술시험의 형태를 말한다. 특히 필기시험으로는 측정하기 어려운 부분, 즉 지도성 · 주의성 · 지성 · 인품 · 인간관계 등을 측정하는 데 유용하다. 그러나 면접시험은 평가자의 주관이나 정실(情實)이 작용할 여지가 많으므로 객관성을 높이는 것이 관건이다. 이를 위해 평가자를 복수로 하고, 가능한 한 표준화된 질문과 표준화된 평가표를 이용하도록 한다. 면접시험의 종류로는 면접 대상자의 수를 기준으로 개별 면접과 집단 면접, 그리고 집단토의식 면접으로 구분할 수 있다.

<table>
<tr><td rowspan="2">평가대상자</td><td>지원부서</td><td colspan="3"></td></tr>
<tr><td>성명</td><td colspan="3"></td></tr>
<tr><td>평가요소</td><td colspan="2">평가내용</td><td>비중(%)</td><td>점수</td></tr>
<tr><td>1. 용모 및 언행의 안정
(행태언행)</td><td colspan="2">1-1. 용모의 단정성
1-2. 언어의 적절성
1-3. 환경의 온전성</td><td>10</td><td></td></tr>
<tr><td>2. 가치관 및 신념
(의식구조)</td><td colspan="2">2-1. 민주시민의식
2-2. 자율성/자기통제력
2-3. 감수성과 정서</td><td>10</td><td></td></tr>
<tr><td>3. 협동과 태도
(동기행동)</td><td colspan="2">3-1. 책임의식
3-2. 포용성
3-3. 도전과 적극성
3-4. 리더십과 설득력</td><td>30</td><td></td></tr>
<tr><td>4. 문제 해결능력
(직무자질)</td><td colspan="2">4-1. 분석 및 판단력
4-2. 계획능력
4-3. 창의력
4-4. 추진력</td><td>20</td><td></td></tr>
<tr><td>5. 자질 및 기여도</td><td colspan="2">5-1. 종사자로서의 자질
5-2. 조직 기여도</td><td>30</td><td></td></tr>
<tr><td colspan="4">합계</td><td></td></tr>
<tr><td>종합의견</td><td colspan="4"></td></tr>
</table>

년 월 일
심사자 소속:
직위(직급):
성명: (서명)

[그림 5-3] 면접심사표(예시)

3. 임용

신규채용의 경우 서류전형, 시험심사, 면접심사가 종료되고 합격자가 결정되면 인사위원회의 심의 · 의결 후, 이들의 등록을 받아 임용후보자 명부를 작성하고, 다시 한번 결격사유(적격성)를 확인한 후 근로계약을 체결하게 되는데, 이를 임용의 과정이라 한다.

1) 임용후보자 명부 작성

일련의 심사과정을 거쳐서 일단 합격자가 결정되면 그 지원자는 임용후보자가 된다. 인사 담당자는 공식적으로 통보하고 이들 임용후보자에게 채용 신체검사서, 성범죄경력 조회 동의서 등의 구비서류들을 접수하도록 한다. 이들 서류가 접수되면 임명권자가 후보자 중에서 선택하여 임용을 결정하게 된다.

2) 적격성 확인

사회복지시설 종사자는 임용 전 범죄경력 및 성범죄경력 조회의 의무가 있다(「사회복지사업법」 제35조의 2 등에 의거). 시설의 장은 임용후보자의 동의를 받아 범죄 및 성범죄 경력조회 신청서류를 구비하여 관할 경찰서에 경력조회를 근무일 이전에 요청한 후 결격 여부를 확인하여야 한다. 이때 구비할 서류로는 조회 신청서, 취업예정자 동의서, 사회복지시설 신고증 또는 사회복지시설 고유번호증, 시설장 신분증 등이다. 범죄경력 조회는 경찰서를 방문하여 신청할 수도 있으나 인터넷으로도 신청이 가능하다. 이와 같은 성범죄경력 조회는 채용 이후라도 최소 1년에 1회 이상은 요청(매년 상반기에 실시)하여 확인하여야 한다.

조회결과 적격성이 확인되면 최종적으로 임용을 결정하고, 그 임면이 있는 달 말일까지 사회서비스정보시스템(희망이음) 또는 서면으로 임용 사실을 지방자치단체(시 · 군 · 구)에 보고한다. 이를 접수한 지방자치단체는 종사자의 적격성(신원조회 등)을 확인한다.

3) 호봉 획정

시설에 신규채용되는 종사자는 신규채용일 이전에 초임봉을 획정한다. 초임호봉은 1호봉으로 하되, 축적으로 인정되는 경력이 있는 경우는 환산된 근무경력 1년을 1호봉씩으로 하여 초임호봉을 획정한다. 초임호봉의 획정에 반영되지 아니한 1년 미만의 잔여기간이 있는 때에는 그 기간을 다음 승급기간에 산입한다.

그러나 시설에 재직 중인 종사자가 새로운 경력을 합산하거나 호봉획정 방법이 변경되는 경우에는 호봉을 재획정할 수 있다. 재획정 방법은 초임호봉 획정 방법에 따르며, 최고 호봉은 31호봉을 초과할 수 없다.

4) 근로계약 체결

채용이 확정된 자와 근로계약을 체결하고 근무를 시작하게 한다. 근로계약이란 근로자가 사용자에게 근로를 제공하고 사용자는 이에 대하여 임금을 지급함을 목적으로 체결된 계약을 말한다.

근로계약의 형식과 관련하여 「근로기준법」은 근로계약에 대하여 특별한 형식을 요구하지 않는다. 따라서 서면계약이 체결되어 있지 않더라도 구두계약이나 관행, 관습에 의하여 근로관계는 성립된 것으로 본다. 그러나 서면으로 체결하여 근로조건 내용을 명확히 할 요식성을 요구하기도 한다.

근로계약서에는 근로계약의 당사자, 근무 장소, 근무일 및 근로시간, 임금 및 지급방법, 계약기간, 기타사항 등이 포함된다. 근로계약 당사자는 사용자(甲)와 근로자(乙)가 된다. 이때 사용자란 사업주 또는 사업경영 담당자, 기타 근로자에 관한 사항에 대하여 사업주를 위하여 행위하는 자이다(「근로기준법」 제2조 제1항 2호).

근무일 및 근로시간은 주당 근무하는 날짜와 휴일 요일과 1일 및 주간의 소정 근로시간을 말하며, 그 외에도 시업 및 휴업시간, 휴일, 연차 및 유급휴가 등을 명시하기도 한다. 임금은 시급, 일급, 월급, 연봉의 형태를 확인하고, 임금체계 내역으로 기본급과 제수당, 상여금 등을 명시한다.

계약직의 경우는 계약기간을 명시한다. 계약기간은 기간을 정한 계약과 예외적으로 정하지 않은 계약을 인정한다. 원칙적으로 1년을 초과하지 못한다(「근로기준법」 제16조). 다만 근로계약의 갱신이 수차례 반복되면 기간을 정함이 없는 계약으로 이전한다.

일반적으로, 채용 이후 정식 발령 전에 업무 능력 및 업무 적격성 등을 판단하기 위해 수습기간을 둘 수 있다. 수습기간은 대체로 1개월에서 6개월 사이에서 결정된다. 수습기간 3개월 미만인 경우에는 최저임금의 90% 이상을 받게 되며(최저임금의 예외), 근로자에 대해 4대 사회보험을 가입해야 할 의무가 있다.

연공급을 채택할 경우 직급별 호봉을 두고 있다. 호봉 획정 및 승급은 시설장(기관장)이 시행하고, 해당 종사자의 재직관련 서류 등을 통해 이를 확인한다. 호봉을 책정할 때에는 '사회복지시설 관리안내' 지침서에 제시된 종사자의 경력사항을 정확히 합산한다.

신규채용자를 대상으로 초임봉을 획정할 경우, 인정할 만한 경력 등이 없는 초임 호봉은 1호봉으로 하며, 추가적으로 인정될 만한 경력에 대해서는 환산된 근무경력 1년을 1호봉씩 가산한다.

이상의 내용을 포함한 근로계약을 체결할 때, 반드시 근로계약서를 작성하여야 한다. 근로계약 당사자(사용자와 근로자)는 근로시간, 임금 등 근로계약서 세부내용을 확인 후 서명 또는 날인하여 총 2부 작성 후 각각 1부씩 나눠서 보관해야 한다.

표준근로계약서

_______________(이하 "사업주"라 함)과(와) __________(이하 "근로자"라 함)은 다음과 같이 근로계약을 체결함.

1. **근로개시일** : 년 월 일부터 (년 월 일까지)
2. **근무 장소** :
3. **업무의 내용** :
4. **소정근로시간** : __시__분부터 __시__분까지 (휴게시간 : 시 분 - 시 분)
5. **근무일/휴일** : 매주 __일(또는 매일단위) 근무, 주휴일 매주 __요일
6. **임 금**
   - 월(일, 시간)급 : _______________원
   - 상여금 : 있음( ) _______________원, 없음( )
   - 기타급여(제수당 등) : 있음( ), 없음( )
     ____________원, ____________원
     ____________원, ____________원
   - 임금지급일 ; 매월(매주 또는 매일) _______일(휴일의 경우 전일에 지급함)
   - 지급방법 : 근로자에게 직접지급( ), 근로자명의 예금통장에 입금( )
7. **연차유급휴가**
   - 연차유급휴가는 근로기준법에서 정하는 바에 따라 부여함
8. **사회보험 적용여부(해당란에 체크)**
   고용보험( ), 산재보험( ), 국민연금( ), 건강보험( )
9. **근로계약서 겨부**
   - 사업주는 근로계약을 체결함과 동시에 본 계약서를 사본하여 근로자의 교부요구와 관계없이 근로자에게 교부함 (근로기분법 제17조 이행)
10. **기 타**
    - 이 계약에 정함이 없는 사항은 근로기준법령에 의함

년 월 일

(사업주) 사업체명 : (전화 :)
주 소 :
대 표 자 : (서명)
(근로자) 주 소 :
연 락 처 :
성 명 : (서명)

[그림 5-4] **표준근로계약서**

5) 종사자 보고 및 개인별 인사기록부 작성

사회복지시설에서 사회복지사 자격을 가진 종사자를 임면할 경우에는 그 임면이 있은 달 말일까지 사회서비스정보시스템(희망이음) 또는 서면으로 해당 사실을 지방자치단체장에게 보고하여야 한다. 종사자 보고는 시스템에서 타 시설 중복 등록 여부 등 종사자의 인건비 이중수급을 방지하기 위해 제공되는 기능을 확인하고 확정한다. 종사자 보고가 이루어지면 인건비는 자동 생성된다.

또한 사회복지시설에는 종사자들의 개인별 인사기록카드를 비치한다. 신규채용자에 대해서도 임면보고가 완료되면 임면대장에 임면내역을 기입하고 인사기록카드를 작성하여 비치하며, 필요한 내용은 정기적으로 업데이트한다. 인사기록카드에는 입사 전 경력사항, 입사 후 교육 및 연수 참가기록, 포상, 업무평가기록, 인사고과기록, 승진기록 등의 내용이 포함되며 개인별로 관리한다(서울복지재단, 2008). 또한 개인별 인사기록은 사회서비스정보시스템(희망이음)의 입력사항이다.

인사기록카드는 인사관련 서류철에 보관한다. 채용 시 제출받은 인사관련 서류철을 별도 보관하고, 이력사항의 변동 등이 있을 경우 변경사항 혹은 건강진단서 등 추가서류를 첨부하여 둔다. 서류철에는 출근부와 근무상황부가 비치 관리되며, 기타 인사관련 서류는 사회서비스정보시스템(희망이음)에 입력한 후 출력하여 보관한다.

이상의 채용 절차를 도식화하면 다음과 같다.

[그림 5-5] **채용 절차**

출처: 서울시노인종합복지관협회(2011). 서울시노인종합복지관 운영매뉴얼, pp. 47-48.

제3절 종사자 복무관리

1. 취업규칙

취업규칙이란 복무규율과 임금 등 근로조건에 관한 준칙의 내용을 규정하는 것으로 「근로기준법」에서는 그 작성을 강제하고 있다(상시 10인 이상의 근로자를 사용하는 사업장).

취업규칙에는 채용 규정, 복무 규정, 인사 규정, 징계 규정, 복리후생 규정, 교육 규정, 문서 규정, 임금 규정, 회계 규정, 안전 및 보건 규정 등이 포함된다. 이들 규정은 개별 규정으로 존재할 수도 있고, 통합하여 하나의 규정으로 존재할 수도 있는데, 그 명칭은 불문한다.

2. 복무

1) 복무관련 종사자의 의무

종사자는 다음 각호의 사항을 준수하여야 한다.

① 종사자는 맡은 바 직무를 충실히 수행하여야 한다.
② 종사자는 재직 중 또는 퇴직 후에도 직무상 취득한 비밀을 엄수하고 기밀을 누설해서는 아니된다.
③ 종사자는 시설의 제반규정을 준수하고 상사의 정당한 직무상 지시에 따라야 한다.
④ 종사자는 종사자로서 품위를 손상하거나 시설의 명예를 실추시키는 행위를 하여서는 아니 된다.
⑤ 종사자는 그 밖에 위의 각 항목에 준하는 행위를 하여서는 아니 된다.

2) 근로시간

근로계약상의 근로를 제공하는 시간에서 휴게시간을 제외한 실제 근로시간을 말한다.

(1) 근로시간의 원칙

- 1주간 근무일은 월요일부터 금요일까지 5일로 하고, 토요일은 무급휴무일로 한다.
- 1주 40시간, 1일 8시간 근로를 초과할 수 없다(「근로기준법」 제50조).
- 임산부와 18세 미만자는 오후 10시부터 오전 6시까지 그리고 휴일에 근로시키지 못한다(「근로기준법」 제70조).
- 휴게시간은 통상 12:00부터 13:00까지로 한다. 다만, 업무사정을 감안하여 달리 정하여 운영할 수 있다.

(2) 연장근로 등

사용자와 근로자의 합의에 의한 연장근로(시간외근로)를 허용할 수 있다. 연장, 야간, 휴일근로는 상사에게 보고 후 업무에 관련된 사항에 대해서만 허용된 시간 내에서 연장근로를 실시할 수 있다. 법정근로시간을 초과하는 시간외근로(연장근로), 야간근로(오후 10시 이후 오전 6시까지), 휴일근로에 대하여는 통상임금의 100분의 50 이상을 가산하여 지급하여야 한다.

(3) 결근 등

질병이나 그 밖의 부득이한 사유로 결근하고자 하는 경우에는 사전에 소속부서장의 승인을 받아야 한다. 불가피한 사유로 사전에 승인을 받을 수 없는 경우에는 결근 당일에라도 그 사유를 명확히 하여 사후 승인을 받아야 하며, 정당한 이유 없이 이러한 절차를 이행하지 아니한 경우 무단결근을 한 것으로 본다.

지각하게 되는 경우에 종사자는 사전에 부서의 장 또는 직속 상급자에게 알려야 하며, 부득이한 사정으로 사전에 알릴 수 없는 경우에는 사후에라도 곧바로 이 사실을 알려야 한다.

근로시간 중에 종사자는 사적으로 근무 장소를 이탈할 수 없다. 다만, 질병이나 그 밖의 부득이한 사유로 인하여 조퇴 또는 외출하고자 할 경우에는 소속부서 장의 승인을 받아야 한다.

종사자가 지각, 조퇴 및 외출한 시간은 무급으로 처리함을 원칙으로 하며, 종사자가 동의할 경우 누계 8시간을 연가 1일을 사용한 것으로 할 수 있다.

3) 휴일 및 휴가

(1) 유급휴일

1주 동안 소정의 근로 일을 개근한 종사자에 대하여는 일요일을 유급 주휴일로 부여한다. 다만, 업무의 특수성을 고려하여 종사자의 동의를 얻어 부서별로 유급 주휴일을 다른 요일로 조정하여 실시할 수 있다.

그밖에도 관공서의 휴일에 관한 규정에 따른 휴일은 유급휴일로 한다. 또한 사용자는 종사자의 신청에 따라 유급의 경조사휴가, 출산휴가 등을 부여할 수 있다.

(2) 연차 유급휴가

사용자는 1년 이상 근로한 종사자에 대하여 1년간 8할 이상 출근한 경우에 15일의 유급휴가를 주어야 한다. 다만, 1년간 8할 미만 출근한 종사자에게도 개근한 1월에 대하여 1일의 유급휴가를 준다.

계속하여 근로한 기간이 1년 미만인 종사자에게는 1년 미만 연차휴가(최대 11일)과 1년간 80% 이상 근로 시 연차휴가(15일)을 합산하여 2년간 최대 26일의 연차휴가가 발생한다.

3년 이상 근속한 종사자에 대하여는 제1항 규정에 의한 휴가에 최초 1년을 초과하는 계속근로연수 매 2년에 대하여 1일을 가산한 유급휴가를 주며, 가산휴가를 포함한 총 휴가 일수는 25일을 한도로 한다. 종사자의 연차 유급휴가 사용으로 인해 업무에 차질이 예상되는 경우 사용자는 그 시기를 변경할 수 있다. 휴가 대체의 경우 해당 종사자와의 합의가 필요하다.

종사자의 연차 유급휴가 청구권은 시설의 귀책사유로 휴가를 사용하지 못한 경우를 제외하고는 발생한 날로부터 1년간 행사하지 아니할 경우에는 소멸한다. 사용자는 연차 유급휴가의 사용을 촉진할 수 있다. 사용촉진 조치에도 불구하고 종사자가 사용하지 아니한 연차 유급휴가에 대하여는 금전으로 보상하지 아니한다.

(3) 기타 휴가

기타 휴가로는 생리휴가와 병가 등이 있다.

생리휴가와 관련하여 사용자는 여성 종사자가 청구하는 경우에는 월 1일의 무급생리휴가를 부여할 수 있다.

사용자는 종사자가 업무 외 질병, 부상 등으로 병가를 신청하는 경우에는 연간 60일을 초과하지 않는 범위 내에서 병가를 허가할 수 있다. 이 경우 병가기간은 무급으로 한다. 상해나 질병 등으로 1주 이상 계속 결근 시에는 검진의사의 진단서를 첨부하여야 한다.

일반적으로 휴가신청을 할 때, 행정적으로 확인해야 할 사항으로는 휴가의 종류, 휴가기간, 휴가 잔여일 초과 여부 확인, 사유 확인, 업무대리인 등 확인이다. 이때 경조, 공무, 7일 이상의 병가 사유라면 증빙서 첨부를 확인한다.

4) 당직

종사자는 업무의 필요에 따라 당직근무 즉, 일직과 숙직을 하여야 하며 숙직은 특별한 경우에만 시행한다. 당직근무는 근로의 연장으로 보지 아니하며, 당직자에게는 예산의 범위 내에서 수당을 지급할 수 있다.

당직의 근무시간은 평일 점심시간, 퇴근 후 일정시간, 그리고 토요일 지정시간이 된다.

당직자는 당직시간에 지정된 장소에서 당직 임무를 하여야 한다. 또한 당직자는 근무내용을 당직일지에 기록하도록 하고, 당직근무 중 접수한 문서는 당직일지에 기재하고 당직업무 주관자 및 후임자에게 인계하여야 한다. 당직자는 종사자의 품위를 손상하거나 근무에 지장이 있는 행위를 할 수 없다.

5) 출장

종사자는 업무수행을 위하여 불가피하게 외부로 출장하여야 할 때가 있다. 출장을 하고자 하는 종사자는 미리 출장계를 제출하여 부서장의 승인을 얻어야 한다. 다만 통상적인 출장의 경우는 출장계를 생략할 수 있다.

출장 종사자가 출장 업무를 마치고 복귀하였을 때에는 곧바로 출장 업무내용에 대하여 부서장에게 보고하여야 한다. 보고는 출장복명서나 기타 문서로 제출하여야 한다. 다만 경미한 경우의 보고는 구두로 할 수 있다.

출장에 대하여는 여비규정이 정하는 바에 의하여 예산의 범위 안에서 출장여비를 지급할 수 있다.

6) 휴직

업무상 공적 또는 사적으로 더 이상 업무를 수행할 수 없을 경우에는 일정기간 근무를 휴직할 수 있다. 휴직을 하더라도 그 종사자는 근로자의 지위를 유지한다.

휴직기간에 대하여서는 공상휴직 및 병무휴직을 제외하고는 정하는 바가 없으므로 상황을 고려하여 기간을 결정할 수 있다.

휴직의 종류를 살펴보면 다음과 같다.

① 업무상 사유로 인한 공상휴직
② 개인적 사유로 인한 사상휴직
③ 병무휴직(입영)
④ 시설의 비용절감을 이유로 한 휴직
⑤ 구조조정 차원에서의 휴직
⑥ 육아휴직

7) 승진과 승급 · 전직

(1) 승진

승진이란 시설에서 한 근로자가 상위 직무로 옮기는 것을 말한다. 상위 직무로의 승진은 해당 근로자가 종전보다 무거운 책임을 갖는 직책을 담당하게 되는 것으로, 그에 따라 권한과 의무가 많아지며 일반적으로 임금도 인상된다.

승진을 통해 근로자는 성공에 대한 기대감이 충족됨으로써 조직 목적 달성에 효율적으로 기여하게 되며, 근로자의 사기가 앙양되고 욕구 달성과 자아실현을 기대할 수 있다. 반면에 사용자는 승진을 통해 인재의 효율적 확보와 배분이 가능해지고 시설의 유효성을 증대시킬 수 있다.

승진에는 일정기간 승진 소요 연수를 충족시킬 경우 심사를 통하여 이루어지는 일반승진과 특출난 성과나 공헌을 올림으로써 시설에 혁혁한 기여를 한 경우에 이루어지는 특별승진이 있다.

승진의 기준을 무엇으로 할 것이냐에 따라 연공서열주의와 능력주의가 있다.

① 연공서열주의(seniority system): 근속 연수, 학력, 연령, 경력 등의 기준에 입각하여 승진하는 것이다.

② 능력주의(merit system): 능력과 직무성과에 관련된 특성을 평가하여 승진하는 것이다.

(2) 승급

승급이란 매년 근속 연수에 따라 급여가 증가하는 것으로 정기승급과 특별승급이 있다. 정기승급은 근속 연수에 따른 자동 임금 인상분으로 보통 1년에 한 번 현재 호봉표 상에서 1호봉을 승급시키는 것이다. 정기승급은 시설에 재직 중인 직원이 정기승급일이 되고 현재 승급제한기간에 해당되지 않으며, 호봉의 승급에 필요한 기간(승급기간)이 1년을 경과한 경우에 실시한다. 이 때 승급제한은 징계처분, 직위해제 혹은 휴직 중이거나, 징계처분이 종료된 날로부터 일정기간(정직 18월, 감봉 12월, 견책 6월)이 경과되지 않은 경우를 말한다. 만약 호봉 승급 이후에 잔여 승급기간이 있다면 다음 승급기간에 반영한다.

반면 특별승급은 일정기간 이상 근속한 직원 중에서 업무성적, 고과 등이 뛰어난 근로자에게 정기승급 외에 별도로 승급시키는 것을 말한다. 이때 특별승급의 대상이 되는 실적이 객관적으로 뚜렷하고 명백하여 동료들의 일상적 업무실적과는 명확히 구분되어야 한다. 특별승급은 부서장의 추천과 특별승급심사위원회의 심의 · 의결을 거쳐 진행된다.

승진과 승급이 효과적으로 운영되기 위해서는 인사고과제도를 확립하여 정확히 실천하고 엄정하게 반영하는 일이 중요하다. 대체로 승급 인사고과는 업적인사고과에 의존하고, 승진 인사고과는 능력인사고과에 의존하는 것으로 볼 수 있다. 인사고과는 간편성을 중시하여 본질적인 불가결조건을 선정해야 한다.

(3) 전보와 전직

전보와 전직은 배치전환의 일종이다. 배치전환이란 근로자와 동일한 직급 내에서의 상당기간에 걸쳐 변경하는 인사이동으로서 전직, 전보, 인사교류, 전출입, 파견근무 등을 포함한다.

전보란 직무의 내용이나 책임이 유사한 동일한 직렬과 직급 내에서 직위만 바꾸는 것을 말하며, 전직이란 등급은 동일하지만 직무의 내용이 다른 직렬에서의 직위로의 이동을 말한다.

이러한 전보 및 전직은 여러 측면에서 유용성을 갖는다.

첫째, 전보와 전직은 인사이동을 통해 새로운 업무 경험을 축적하고 종사자의 훈련과 능력 발전의 기회로 활용된다.

둘째, 전보와 전직은 조직 및 관리상의 변혁이 나타날 때 이에 대한 대처방법으로 활용될 수 있다.

셋째, 전보와 전직은 동료들 간의 인화를 증진시킬 목적으로 활용될 수 있다.

넷째, 전보와 전직은 동일 업무의 장기간 담당으로 인한 권태를 방지하기 위하여 활용할 수 있다.

전보와 전직이 업무상 필요성과 그로 인하여 근로자가 입게 되는 생활상의 불이익을 비교 형량하고, 개인의 생활상 불이익이 통상 감수해야 할 정도를 현저히 벗어난 것이 아니라면 전보와 전직 명령은 정당하다고 판단할 수 있다.

8) 퇴직

종사자가 스스로 퇴직을 할 때, 정년에 도달하거나 근로계약 기간이 만료될 때, 그리고 해고가 결정된 때에는 종사자를 퇴직시킬 수 있다.

본인이 퇴직을 원하는 경우(합의해약)에는 업무의 인수인계를 위하여 사직원을 제출한 날로부터 30일을 넘지 않는 범위 내에서 퇴직 일자를 지정하여 수리할 수 있다.

본인의 의사와는 무관하게 정년에 도달하였을 경우에도 퇴직이 된다. 정년제에 대해서는 「근로기준법」이 특별히 정하는 바가 없으며, 사회복지시설의 인사 규정에는 종사자의 정년은 만 60세로 하며, 시설장(관장)은 만 65세로 한다고 규정하고 있다. 정년제의 변형으로 임금피크제와 명예퇴직제를 두기도 한다.

해고에 의한 퇴직은 다음과 같은 경우에 가능하다.

① 신체 또는 정신적 장애로 담당 업무를 감당할 수 없는 자
② 징계 해고가 결정된 자
③ 시보기간 중 근무태도나 근무성적이 불량하여 채용이 부적당하다고 인정된 자
④ 사업운영상 감원이 필요할 때
⑤ 기타 전 각 호에 준하는 부득이한 사유가 있는 자

제4절 인력개발

1. 교육훈련

1) 교육훈련의 의의

교육훈련은 시설 종사자들의 소양과 능력을 개발하고, 직무수행에 필요한 지식과 기술을 향상시키며, 가치관과 태도를 바람직한 방향으로 변화시키기 위한 활동을 말한다. 신임자나 기존 업무자들을 시설의 상황에 적응하게 하기 위한 조직적 노력이라 할 수 있다. 교육훈련은 시설이 제공하는 서비스의 효과성을 높이고 시설 자체의 효과성을 제고하기 위하여 실시한다. 이러한 목적을 위해서 교육훈련은 상급자의 하급자에 대한 일방적인 지시에 의해 실시할 것이 아니라 하급자의 필요와 상급자의 상호 조정을 통해 이루어지는 것이 바람직하다.

2) 교육훈련의 진행

교육훈련은 교육사정, 전략의 선택, 교육실시 및 평가의 과정으로 진행한다.

(1) 교육훈련 사정

일선 업무자들이 현재 수행하고 있는 이상적인 수준의 업무수행기준과 실제 그 기준에의 충족 정도를 파악한다. 이 같은 현재 보유하고 있는 업무능력들과 이상적인 업무능력들을 대비하여 그 격차에 해당하는 교육훈련 수요를 추정한다.

(2) 전략의 선택

시설 차원에서 교육훈련을 통해 어떤 목표들을 추구할 것인지를 구체화한다. 대개는 크게 업무능력 향상 혹은 대인관계 증진 등의 목표들을 설정한다. 이러한 목표들이 설정되면 가장 효과적으로 달성할 수 있고 실천 가능한 전략들을 모색한다. 구체적인 전략으로는 교육내용과 방식 등과 관련하여 공식적 오리엔테이션, 동료 모임, 사례회의, 슈퍼비전, 참여 훈련, 조직개발(OD) 등이 있다. 이때 적절한 비용의 한도 내에서 최대의 효과성이 나타날 수 있는 전략을 선택한다.

(3) 교육의 실시

해당 종사자가 특정 교육과정을 신청하면 부서장은 적정 여부를 판단한다. 교육과정이 현업과 관련성이 있는지, 업무성과 향상을 위해 필요한 내용인지 등을 검토하고 승인한다. 또한 이를 사내교육으로 실시할 것인지, 아니면 외부 교육으로 실시할 것인지를 결정한다. 이때 여비규정에 준하여 교육출장 여비를 지급한다.

(4) 교육 효과성 평가

교육이 실시된 후, 해당 종사자에게 교육결과 보고서를 제출토록 하고 교육의 효과성을 평가한다. 교육이 서비스의 생산성과 효과성 증대에 얼마나 기여하는지, 새로운 지식이나 기술의 습득에 얼마나 도움이 되는지, 교육이 종사자의 태도나 인지 등의 변화를 발생시키는지 등을 평가하게 된다.

3) 교육훈련의 종류

교육훈련은 무엇을 목적으로 하느냐에 따라 그 내용이 결정된다. 이러한 기준으로 교육훈련을 분류하면 다음과 같다.

(1) 신규채용자 교육훈련

시설이 새로 임용된 자에 대하여 적응과 시설의 기초적 내용을 교육시키는 것을 신규채용자 교육훈련이라 한다. 대체로 기관의 목적, 구조, 기능 등 일반적 내용, 그리고 담당할 직책에 관한 내용을 교육시키게 된다. 이는 인사 담당자나 직속 상관 등에 의해 단기간에 걸쳐 강의식으로 진행되는 것이 일반적이다.

(2) 일반종사자 교육훈련

시설을 둘러싼 일반 환경이나 업무의 내용이나 방법 등은 끊임없이 변화한다. 이러한 변화를 수용하고 그에 적절히 대처하기 위해 현재 재직하고 있는 종사자들을 대상으로 새로운 지식 및 기술의 습득을 목적으로 실시하는 것이 일반종사자 교육훈련이다. 급변하는 사회에 적응할 수 있도록 종사자들의 변동 대응능력 향상에 초점을 둔다.

(3) 감독자 교육훈련

상급자는 업무를 감독하며 부하를 관리하고 부서를 총괄하게 되는데 이같이 시설 내에서 일선 감독 기능을 맡고 있는 팀장 및 과장, 계장을 대상으로 감독자의 자격과 능력을 갖게 하기 위해 실시하는 교육이 감독자 교육훈련이다. 대체로 인사관리, 의사전달, 인간관계, 리더십, 업적평가, 안전관리, 사무관리 개선 등을 내용으로 하며, 교육방식으로는 회의 방법 등이 많이 활용된다.

(4) 관리자 교육훈련

중간관리자 이상의 종사자나 이러한 직위에 승진할 종사자를 대상으로 관리지식과 사회적인 식견을 넓힘으로써 합리적인 정책결정능력 및 지휘능력을 향상시키는 훈련이다.

〈표 5-6〉 **교육훈련의 종류와 내용(예시)**

구분	과정		대상	내용
사내교육	공통 교육	조직역량교육	전직원	핵심가치, 사회복지 전문성
		신입직원교육	해당자	조직적응, 신규업무 적응
		법정의무교육	전직원	성희롱예방, 개인정보 보호, 소방훈련, 인권보호 등
		사내교육	전직원	교육성과 공유 전달교육(분기별 1회)
	연구조직		사업팀	부서별 연구 및 직무 교육
	슈퍼비전		전직원	월 1회 개별슈퍼비전
	외부 자문		전부서	외부전문가의 자문(분기별 1회)
사외교육	개별 직무역량교육		전직원	직무관련 전문교육
	법정보수교육		해당자	법적 보수교육 이수
연수과정	직원연수		전직원	조직협동심, 애사심 고양, 특화교육 및 활동
	선진 복지시설 해외연수		해당자	선진 복지시설 해외연수

이상의 교육대상에 따른 교육훈련이 실제 현장에서 이루어지는 구체적인 형식으로는 다음 사례를 참조해 볼 수 있다(○○종합사회복지관 교육훈련프로그램).

〈표 5-7〉 **○○종합사회복지관 년간 교육훈련 추진계획**

교육구분		분야별 중점추진 사항
기본역량 과정	인재상만들기	· 시설의 비전, 인재상을 바탕으로 전체 구성원 핵심가치 향상을 위한 공통교육 실시
리더십 역량 과정	부서장 리더십 강화교육	· 차세대 핵심인력(대리급) 및 부서장 중심 리더십 및 핵심역량을 향상시키기 위한 교육 · 학습조직(동아리) 운영
직무역량 과정	부서별 직무 역량교육	· 부서별 업무역량 향상을 위한 실무중심 교육 기회 확대
	자기계발계획	· NCS기반 역량 갭분석-자기계발계획-평가에 대한 관리자 피드백(부서장 의견) 작성의 의무화
	상시학습시간	· 자기계발계획 기반한 개별교육 이수
인사연계 교육	법정필수교육	· 필수적인 법정교육 이수(성희롱, 개인정보보호, 인권, 결핵예방)
	신입(복직)교육	· 조기 전력화를 위해 신규직원 교육 진행시 복직자도 함께 수강

4) 교육훈련 세부운영

(1) 공통교육

가) 조직역량 교육

- 기간 : ○○년 ○월
- 대상: 전 종사자
- 방법: 자체교육(기관장)
- 내용: 조직 핵심가치 및 비전 공유, 사회복지 전문성 강화

나) 법정 의무교육

- 기간: ○○년 ○월~○월
- 대상: 전 종사자
- 방법: 자체교육, 외부전문기관(강사), 시청각 · 동영상 교육 등
- 운영: 상반기 · 하반기 각 1회
- 내용: 법정 의무교육인 성폭력 등, 소방훈련, 개인정보 보호, 인권보호 등

다) 사내교육

- 기간: ○○년 ○월~○월
- 대상: 전 종사자
- 방법: 자체교육
- 운영: 분기별 1회
- 내용: 사외교육 이수자의 교육참석 기록지(결과 보고) 중 분기별 1회 우수교육과정 선발, 월간업무회의 후 전달교육

라) 연구조직(community of practice) 운영

- 기간: ○○년 ○월~○월
- 대상: 전 종사자
- 방법: 자체교육, 시청각 · 동영상 교육 등

- 내용: 부서별 외부자문(반기별 1회)에 연계된 연구과제 1개 선정→연구 수행 및 연구 과제 수행 등 직무전문성 강화를 위한 자체 교육(집단 슈퍼비전 활용) 운영→발표

마) 슈퍼비전 운영

- 기간: 연중
- 대상: 전 종사자
- 방법: 자체, 외부전문가
- 운영: 내부 슈퍼비전 월 1회, 외부 슈퍼비전 연 2회(상 · 하반기)
- 내용: 직원 슈퍼비전 지침에 의거하여 내부 · 외부 슈퍼비전 실시
- 과정: 행정적 · 교육적 · 지지적 슈퍼비전

슈퍼바이지	슈퍼바이저	횟수
팀장	시설장, 부장	월 1회
팀원	팀장	월 1회

(2) 개별교육

가) 직무역량 교육

- 기간: 연중
- 대상: 전 종사자
- 방법: 외부전문기관(강사) 수강
- 운영: 이수항목 및 시간 관리를 통한 자기주도적 학습

구분	이수항목(사외교육)	이수시간
관리자 (팀장급 이상)	· 공통 역량교육: 사례관리, 지역조직화 · 개인 역량교육	40시간 (공통 각 8시간, 개인 24시간)
실무자	· 공통 역량교육: 사례관리, 지역조직화 · 개인 역량교육	40시간 (공통 각 8시간, 개인 24시간)

- 내용: 직무관련 지식 · 기술 역량 강화교육 등 정부기관 · 지방자치단체 · 공공기관 · 민간교육기관 등에서 수행하는 교육 참가
  → 연간 1인 한도 내에서 교육(수강)비 지원
  ※ 단, 교육비 한도 초과의 경우 사전 심의를 거쳐 예산범위 내 교육비 지원

나) 법정보수교육

- 기간: 연중
- 대상: 해당자
- 방법: 외부전문기관(강사) 수강
- 내용: 직종별 법정보수교육 기준에 의거하여 관련 협회가 주최하는 교육 참가(사회복지사의 경우 연간 8시간 이상 교육 이수)

다) 연수과정

① 전 종사자 연수

- 기간: 상 · 하반기 각 1회
- 대상: 전 종사자
- 방법: 자체교육
- 내용: 조직협동심, 애사심 향상, 특화교육(팀빌딩 교육) 및 활동 등

② 해외연수

- 기간: 연중
- 대상: 해당자
- 방법: 정부기관 · 지방자치단체 · 공공기관 · 민간교육기관 · 협회 등의 해외연수에 참가
- 내용: 선진 복지시설 해외연수 등

5) 교육훈련 방법

교육훈련 방법은 교육 내용을 피교육자에게 전달하는 과정에서 사용되는 여러 직접, 간접적인 의사전달 방법이다. 교육훈련은 일반적인 교육에서 사용되는 모든 방법들이 활용되는데, 그 목적, 비용, 피교육자의 특성 등을 고려하여 선택될 수 있다.

(1) 현장훈련(OJT)

훈련대상자가 자기의 소속기관 내에서 자기의 직무를 수행하면서 상급자로부터 지도 훈련을 받는 방법이다.

(2) 순환보직

보직을 바꿔 가면서 직무를 처리하도록 하는 훈련방법으로, 관리의 시야를 넓히고 업무 전반에 걸친 지식을 습득함으로써 일반 행정가로서의 능력을 기르게 하는 방법이다.

(3) 강의

훈련대상자를 한곳에 모아 놓고 강사가 일방적으로 정보를 전달하는 방법이다. 일시에 많은 사람을 훈련시킬 수 있으나 주입식 교육으로 흥미를 잃거나 이론교육에 치중하기 쉽다.

(4) 토론회

발표자가 주제를 발표하고 피교육자들이 자유로운 분위기에서 자신들의 의견을 제시하고 다른 사람들의 의견을 듣는 방법이다. 형식에 따라 포럼, 패널, 심포지엄 등이 있다.

- 포럼(forum): 피교육자들이 발표자와 토론 질의를 할 수 있는 토론방식
- 패널(panel): 주로 같은 주제를 여러 토론자가 토의하는 방식

- 심포지엄(symposium): 여러 토론자들이 각각 별개의 주제를 발표하고 논의하는 방식

(5) 사례연구

과거에 실제로 있었던 사례를 놓고 집단적 토의를 통해 문제를 해결해 나가는 방법이다. 문제 해결의 능력을 키워 주는 장점이 있으나 많은 시간이 소요된다.

(6) 역할연기

어떤 사례를 연기로 꾸며 실제처럼 재현해 봄으로써 문제를 이해시키고 그 해결능력을 촉진시키는 방법이다. 역할연기자, 비판-토론자, 지도자로 구성된다.

(7) 감수성훈련

10명 내외의 소집단으로 구성된 피교육자들이 외부와의 접촉이 차단된 장소에서 자유롭게 토론을 함으로써 인격의 재구성을 통한 관리능력의 계발을 모색하는 방법이다.

(8) 모의연습

업무수행 중 향후 직면하게 될 어떤 상황을 가상적으로 만들어 놓고 피교육자가 상황에 대처할 수 있는 능력을 길러 주는 방법이다. 주로 관리자교육 등에 많이 사용된다.

2. 슈퍼비전

1) 슈퍼비전의 의의

슈퍼비전이란 시설 종사자가 서비스를 효과적이고 효율적으로 전달하기 위해 지식과 기술을 잘 사용할 수 있게 도와주는 활동을 말한다. 슈퍼비전을 주는 사람

을 슈퍼바이저(supervisor)라 하고, 받는 사람을 슈퍼바이지(supervisee)라 한다.

슈퍼비전은 사회복지에 있어서 실습생뿐 아니라 신입직원, 재직 직원들에게도 실시된다. 실습생과 신입직원에 대한 슈퍼비전은 신규채용자 교육훈련과 대동소이하므로 본 서에서는 재직 종사자에 대한 슈퍼비전을 중심으로 살펴본다.

사회복지가 전문직이라고 하는 것은 재교육의 기회가 지속적으로 주어지고, 그 내용에 있어서도 매우 다양하며 깊이 있게 다루어진다고 하는 측면이 강조된다. 그런 점에서 모든 종사자들은 슈퍼비전의 대상이 된다고 할 수 있다.

미국의 경우, 특별교육을 통해 슈퍼바이저 자격을 부여하고, 그 자격을 가진 사람이 슈퍼비전을 주고 있으나, 우리나라에서는 아직 그러지 못한 현실에서 대체로 직속 상급자가 종사자에게 슈퍼비전을 주게 된다.

이 경우 슈퍼바이저는 행정적 상급자로서, 교육자로서, 상담자로서의 역할을 갖는다(Kadushin, 1992). 행정적 상급자로서 정책, 과정, 규정에 잘 따르고 있는지를 감독하고, 교육자로서 전문적 기술과 지식을 증진시키며, 상담자로서 사회적 지지를 제공하는 역할을 수행한다.

2) 슈퍼비전의 내용

- 업무할당과 수행을 위한 개인 및 집단의 목표 설정
- 참여적 의사결정 사항 수행
- 집단과정 지도
- 기획업무 및 사례관리
- 의사소통 네트워크 개발
- 업무자의 사기 진작
- 시설 종사자와 클라이언트에 대한 옹호
- 갈등 관리
- 사례 자문 및 전문직업적 지지

3) 슈퍼비전의 활동모형

왓슨(K. Watson)의 분류에 따라 슈퍼비전이 이루어지는 활동모형별 내용과 방법을 보면 다음과 같다.

(1) 개별 슈퍼비전(개인교사모형)

개별 슈퍼비전은 슈퍼비전의 가장 기본적인 형태이다. 슈퍼바이저와 슈퍼바이지가 1대 1의 관계로 구성된다. 개별 슈퍼비전은 지속적으로 일정한 간격을 두고 8~14일에 한 번 정도 약 90분가량의 슈퍼비전이 진행된다. 이 때 슈퍼바이저와 슈퍼바이지는 대화를 통해 직업적인 문제와 사적인 문제를 분리하고, 슈퍼바이지는 슈퍼바이저의 해석을 객관적으로 수용하여야 한다. 또한 슈퍼바이지는 가치와 태도를 명백히 하고 슈퍼바이저와 지적이고 정서적인 상호작용을 하게 된다.

(2) 집단 슈퍼비전

집단 슈퍼비전은 한 명의 슈퍼바이저와 5~7명의 슈퍼바이지 집단으로 구성된다. 집단 슈퍼비전은 비용 절감이 가능하고, 자신 및 타인에 대한 이해와 협동의 능력을 발전시키는 데 유용하다. 이때 슈퍼바이저와 슈퍼바이지 간의 관계는 상대적으로 덜 중요하다. 즉 슈퍼바이지 집단이 슈퍼바이저의 역할을 부분적으로 기능하기도 한다.

(3) 동료 슈퍼비전

동료 슈퍼비전은 시설의 모든 종사자들이 다른 동료의 업무에 대해서 건설적, 비판적으로 참여함으로써 역할과 기능을 분배하게 된다. 슈퍼비전은 한 명의 슈퍼바이저가 책임을 지는 것이 아니라 참여하는 모두가 동등한 책임을 갖는다. 동료 슈퍼비전은 집단의 응집력이 큰 경우에 유용하다.

(4) 팀 슈퍼비전

기존에 구성되어 있는 같은 업무를 공유하는 팀이 슈퍼비전의 단위가 되고, 팀의 역량 강화를 위해 수행된다. 물론 팀에는 사회복지사만이 아니라 다양한 업무 종사자들이 포함되므로 집단 역동적 측면이 강조된다. 그런 점에서 사회복지사들로만 구성된 집단 슈퍼비전과는 차이가 있다.

제6장

재무관리

사회복지 재무관리는 사회복지조직이 복지서비스를 제공하는 데 필요한 재원을 합리적이고 계획적으로 조달 · 배분하고, 이를 효율적으로 사용하고 관리하는 활동을 말한다.

재무관리는 일반적으로 복지사업에 소요되는 재원(자금)을 확보하고, 이를 사용하기 위해 연간 재정계획인 예산을 수립하고(예산 편성), 예산상의 수입(세입)과 지출(세출) 활동을 관리하며(예산집행), 그것을 기록 · 정리하고(회계), 평가하는 것(결산 및 재정평가)과 관련된 업무이다.

재정계획 (plan)	➡	재정집행 (implementation)	➡	재정평가 (evaluation)
예산 편성		수입, 지출 · 회계관리		결산 · 감사

[그림 6-1] 사회복지 재무관리의 과정

제1절 예산 및 결산

1. 예산

1) 예산의 개요

사회복지시설의 예산이란 일정한 기간, 즉 한 회계연도 내에 법인 또는 시설이 계획한 활동을 지원하고 집행해 나가는 데 필요한 세입과 세출을 「사회복지법인 및 사회복지시설 재무 · 회계 규칙」이 정하는 일정한 형식에 의하여 화폐액으로 편성하고, 이사회의 심의와 의결을 거쳐 확정된 재정계획을 의미한다.

(1) 예산의 기본개념

가) 회계연도

사회복지기관의 회계연도는 정부 회계연도와 같이 매년 1월 1일부터 12월 31

일까지이다. 다만, 「영유아보육법」 제2조에 따른 어린이집의 회계연도는 매년 3월 1일에 시작하여 다음 연도 2월 말일에 종료한다.

수입 및 지출의 발생, 자산 및 부채의 증감에 관하여는 그 원인이 되는 사실이 발생한 날을 기준으로 하여 연도소속을 구분한다.

나) 수입 · 지출과 세입 · 세출

해당 연도의 모든 수입을 세입이라 하고, 모든 지출을 세출이라 한다. 이는 세입과 세출예산(계획)에 따라 실제 수입과 지출이 이루어진다는 뜻으로 사회복지기관의 예산을 편성할 때는 세입 · 세출을 사용한다.

다) 재무회계

재무회계란 자금의 원천을 이루는 이해관계자에게 재무 보고를 위하여 수행되는 회계 기록과 계산을 통틀어 이르는 말로서 예산회계로 표현하기도 한다.

사회복지법인 및 시설의 재무회계는 다음과 같이 구분할 수 있으며, 법인회계와 시설회계는 철저하게 구분하여야 한다.

- 법인회계: 사회복지법인의 업무 전반에 관한 회계
- 시설회계: 사회복지시설의 운영에 관한 회계
- 수익사업회계: 법인이 수행하는 수익사업에 관한 회계

사회복지법인 이외의 자가 시설을 설치 · 운영하는 경우에도 시설회계를 반드시 두어야 하고, 시설이 여러 개소인 경우 시설의 회계는 각 시설별로 구분하여 관리하여야 한다.

(2) 예산의 주요 원칙

가) 예산 총계주의 원칙

모든 세입과 세출은 예산에 계상되어야 한다. 보조금, 후원금, 사업수익 등 기관에서 발생되는 모든 수입과 지출은 예산서에 빠짐없이 그 내용이 포함되어야 한다는 뜻이다.

나) 예산의 목적 외 사용금지 원칙

예산은 세출예산이 정한 목적 외에 이를 사용하지 못한다. 사회복지시설의 모든 지출은 세출예산에 정해져 있는 각 항목별 예산액 범위 내에서 집행하여야 한다.

다) 회계연도 독립의 원칙

회계연도를 독립하여 운영한다는 것은 각 회계연도의 경비는 해당 연도의 세입으로 충당하여야 한다는 의미이다.

라) 예산 공개의 원칙

사회복지법인과 시설은 절차에 따라 편성하여 확정한 예산을 다음 회계연도 개시 5일 전까지 관할 시 · 군 · 구청장에게 제출하여야 하며, 법인 · 시설 · 지방자치단체는 법인과 시설의 세입 · 세출 명세서를 기관의 게시판과 인터넷 홈페이지에 20일 이상 공고하여야 한다. 이 경우 공고는 「사회복지사업법」 제6조의2제2항에 따른 정보시스템에 게재하거나 「영유아보육법」 제49조의2제1항에 따라 공시하는 것으로 갈음할 수 있다.

(3) 예산의 성립시기에 따른 분류

가) 본예산

다음 회계연도 시작 전에 최초로 편성한 예산을 말한다. 법인의 대표이사 및 시설의 장은 예산을 편성하여 각각 법인 이사회의 의결 및 시설운영위원회의 보고를 거쳐 확정한다.

나) 추가경정예산

예산 성립 후에 생긴 사유로 인하여 이미 성립된 예산에 변경을 가할 필요가 있을 때에 편성하는 예산으로 본예산의 편성 절차에 준하여 추가경정예산을 편성 · 확정할 수 있다.

이 경우 법인의 대표이사 및 시설의 장은 추가경정예산이 확정된 날로부터 7일 이내에 이를 시 · 군 · 구청장에게 제출하여야 한다.

2) 예산 편성

(1) 예산 편성 절차

시 · 군 · 구청장 예산 편성 지침 작성	
↓	
법인 및 시설에 통보	(회계연도 개시 2월 전까지)
↓	
법인 및 시설 예산 편성 지침 작성 (법인 대표이사 작성)	(회계연도 개시 1월 전까지)
↓	
회계별 예산 편성 (법인회계, 시설회계, 수익사업회계)	(즉시) 회계연도 개시 전까지 예산안 편성 완료 시
↓	
시설운영위원회 보고	
↓	
이사회 예산 심의 · 의결	(예산안 편성 완료 시)
↓	
시 · 군 · 구청장에게 제출	(회계연도 개시 5일 전까지)
↓	
예산 공고 (시 · 군 · 구청장 및 법인 대표이사, 시설장)	(예산안 제출 20일 이내)

(2) 예산 편성 지침 통보

지방자치단체의 장은 예산의 통일성을 기하며 특수한 사정에 대비하기 위한 예산의 방향과 그 기준 등 특히 필요하다고 인정되는 사항에 관한 예산 편성 지침을 정하여 회계연도 개시 2월 전까지 법인 및 시설에 통보한다. 법인의 대표이사 또는 시설의 장은 매 회계연도 개시 1월 전까지 그 법인과 시설의 예산 편성 지침을 정하여야 한다.

(3) 예산안의 편성

법인 및 시설은 보건복지부장관이 정하는 세입 · 세출의 예산 과목 구분에 따라 예산을 편성하여야 한다.[1)]

가) 세입 예산의 추계

법인 및 시설의 목적 사업 운영 방향을 고려하고 수입 재원별로 예상 가능한 재원을 빠짐없이 계상할 수 있어야 한다. 이를 위해 고려할 사항은 다음과 같다.

- 차기 연도 세입재원의 충당 가능성(다음 연도에 보조금, 후원금, 사업수익, 법인전입금은 얼마나 될 것인지 확인 및 예측)
- 전년도 결산액을 근거로 미래의 세입 예측(실제 전년도 결산액과 이월금이 얼마인지를 파악하고 다음 연도 예산은 얼마가 적절한지를 파악)

나) 가용재원의 배분 판단

예산 편성은 각 분야의 책임자가 참여하여 법인 및 시설의 운영 목적과 다음 사항을 감안하여 합리적으로 조정하고 배분되어야 한다.

- 법정 경비는 우선적으로 반영하고, 인건비는 호봉 상승 등의 변화를 반영
- 기본경비는 사업 수행 부서의 운영에 필수적으로 소요되는 비용을 판단하여 조정
- 사업비는 총사업비, 금년도 예산 수준, 다음 연도 예산 소요 등을 구분하여 조정
- 시설공사 및 장비구입비 등 큰 지출이 있을지에 대해 사전 검토

---

1) 「사회복지법인 및 사회복지시설 재무 · 회계 규칙」 제10조 제3항

- 특정목적사업, 적립금, 준비금 등을 설정할 것인지를 고려

(4) 예산 과목

예산 과목은 예산의 내용을 명확하게 하기 위하여 일정한 기준에 의하여 구분한 것을 말하며, 세입예산 과목과 세출예산 과목으로 구성된다. 법인 및 시설 등은 「사회복지법인 및 사회복지시설 재무 · 회계 규칙」 제10조 제3항에 의한다.

가) 법인 및 시설

법인회계 세입 · 세출예산 과목 구분과 시설회계 세입 · 세출예산 과목 구분에 따라 편성한다.

나) 복지관 및 보건복지부장관이 고시하는 시설

사회복지관, 노인복지관, 장애인복지관 등은 세입 · 세출예산 과목 구분에 따라 편성한다.

(5) 특정목적사업 예산

완성에 수년을 요하는 공사나 제조 그 밖의 특수한 사업을 위하여 2회계연도 이상에 걸쳐서 그 재원을 적립할 필요가 있는 때에는 회계연도마다 일정액을 예산에 계상하여 특정목적사업을 위한 적립금으로 별도 통장에 적립할 수 있다. 적립금의 적립 및 사용계획(변경계획 포함)은 시 · 군 · 구청장에게 사전에 보고하여야 한다.

(6) 예산서에 첨부할 서류

예산에는 다음의 서류가 첨부되어야 한다. 다만, 단식부기인 경우 ①, ②, ⑤, ⑥만 첨부할 수 있고, 소규모시설(국가 · 지자체 · 법인 이외의 자가 설치 · 운영하는 시설 중 거주자 정원이나 일평균 이용자가 20인 이하인 시설)인 경우 ②, ⑥만 첨부할 수 있다(소규모시설인 노인장기요양기관은 ②, ⑤, ⑥만 첨부할 수 있다).

① 예산총칙
② 세입 · 세출명세서
③ 추정재무상태표
④ 추정수지계산서
⑤ 임 · 직원 보수일람표
⑥ 해당예산을 의결한 이사회 회의록 또는 예산을 보고받은 시설운영위원회 회의록 사본

(7) 예산의 확정 및 공개

가) 예산의 심의 및 확정

예산안은 법인의 경우 이사회의 의결을 받아야 하고, 법인이 설치 · 운영하는 시설은 시설운영위원회(어린이집은 어린이집운영위원회)에 보고한 후 법인 이사회의 의결을 거쳐 확정한다. 이렇게 성립된 예산은 매 회계연도 개시 5일 전까지 시 · 군 · 구청장에게 제출하여야 한다. 추가경정예산은 예산을 확정한 후 7일 이내에 제출한다.

나) 예산의 공개

시 · 군 · 구청장이 법인 및 시설의 예산을 제출받은 때에는 회계별 세입 · 세출명세서를 시 · 군 · 구의 게시판과 인터넷 홈페이지에 20일 이상 공고하여야 한다. 법인과 시설에서도 자체 게시판과 인터넷 홈페이지에 20일 이상 공고하여야 한다.

3) 예산집행

(1) 예산집행의 기본원칙

세출예산은 일반적으로 다음과 같은 절차를 거쳐 집행된다.

[그림 6-2] **세출예산 처리 흐름도**

(2) 예산의 탄력적 운용 제도

가) 예산의 전용

법인 및 시설은 성립된 예산의 관 · 항 · 목 간의 예산을 전용할 수 있다. 그러나 해당 법인 및 시설의 예산총칙으로 전용을 제한하고 있거나 이사회 등 예산심의 과정에서 삭감한 관 · 항 · 목으로는 전용할 수 없다.

예산의 '관' 간 전용 또는 동일 관내의 '항' 간 전용을 하려면 예산 편성의 절차에 따라 시설운영위원회의 보고 또는 이사회의 의결을 거쳐야 한다. 이 경우 관할 주무관청에 결산보고서를 제출할 때 과목전용조서를 첨부하여야 한다. '목' 간 전용은 법인 또는 시설의 장의 방침에 따라 예산범위 내에서 집행하고 시 · 군 · 구청장에게 보고한다.

나) 예비비

이미 확정된 사업계획 및 예산에 포함되어 있지 않은 예측할 수 없는 예산 외의 지출 또는 예산의 초과 지출을 충당하기 위하여 세출예산에 예비비를 계상할 수 있다. 「사회복지법인 및 사회복지시설 재무 · 회계 규칙」에서는 예비비의 한도액이 정해져 있지 않다.[2] 따라서 법인 및 시설의 예비비는 반드시 반영하여야 하는 것은 아니다.

다) 예산의 이월

세출예산 중 경비의 성질상 편성 당시부터 당해 회계연도 안에 지출을 미치지 못할 것으로 예측되어 예산서에 명시한 경비(명시이월)와 연도 내에 지출원인행위를 하고 불가피한 사유로 인하여 연도 내에 지출하지 못한 경비(사고이월)는 시설운영위원회 등의 보고 또는 법인 이사회의 의결과 같은 예산 편성 시의 절차를 거쳐 다음 연도에 이월하여 사용할 수 있다.

라) 추가경정예산

이미 성립된 세출예산의 총금액을 변경하거나, 예산을 편성하지 않았던 과목에 신규사업을 편성하고자 할 때, 또는 어느 과목의 예산을 증액 및 감액할 필요가 있는 데 전용하거나 예비비 등으로 그 과부족을 조정하기 어려울 때 추가경정예산을 편성한다.

마) 준예산

회계연도 개시 전까지 법인의 예산이 성립되지 아니한 때에는 예산 성립 시까지 임직원 보수, 필수적인 직접경비, 법령상 지급의무가 있는 경비에 대해 전년도 예산에 준하여 준예산을 편성하여 집행할 수 있다. 이 경우 법인의 대표이사 및 시설의 장은 준예산 편성 전에 시 · 군 · 구청장에게 사유를 보고하여야 한다.

---

2) 「지방재정법」에서는 지방자치단체의 일반회계 예산 총액의 1% 범위에서 예비비를 편성하도록 정하고 있다.

2. 결산 및 감사

1) 결산의 개요

(1) 결산의 개념과 의의

결산은 예산에 대응하는 개념으로 1회계연도 내에 발생한 법인 및 시설의 예산 집행 실적, 즉 모든 수입과 지출을 확정적 계수로 표시한 것이다. 결산은 계획한 예산대로 잘 집행하였는지를 확인하는 등의 정산 보고이며, 다음 연도 예산에 반영되는 기초자료로 활용된다.

(2) 출납의 정리

회계연도 말까지 출납을 완료하고 모든 장부를 마감한 후 수입과 지출 금액을 정리하여 결산에 임하게 된다. 여기서 출납을 완료한다는 것은 해당 연도의 출납을 마감한다는 뜻이며, 부득이 회계연도 안에 지출되지 아니하는 경비는 다음 연도로 이월 또는 불용 처리한다.

장부 등은 추가 기록을 하지 못하도록 줄을 그어 마감 처리하고, 예금 잔액증명서는 12월 31일자로 발급받아 두어야 한다.

(3) 세입 · 세출예산의 초과 금액 등 처리

결산 결과 세입예산을 초과하여 수입되었거나 세출예산을 초과하여 지출되었을 경우 결산 시점에서 전용이나 추가경정예산을 편성하는 조치를 할 수 없다. 만약, 결산 결과 초과 수입이나 미수입, 초과 지출 등이 나타나더라도 그대로 기재하여 결산을 하여야 한다.

2) 결산 보고

(1) 결산 보고의 절차

법인의 대표이사 및 시설의 장은 법인회계와 시설회계의 세입 · 세출 결산보고서를 작성하여 각각 시설운영위원회에의 보고 및 이사회의 의결을 거친 후 다음 연도 3월 31일까지(「영유아보육법」 제2조에 따른 어린이집의 경우에는 5월 31일까지) 시 · 군 · 구청장에게 제출하여야 한다.

법인 및 시설의 결산절차를 표로 정리하면 다음과 같다.

(2) 결산서 작성

법인 및 시설은 세입 · 세출별로 장부상의 연도 말 누계 금액을 세입 · 세출 결산서에 정리하여야 한다. 이때 사회서비스정보시스템(희망이음) 회계를 이용하면 프로그램 내에서 결산서가 자동 계산되어 출력되므로 편리하다. 결산은 보조금, 법인 및 시설의 자체 부담금, 후원금 등 재원별로 결산을 해야 하므로 지출 시에 재원별로 분류하여 지출결의서를 작성하면 결산 시에 도움이 된다.

(3) 결산보고서 첨부 서류

사회복지법인 및 시설의 결산보고서에는 다음의 서류가 첨부되어야 한다.[3)]

다만, 단식부기로 회계를 처리하는 경우에는 제1호부터 제3호까지 및 제14호부터 제23호까지의 서류만을 첨부할 수 있고, 소규모 시설의 경우에는 제1호 및 제17호의 서류(노인장기요양기관의 경우에는 1~3, 16~21호 서류)만 첨부하면 된다.

1. 세입 · 세출 결산서
2. 과목 전용조서
3. 예비비 사용조서
4. 재무상태표
5. 수지계산서
6. 현금 및 예금명세서
7. 유가증권 명세서
8. 미수금 명세서
9. 재고자산 명세서
10. 기타 유동자산 명세서(제6호 또는 제9호의 유동자산 외의 유동자산을 말함)
11. 고정자산(토지 · 건물 · 차량운반구 · 비품 · 전화가입권)명세서
12. 부채 명세서(차입금 · 미지급금 포함)
13. 각종 충당금 명세서
14. 기본재산수입 명세서(법인만 해당)
15. 사업수입명세서
16. 정부보조금명세서
17. 후원금수입 및 사용결과보고서(전산파일 포함)
18. 후원금 전용계좌의 입 · 출금내역
19. 인건비 명세서
20. 사업비 명세서
21. 그 밖의 비용 명세서(인건비 및 사업비를 제외한 비용)
22. 감사보고서
23. 법인세 신고서(수익사업이 있는 경우에 한함)

3)「사회복지법인 및 사회복지시설 재무 · 회계 규칙」 제20조(결산보고서에 첨부하여야 할 서류)

3) 결산 승인과 공개

(1) 결산의 보고 및 의결

법인의 감사는 해당 법인과 시설에 대하여 매년 1회 이상 감사를 실시하여야 한다. 결산서는 반드시 감사가 서명 또는 날인한 감사보고서를 첨부하여야 한다.

결산의 승인이란 법인 및 시설에서 작성한 결산서를 토대로 결산을 의결하는 것을 말하며 다음의 절차를 따른다.

- 법인: 법인 이사회 의결
- 법인이 설치한 시설: 시설운영위원회 보고→법인 이사회 의결
- 시설: 시설운영위원회 보고 확정

(2) 결산보고서의 제출과 공개

시설운영위원회 보고 후 확정 또는 법인 이사회에서 의결된 결산보고서는 다음 연도 3월 31일까지 시 · 군 · 구청장에게 제출하고, 시 · 군 · 구청장은 제출받은 날로부터 20일 이내에 법인 및 시설의 세입 · 세출결산서를 게시판 또는 인터넷 게시판에 20일 이상 공고하여야 한다. 이때 해당 법인 및 시설의 게시판과 인터넷 홈페이지에도 20일 이상 공고한다. 이 경우 공고는 「사회복지사업법」 제6조의2 제2항에 따른 정보시스템에 게재하거나 「영유아보육법」 제49조의2제1항에 따라 공시하는 것으로 갈음할 수 있다.

출처: http://www.w4c.go.kr/disclosure/disclosure.do

제2절 회계

1. 회계업무의 개요

1) 회계의 개념과 특성

회계는 재산과 수입 및 지출의 관리와 운영에 관한 사무를 일정한 방법으로 기록하고 관리하는 경제활동을 말한다.

사회복지법인 및 시설의 회계는 명확성과 공정성, 투명성을 특성으로 하고 있으며, 지출서류에 개서, 삽입, 삭제, 정정, 도말 등을 제한하는 정확성과 서식, 시기, 내용 등을 법규화하여 재량성을 불인정하는 통일성을 기하고 있다.

2) 회계의 방법

사회복지법인 및 시설의 회계는 단식부기에 의한다. 다만, 법인회계와 수익사업회계에 있어서 복식부기의 필요가 있는 경우에는 복식부기를 할 수 있다.

회계 관련 종사자들이 기본적으로 알아야 할 법령 및 지침들

1. 「사회복지사업」
2. 「사회복지법인 및 사회복지시설 재무회계규칙」
3. 「보조금 관리에 관한 법률」
4. 「지방자치단체를 당사자로 하는 계약에 관한 법률」
5. 「국가재정법」, 「지방재정법」
6. 「회계관계직원 등의 책임에 관한 법률」
7. 「지방자치단체별 지방보조금 관리 조례」
8. 「지방자치단체별 재무회계규칙」
9. 「지방자치단체별 물품관리조례」
10. 「지방자치단체의 사회복지시설 관련 조례」
11. 「연도별 사회복지시설 관리안내(보건복지부 발행)」
12. 「연도별 사업안내(아동, 장애인, 노인 등 분야별 보건복지부 또는 여성가족부 등 해당 부처에서 발행)」

13. 「공익법인 회계기준(기획재정부 고시)」
14. 보조금 및 후원금 주체가 정한 각종 회계 지침(사회단체 보조금 지원기준, 공동모금회 배준사업 기준 등)
15. 「법인세법」, 「소득세법」, 「부가가치세법」, 「상속세 및 증여세법」 등

출처 : 대전복지재단(2020), 사회복지회계 매뉴얼 개정서

2. 수입과 지출

1) 수입 · 지출의 원칙

(1) 수입 · 지출 사무의 관리

법인 및 시설의 수입 및 지출에 관한 사무는 법인의 대표이사와 시설의 장이 관리한다.

법인의 대표이사와 시설의 장은 수입 및 지출원인행위에 관한 사무를 각각 소속 직원에게 위임할 수 있다.

(2) 수입과 지출의 집행기관

법인과 시설에는 수입과 지출의 현금출납 업무를 담당하게 하기 위하여 수입원과 지출원을 따로 두어야 한다. 다만, 소규모인 경우에는 수입원과 지출원을 같은 사람으로 할 수 있다.

(3) 장부의 종류

법인 및 시설에는 ① 현금출납부 ② 총계정원장 ③ 재산대장 ④ 비품관리대장 등 회계장부를 갖추어야 한다.

2) 수입금의 수납

모든 수입금의 수납은 이를 금융기관에 취급시키는 경우를 제외하고는 수납원이 아니면 수납할 수 없다. 수입원이 수납한 수입금은 그다음 날까지 금융기관에 예입하여야 한다.

금융기관의 거래 통장은 회계별(법인회계, 시설회계, 수익사업회계)로 구분하여 보관 · 관리한다.

법인 및 시설이 수입하고자 할 때는 수입결의서를 작성하고, 수입하는 금액에 대해서는 법인 대표이사 또는 시설의 장 명의의 영수증을 발급한다.

지출된 세출의 반납금은 각각 지출한 세출의 해당과목에 여입할 수 있고, 과오납된 수입금은 수입한 세입에서 직접 반환한다.

출납이 완결된 연도에 속하는 과년도의 수입과 기타 예산 외의 수입은 모두 현연도의 세입에 편입한다.

3) 지출원인행위와 지출행위

지출의 원인이 되는 행위를 '지출원인행위'라고 말한다. 계약의 경우 계약체결행위를 말하고, 기타 비용의 경우 일정한 금액의 지출을 결정하는 행위를 말한다. 지출원인행위를 하고 지출할 날짜가 되면 지출결의서를 작성하여 지출하게 된다. 지출행위는 통장에서 실제 자금이 계좌이체, 현금 지출 등의 형태로 지출하게 되는 것을 말한다.

4) 지출의 방법

지출은 상용의 경비 또는 소액의 경비지출을 제외하고는 예금통장 또는 전자거래로 한다. 특히 국가 또는 지방자치단체의 보조금 지출은 보조금 결제 전용카드나 전용계좌를 이용하여야 한다.

5) 증빙서류

수입 또는 지출결의서에 붙이는 증빙서류는 원본이 원칙이다. 다만, 부득이한 경우 증명 책임자가 틀림없다고 사인을 날인하여 증명한 사본을 첨부할 수 있다.

하나의 지출원인행위에 대하여 두 개 이상의 예산 과목에서 또는 두 번 이상으로 나누어 지출할 때는 주된 과목 또는 최초의 지출결의서에 해당하는 지출원인행위 관계 서류를 첨부하고, 다른 지출결의서에는 그 뜻을 기재하여 상호 연관을 명백히 하여야 한다.

제3절 보조금의 관리

1. 보조금의 개요

1) 보조금의 개념

보조금이란 국가 또는 지방자치단체가 특정 시책의 장려 등 일정한 행정목적을 달성하기 위하여 민간 등이 자율적으로 수행하는 사업에 대해 지원하는 교부금을 말한다. 사회복지사업에 있어서는 정책상 또는 재정사정상 특히 필요하다고 인정할 때 법인, 단체, 시설 및 개인 등에게 시설자금이나 운영자금으로 지원한다.

보조금은 지원 주체에 따라 국가보조금과 지방보조금으로 나누고, 교부대상에 따라 공공단체 보조금과 민간 보조금으로 나누며, 보조금의 내용에 따라 경상보조금과 자본보조금으로 분류하기도 한다.

2. 보조금 교부

1) 보조금 교부신청

(1) 보조금 교부신청서 제출

보조금을 교부 받기 위해서는 우선 교부신청서와 사업계획서를 제출하여야 한다.

(2) 보조금 관리 통장 등 사본 제출

보조금 통장은 자부담을 포함한 보조금만 관리할 수 있도록 1개 사업에 1개의 통장(계좌)을 별도로 개설하여야 하며, 자부담이 있을 경우 자부담 예치 여부를 확인하기 위하여 보조금 교부 전 통장사본을 제출하여야 한다.

(3) 보조사업자 관리카드 제출 및 관리

지방보조사업자는 '지방보조사업자 관리카드'와 지방자치단체에서 정하는 별도의 간편 서식으로 보조사업 내역을 제출하여야 한다.

3. 보조금 사업 수행

1) 보조사업 수행 원칙

보조사업자는 법령, 보조금 교부 결정의 내용 또는 지방자치단체장의 처분에 따라 선량한 관리자의 주의로 성실히 사업을 수행하여야 하고, 보조금의 용도 외 사용이 금지된다. 즉, 당초 사업계획 및 교부 결정에 없는 용도의 사업비를 집행할 수 없으며, 사업 기간이 종료된 후에 사업비 집행 잔액을 지출하거나 사업계획이 변경되었을 경우 사전에 변경 승인을 받지 않고 집행할 수 없다.

2) 보조금의 회계 관리

교부받은 보조금에 대하여 따로 계정을 설정하고 수입 및 지출을 명백히 구분하여 계리하여야 한다. 보조금의 지출은 보조금 결제전용카드(체크카드 등)를 개설하여 사용하여야 하며, 지출결의서 작성 등 집행 관리를 철저히 하여야 한다.

사업비를 일괄 인출하여 사후 정산하는 형태의 회계 처리는 금지되며, 보조금 통장, 회계장부, 지출결의서, 영수증, 채주 등 사용내역이 일치되어야 한다.

강사료, 인건비, 원고료 등 각종 수당은 관련세법에 따라 원천징수하여 납부하여야 한다.

보조사업은 특별한 사유가 없는 한 그 회계연도 내에 완료하고, 회계연도 말까지 집행하여야 한다. 정산 결과, 미 집행액 및 집행잔액과 예금 결산 이자는 반환한다.

4. 보조금 정산

보조사업자가 사업을 완료하거나 폐지 승인을 받은 때 그리고 회계연도가 끝났을 때는 그 보조사업의 실적보고서를 작성하여 지방자치단체장에게 제출하여야 한다.

제7장

시설 안전관리 및 물품관리

제1절 안전관리

1. 안전관리 정의와 목적

매슬로우의 욕구이론에 따르면, 안전 욕구는 생리적 욕구 다음으로 중요한 기본적 욕구에 해당한다. 사회복지시설은 서비스를 제공하기에 앞서, 최소한의 안전관리 체계를 갖추어 이용자와 종사자의 생명과 신체를 보호하는 것이 우선되어야 한다.

사회복지시설의 이용자들은 화재, 재난, 감염 등의 사고 발생 시 질병이나 장애, 인지적 제한 등으로 인해 일반인보다 대피나 대응이 어려운 경우가 많다. 따라서 시설은 이러한 이용자의 신체적 · 심리적 취약성을 충분히 고려한 맞춤형 안전관리 체계를 마련하고, 이에 대한 예방적 조치를 체계적으로 운영해야 한다.

1) 안전관리의 정의

국내에서 안전관리를 공식적으로 정의하고 있는 법률은 「재난 및 안전관리기본법」이다. 이 법의 제3조에 따르면 안전관리는 '재난이나 그 밖의 각종 사고로부터 사람의 생명 · 신체 및 재산의 안전을 확보하기 위하여 하는 모든 활동'을 말한다.

안전은 위험이 전적으로 배제된 상태가 아니라 위험이 존재하더라도 이를 최소화하거나 그에 대한 적절한 대처가 이루어지도록 준비함으로써 보장된다. 따라서 안전관리란 위험을 줄이고, 위험에 대한 대비와 대처를 향상시키는 것을 뜻한다. 안전관리는 일상적인 조직 운영체계 안에서 안전관리계획을 수립하여 문서화하고, 위험요인을 파악하고 평가하여 관리하며, 조직의 안전관리프로그램을 감시하고 점검하는 체계적인 과정이라 할 수 있다(이강준 외, 2005).

2) 안전관리 방안

「재난 및 안전관리 기본법」은 재난이라는 일반 위험요인과 관련한 안전관리체계의 구축 · 운영을 강조하며, 환경의 위험요인 관리와 행위자의 역량 평가, 교육, 훈련을 규정하고 있다. 「화재예방, 소방시설 설치 · 유지 및 안전관리에 관한 법률(약칭 「소방시설법)」의 안전관리방안은 화재와 관련된 안전설비와 건축허가 관련 규정 등 환경적 위험요인 관리를 강조하고 있으며, 화재피난계획 수립과 운영, 특정 소방물 근무자 및 거주자에 대한 소화 · 통보 · 피난 등 소방안전훈련을 규정하고 있다.

「사회복지사업법」은 안전관리 향상 방안으로 책임보험 가입과 정기적인 안전점검 실시와 시설의 보완, 개수와 보수를 규정하고 있다. '사회복지시설 안전관리지침(2001)'은 안전관리 향상 방안으로 중앙정부(보건복지부), 광역자치단체, 기초자치단체, 일선 사회복지시설의 책임을 각각 규정하고, 시설의 노후화, 종사자 부족, 안전관리 전문가 부족 등 체계의 근본적인 문제점에 대해 재정지원을 언급하고 있다. '사회복지시설 관리안내(2008)'는 사회복지시설의 안전관리방안으로 「사회복지사업법」과 「산업안전보건법」의 규정을 준수하여 작업환경을 개선하고, 사회복지시설의 다양한 위험요인에 대한 점검과 관리, 종사자의 전염성 질환과 정신질환 관리 등 환경적 접근과 대형 화재 대응훈련을 규정하고 있다.

'사회복지시설 화재안전관리 매뉴얼(2011)'은 화재예방과 관련해 화재안전 시설 점검과 관리를 구체적으로 규정하고 있다. '사회복지시설 안전관리매뉴얼(2015)'은 재난 유형별, 사회복지시설 및 이용자 유형별로 특성과 취약성을 고려하여 예방활동, 안전관리계획 수립과 훈련, 피난도우미 확보와 지원 등을 규정하고 있다.

〈표 7-1〉 **안전관리 방안**

	법령	안전관리 방안
일반 안전 법규	「재난 및 안전관리 기본법」	• 안전관리 체계 구축 및 운영 • 특정위험구역 지정과 관리, 재난사태 선포 • 재난관리 교육과 훈련, 안전문화 진흥
	「화재예방, 소방시설 설치·유지 및 안전관리에 관한 법률」	• 노유자시설에 관한 소화, 방재, 피난설비, 소방관련 허가규정 • 특정소방대상물 근무자 및 거주자 소방안전교육, 훈련
사회복지 안전 관련 법규	「사회복지사업법」	• 책임보험 가입, 정기적 안전점검
	사회복지시설 안전관리지침(2001)	• 중앙, 지방, 시설에 이르는 안전관리체계 구축 • 시설의 종사자 및 수용자 모의훈련
	사회복지시설 관리안내(2018)	• 「산업안전보건법」에 준한 작업 환경 조성, 감염병, 정신병 또는 근로로 인하여 병세가 크게 악화될 우려가 있는 질병으로서 고용노동부령으로 정하는 질병에 걸린 근로자의 근로제한 • 재난 · 안전 관련 주체별 주요 임무
	사회복지시설 화재안전관리 매뉴얼(2011)	• 소화, 탐지, 경보, 피난 설비 규정 • 종사자 및 이용자에 대한 화재예방교육, 자위소방대 운영, 노인 · 장애인에 대한 대피 지원(보조원)
	사회복지시설 안전관리 매뉴얼(2015)	• 시설유형별 재난 예방관리, 안전계획 수립 • 자력피난 불가능자에 대한 지원(의용소방대, 지역주민 참여)

참고: 김문근(2015). 사회복지시설 안전 관련 법률 및 규정에 관한 연구: 정신재활시설을 중심으로. 사회복지정책, 42(3), p.153 재구성.

3) 안전관리 목적

사회복지시설 안전관리의 목적은, 화재, 전기, 가스 사고나 감염병, 자연재해 같은 다양한 위험으로부터 이용자와 종사자의 생명과 안전을 지키고, 시설의 재산 피해를 예방하거나 최소화하는 것이다. 이를 위해 앞서 언급한 점검, 교육, 훈련, 매뉴얼 운영 등의 활동은 모두 긴밀하게 연계되어야 하며, 사고를 사전에 방지하고, 사고 발생 시 피해를 줄이는 체계를 구축하는 데 중점을 둬야 한다.

2. 사회복지 안전관리 실무

1) 안전관리 보험가입

사회복지시설은 「사회복지사업법」 제34조의 3 제1항에 따라 매년 화재로 인한 손해배상책임, 화재 외의 안전사고로 인하여 생명 · 신체에 피해를 입은 보호대상자에 대한 손해배상책임을 이행하기 위하여 손해보험회사의 책임보험에 가입하거나 「사회복지사 등의 처우 및 지위 향상을 위한 법률」 제4조에 따른 한국사회복지공제회의 책임공제에 가입하여야 한다.

화재로 인한 손해발생 시 적정한 보상이 담보될 수 있도록 「화재로 인한 재해보상과 보험가입에 관한 법률」 제8조 및 같은 법 시행령 제5조에 근거하여 1인당 배상책임보험액의 적정성 여부를 확인하여 가입하여야 한다.

2) 안전관리 계획 수립

'보건복지부 사회복지시설 안전관리지침'에 따라 사회복지시설은 이용자 및 직원의 생명을 보호하고 서비스의 조기 재개를 도모하기 위해 소방계획뿐만 아니라 재난재해 등에 대처하기 위한 안전관리 계획을 수립, 문서화하는 것이 필요하다. 따라서 각 사회복지시설에서는 이용자의 특성과 시설의 설비, 입지 조건 등의 실태에 맞는 계획에 따라 사전 대책을 강구하여 시설의 안전에 대한 적응력을 높여두는 것이 중요하다. 서울복지재단이 제시한 '복지관 경영매뉴얼(2006)'에 의하면 각 사회복지시설의 종합 안전관리계획에 포함될 사항은 다음과 같다(서울복지재단, 2006).

- 총칙, 안전관리 위원회의 역할분담, 실별 책임자 지정
- 사고의 종류, 사고 발생 시 보고절차 및 방법
- 전기안전: 전기시설의 점검
- 소방안전: 소방안전관리 계획 별도 작성
- 승강기 안전: 승강기 안전수칙, 사고발생 시 대처요령

- 펌프시설 안전: 보일러 및 펌프시설의 안전관리
- 부대시설 안전: 건축분야, 토목분야, 놀이터 등 부대시설의 안전관리
- 안전관리 교육: 안전관리자 교육, 전체 직원 안전교육

3) 안전관리 인력 확보

(1) 소방안전관리자 선임

「화재의 예방 및 안전관리에 관한 법률」(이하 「화재예방법」) 제24조 제1항 및 같은 법 시행령 제25조 제1항에 따라 소방안전관리자를 두어야 하는 사회복지시설은 「화재예방법 시행령」 제25조 제1항의 자격을 갖춘 자를 '소방안전관리자'로 선임하여야 한다.

「소방시설법」 제20조 제6항에 따라 소방안전관리자는 소방계획서의 작성 및 시행, 자위소방대 및 초기대응체계의 구성 · 운영 · 교육, 피난시설, 방화구획 및 방화시설의 유지관리, 소방훈련 및 교육, 소방시설 및 소방관련 시설의 유지관리, 화기(火氣) 취급의 감독 및 그 밖의 소방안전관리에 필요한 업무를 수행하여야 한다.

(2) 소방안전관리책임관 지정

사회복지시설은 시설장을 '안전관리책임관'으로 지정하여 시설장 책임하에 안전관리 및 점검을 철저히 실시하여야 한다. 안전관리책임관은 안전업무 실무자를 관리하고, 안전관리 전반을 지휘 · 감독 · 지원하도록 하여야 한다.

4) 이용자 및 직원의 안전관리

(1) 시설 안전점검 실시

안전점검은 「사회복지사업법」 및 관계법령에 따라 안전관리자가 시설물을 수시 혹은 정기적으로 점검하는 것을 의미한다. 안전관리자의 정기적인 시설물 점검 실시로 인하여 안전사고를 미연에 예방하고, 안전하고 쾌적한 환경을 조성하는 것을 목적으로 한다.

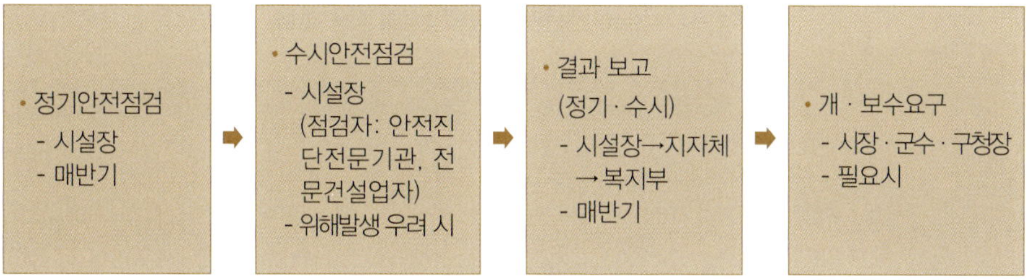

[그림 7-1] 시설 안전점검 절차

따라서, 사회복지시설의 시설장은 「사회복지사업법」 제34조의 4 및 같은 법 시행령 제18조의 4에 따라 시설에 대하여 매 반기마다 보건복지부장관이 정하는 바에 따라 안전관리자로 하여금 정기안전점검을 실시하고 그 결과를 사회서비스정보시스템을 통해 시 · 군 · 구청장에게 제출하여야 한다. 정기안전점검 결과, 해당시설의 구조 · 설비의 안전도가 취약하여 위해의 우려가 있는 때에는 안전점검기관에 수시안전점검을 의뢰하여 그 결과를 시 · 군 · 구청장에 제출하여야 한다.

〈참고〉 시설의 안전관리 세부업무와 적용 법률

구분	업무내용	관련 법
시설 안전점검	• 자체 안전관리에 대한 계획 수립 • 자체 안전점검 실시 및 결과 보고 - 정기안전점검: 매 반기 - 수시안전점검: 위해발생 우려 시 - 정기 및 수시 안전점검 결과를 시 · 군 · 구청장에 제출 - 월 1회 이상 안전점검표에 의거 시설 전체에 대한 자체점검	• 「사회복지사업법」 제34조의 4
소방시설 관리	• 연 1회 이상 소방시설 안전점검(작동기능 점검 또는 종합정밀점검) • 소방점검 계획 수립(소방점검 및 소방교육계획) • 소방관련 기구 점검(소화전 등) • 소방점검 및 점검 결과에 따른 조치 • 소방점검 결과 보고서 작성 • 방화관리자 교육 참가	• 「사회복지사업법」 제34조의 4 • 「소방시설 설치 및 관리에 관한 법률」 제22조
전기시설 관리	• 연 1회 이상 전기시설 안전검사 • 전기시설 상시 점검 • 점검 결과에 따른 조치 및 결과 보고	• 「사회복지사업법」 제34조의 4 • 「전기안전관리법」 제13조
가스시설 관리	• 연 1회 이상 가스시설 안전검사 • 가스시설 상시 점검 • 점검 결과에 따른 조치 및 결과 보고	• 「사회복지사업법」 제34조의 4 • 「도시가스사업법」 제26조
승강기시설관리	• 연 1회 이상 승강기 안전검사 • 승강기 상시 점검 • 점검 결과에 따른 조치 및 결과 보고	• 「사회복지사업법」 제34조의 4 • 「승강기 안전관리법」 제32조
보일러시설관리	• 연 1회 이상 보일러 안전검사 • 보일러 상시 점검 • 점검 결과에 따른 조치 및 결과 보고	• 「사회복지사업법」 제34조의 4 및 시행령 제18조의 4 • 「에너지이용 합리화법」 제39조 및 시행규칙 제31조의 8 제1항
급식사업 관리	• 월 1회 위생점검과 적정한 위생유지관리	• 「식품위생법」 제88조
산업안전 보건관리	• 산업재해 예방계획 수립 • 산업재해 발생 기록 및 보고 • 산업안전보건 법령 요지 게시 및 안전표지 부착 • 안전 · 보건상의 조치 • 물질안전보건자료(MSDS)의 작성 · 비치 • 작업환경 측정 및 작업환경 점검 및 개선 • 근로자 건강진단	• 「산업안전보건법」

안전관리 점검은 주요한 안전사항을 매일 점검함으로써, 안전을 생활화하는 데 도움을 줄 수 있다. 따라서 시설의 안전장치들에 대한 안전점검은 적어도 한 달에 한 번 이상 실행함으로써 안전장치 및 장비의 불량, 미비로 인해 야기될 수 있는 안전사고를 미연에 방지하여 위험으로부터 이용자 및 직원을 보호할 수 있다. 그리고 안전점검은 기반 시설물의 안전점검과 수시로 혹은 한 달에 한 번 이상 정기적으로 점검해야 한다.

시설분야별 주요 안전점검 항목은 다음과 같다.

〈표 7-2〉 시설분야별 주요점검 항목

구분	주요 점검항목
건축분야	• 기둥, 보 등 주요 구조부의 손상균열 여부 • 지반침하 등에 따른 구조물의 위험 여부 • 철골 구조물의 구조내력 저하 여부 - 도장 재료 마감 및 부식 상태 - 형강 등 관련 부재 변위, 변형, 휨 상태 • 옥상, 물탱크, 물건 적치 등 과하중 상태
전기분야	• 누전차단기 등 전기시설의 정상작동 여부 • 조명탑 등 전기시설물의 유지관리 상태 • 비상발전기 및 비상시 예비전원 확보 여부 • 전선 배선불량 및 문어발식 콘센트 사용 여부 • 전기기구 접지 및 피뢰침 설치 적정 여부 • 승강기 안전관리 및 작동 상태
가스분야	• 가스용기 관리상태 및 가연성 물질 방치 여부 • 가스차단기, 경보기 등 정상 작동 여부 • 가스차단기 이용 실태 및 시설기준 적정 여부 • 가스보일러의 흡 · 배기구시설 설치 상태 • 지하실 환기 및 관리 상태 • 가스밸브 노후 여부, 배관매설, 고정 상태 • 가스사용 시 주의사항 등 안전표어 부착 여부
기계분야	• 배관의 파손, 누수의 유지관리 상태 • 보일러, 공조시설 설비배관 부식 여부 • 지하설비 누수, 환기상태 및 배출기 작동 여부 • 쿨링타워, 급수시설 및 공조시설 적정 배치 및 작동 상태

구분	주요 점검항목
소방분야	• 내부 마감재 방염기준 등의 적법 여부 • 소화기 및 소방시설 관리 상태 • 위험물 저장소 관리상태 등 • 화기사용시설의 적정 여부 • 방화문, 방화셔터의 정상 작동 상태 • 피난유도 등 정비상태 및 피난구 확보 여부
기타 관리	• 비상연락망, 유관기관 협조체제 등 재난관리체계 구축 여부 • 피난 · 소화통로 확보여부, 유지관리 실태 • 개별법에 의한 안전점검 · 검사 이행 여부 • 안전관계법에 의한 안전조치 이행 여부 • 무대 등 내부 유희시설 등의 안전 및 유지관리 적정 여부 등 • 시설운영 관리 실태 • 시설 도서 및 인 · 허가 관련 서류 보관 실태 • 시설물 관리주체의 안전의식 상태 등
교육훈련실적	• 훈련 일시, 훈련 내용, 훈련 인원

그리고 하 · 동절기(4월 및 11월경) 등 취약시기에는 보건복지부에서 통보하는 안전점검 계획에 따라 종사자 대상 교육훈련 및 안전점검표에 따른 점검을 실시하고 그 결과를 사회서비스정보시스템(희망이음)을 통해 온라인으로 지방자치단체에 보고하여야 한다.

(2) 안전관리 교육 · 훈련

소방안전관리자를 선임하여야 하는 사회복지시설의 관계인(소유자, 점유자, 관리자 등)은 「화재예방법」 제37조 제1항 및 같은 법 시행규칙 제36조 제1항에 따라 그 장소에 상시 근무하거나 거주하는 사람에게 소화, 통보, 피난 등의 훈련과 소방안전관리에 필요한 교육을 연 1회 이상 실시하여야 한다. 이 경우 피난훈련은 그 소방대상물에 출입하는 사람을 안전한 장소로 대피시키고 유도하는 훈련을 포함하여야 한다.

2020년 초부터 코로나19 감염병이 전세계적으로 확산된 상황에서 사회복지시설에서는 감염병이 발생한 경우 피해를 최소화하기 위해 현장에서 작동하는 대응

역량을 높이는 것이 매우 중요하다. 감염예방을 위한 관리체계 및 유관기관 협조 체계 등이 포함된 대응 매뉴얼을 만들고 대응계획과 매뉴얼에 익숙하도록 지속적이고 반복적인 대비 훈련이 필요하다.

(3) 응급상황 대처방법

가) 시설 내 사건, 사고

시설 내에서 화재 등 사건 · 사고로 응급상황이 발생한 때에는 즉시 대응할 수 있도록 대응 지침과 방법을 마련하여야 한다. 구체적인 내용은 다음과 같다.

〈예시〉 시설 내 사건, 사고 대응방법

1. 대응 지침
   - 시설 내에서 화재 등 사건, 사고에 의한 응급상황 발생에 대해 전 직원이 중심이 되어 사전 대응체제의 확립과 응급상황 발생 시 대응 및 사후 대처를 적절히 실시한다.
   - 긴급 시 사건, 사고 최초 발견자가 신속하게 상황을 파악하고 보고, 응급 대책, 원인 규명, 재발 방지 등에 대응한다.
   - 사건, 사고 해결을 위해 시설장을 중심으로 대책 회의를 개최하고 대응에 대해 협의한다.
   - 사건, 사고의 원인을 규명하고 재발 방지를 위해 철저히 노력한다.
2. 대응방법
   ① 화재 등으로 부상자 및 응급환자 발생 시 응급조치 실시
   - 응급조치 후 병원이송 시 최초 발견자 동행하여 부상자 상태 확인
   ※ 화재 발생 시: 신속하게 경보를 울리고 이용자 피난 유도 및 화재 진화
   ② 소방서, 경찰서에 연락
   ☏ 화재, 응급환자 119 ☏ㅇㅇ소방서 02-0000-0119
   ☏ 사건, 사고신고 112 ☏ㅇㅇ경찰서 02-0000-0112
   ③ 시설장에게 상황 보고
   ④ 부상 또는 사고자 발생 시 가족에게 연락
   ⑤ 관할 시 · 군 · 구청 보고 ☏ㅇㅇ구청 복지정책과
   ※ 보고기준
   - 시설에서 화재가 발생한 경우
   - 이용자가 사건, 사고로 부상 또는 사망한 경우
   - 시설장이 보고가 필요하다고 인정하는 경우
   ⑥ 필요시 대책회의를 개최하고 대응에 대해 협의
   ⑦ 원인 규명하고 재발 방지 대책 마련

나) 자연재해 사고

태풍, 폭우, 지진, 폭설 등 자연재해로 인명과 재산 피해가 발생할 수 있는 비상 상황에서 이를 즉시 대응할 수 있도록 지침과 방법을 마련하여야 한다. 구체적인 내용은 다음과 같다.

〈예시〉 **자연재해 사고 대응방법**

1. 대응 지침
   - 자연재난 발생 초기의 대응
     ① 화재방지와 재해 정보의 적절한 파악
       ㄱ) 화재예방 및 소화
         - 재난 발생 직후 화기 점검, 가스 누설의 유무의 확인 등 화재예방
         - 화재 시 자위소방대 세부업무에 따라 통보, 피난, 소화 진행
       ㄴ) 재해 정보의 적절한 파악
         - TV, 라디오, 인터넷 등으로 재해 정보를 수집
     ② 이용자와 종사자, 시설의 피해 상황 확인
     ③ 응급조치와 피난 유도
       ㄱ) 부상자 등이 발생한 경우 신속한 구출과 응급조치, 병원 등에 이송
       ㄴ) 시설의 파손 상황을 확인하고 필요에 따라 이용자를 안전한 장소로 대피
     ④ 보호자에게 연락: 부상자 발생 시 신속한 조치 후 보호자에게 연락
     ⑤ 피해 상황 보고: 이용자 및 시설의 피해 상황을 확인하고 시설장 및 소관부처에 보고
     ⑥ 피해 복구
       ㄱ) 신속한 피해조사 및 피해사례를 파악 기록
       ㄴ) 시설 피해현황을 영상, 기록 등으로 보관하고 소관부처에 복구를 요청

2. 대응방법
   ① 태풍, 폭우, 지진, 폭설 등 재해 발생으로 부상자 및 응급환자 발생 시 응급조치 실시
   ② 재해정보 파악 및 구호, 피난 유도: 2차 피해방지 및 대피 진행
   ③ 시설장에게 상황 보고
   ④ 부상 또는 사고자 발생 시 보호자에게 연락
   ⑤ 관할 시 · 군 · 구청에 연락 ☎ㅇㅇ구청 복지정책과 02-0000-0000
   ⑥ 재해 응급대책을 실시하고 복구대책 협의

다) 실종사고

사회복지시설 내 아동 및 노인 등 실종사고가 발생한 때에는 종사자와 유관기관이 협력하여 즉시 대처할 수 있도록 대응 지침과 방법을 마련하여야 한다. 구체적인 내용은 다음과 같다.

〈예시〉 **실종사고 대응방법**

1. 대응 지침
   - 시설 내 아동 및 노인 등의 실종사고 발생한 때 유관기관과 협력하여 사전 대응체제의 확립과 사고 및 사후 대처를 적절히 실시
   - 실종사고 발생 10분 경과 후 실종사고가 미해결될 때 경찰서에 연락하고 협조하여 수색범위를 넓히고 대응책을 협의
   - 사고 해결을 위해 다양한 부문에 조정 등이 필요한 경우, 시설장을 중심으로 대책회의를 개최하고 대응방안을 협의
   - 실종 사건에 대한 원인 규명 후, 시설 담당자는 재발 방지를 위해 노력
2. 대응방법

   ① 시설 내 실종사고 발생 및 접수

   ② 실종사고 발생 전파
   - 실종사고 접수 직원: 실종자 인상착의 및 신고자 연락처 확보
   - 실종자 수색: 직원 간 역할 분담 수색

   ③ 시설장에게 상황 보고

   ④ 실종 10분 내 미발견 시 즉시 경찰서에 신고

   ☎긴급신고 112 ☎ㅇㅇ경찰서 02-0000-0112

   ⑤ 실종자 수색지역 확대
   - 경찰과 협조하여 시설 주변으로 수색지역 확대

   ⑥ 필요한 대책 회의를 개최하고 대응에 대해 협의

   ⑦ 실종 원인을 규명하고 재발 방지에 노력

라) 감염병 사고

사회복지시설에서 이용자 및 직원의 감염 또는 국내에서 감염병이 발생하였을 때 이용자 및 직원이 안전하게 지낼 수 있도록 적절한 예방과 대처를 위한 지침과 방법을 마련하여야 한다. 구체적인 내용은 다음과 같다.

〈예시〉 **감염병 사고 대응방법**

1. 대응 지침
   - 해외 및 국내에서 감염병이 산발적으로 발생, 유행할 때 종사자 및 이용자를 지속적으로 관찰
   - 감염의심자 발견 시 보호자에게 연락하고 감염성 질환 여부를 확인 요청하고 시설장 및 소관부처에 즉시 연락
   - 시설 소독 및 방역을 즉시 실시하고 종사자 및 이용자의 감염 여부를 수시로 확인하고 위생관리를 강화
   - 감염병 유행이 종결될 때까지 시설내부 방역 및 소독을 적극적으로 실시하고 이용자 방역소독에 최선

2. 대응방법

   ① 감염병 유행 및 시설 내 감염증상자 발생하면 보호자 연락, 병원 치료
   - 감염의심 이용자: 보호자 연락, 병원방문 질환 여부 확인 요청
   - 감염의심 종사자: 귀가 조치 후 질환 여부 확인 요청

   ② 시설장에게 상황 보고 및 소관부처 연락

   ☏복지정책과 02-0000-0000

   ☏ㅇㅇ보건소 02-0000-0000

   ③ 접촉 종사자 및 다른 이용자 감염 여부 확인

   ④ 시설 소독 및 위생관리 강화
   - 방역업체와 협조하여 시설 소독 실시
   - 시설 종사자의 감염 여부 수시 확인
   - 소독제, 일회용 마스크, 체온계 등 비치, 이용자 방역 강화

   ⑤ 필요한 대책회의를 개최하고 대응에 대해 협의

   ⑥ 감염병 유행이 종결될 때까지 시설내부 방역 및 소독

마) 차량사고

사회복지시설 업무용 차량에 대한 교통사고 발생 시 즉시 대응하여 인명을 안전하고 신속하게 보호할 수 있는 교통사고 대처 지침과 방법을 마련하여야 한다. 구체적인 내용은 다음과 같다.

〈예시〉 교통사고 대응방법

1. 대응 지침
   - 시설 업무용 차량 운행 중 교통사고가 발생하면 차량 운전자가 중심이 되어 사후 대응을 적절히 실시
   - 사고 시 신속하게 상황을 파악하고 보험사 및 경찰서에 즉시 신고
   - 사고에 대한 조정이 필요한 경우, 시설장을 중심으로 회의를 개최하고 대응 방안을 협의
   - 사고 발생 시 인명을 최우선으로 하고 신속하고 안전하게 처리
2. 대응방법

   ① 사고가 발생하면 경찰에 신고하고 구급차를 요청

   ☏사고신고 112 ☏구급차 119

   ② 자동차 보험사 연락

   - 차량 운행일지 내 보험사 연락처 참고

   ③ 사고현장 기록, 피해자 인적사항 및 연락처 확인

   ④ 2차 사고 예방 조치

   ⑤ 시설장에게 상황 보고

   ⑥ 필요한 대책회의를 개최하고 대응에 대해 협의

3. 사회복지시설의 중대재해처벌법 대응 방안

1) 법 제정의 목적

2021년 1월 26일 국회에서 통과된 「중대재해처벌 등에 관한 법률」은 사업주, 경영책임자, 공무원 및 법인이 안전 및 보건 확보를 위해 필요한 다양한 조치의무를 이행하지 않아 인명피해가 발생한 경우에 이들을 처벌함으로써, 중대재해를 예방하고 시민 및 종사자의 생명과 신체를 보호하는 것을 목적으로 한다.

2) 정의 및 구분

「중대재해처벌 등에 관한 법률」 제2조에 따르면, 중대재해는 크게 '중대산업재해'와 '중대시민재해'로 구분된다.

(1) 중대산업재해

「산업안전보건법」 제2조 제1호에 따른 '산업재해' 중, 다음 하나에 해당하는 결과를 초래한 중대한 재해를 의미한다.

(2) 중대시민재해

특정 원료 또는 제조물, 공중이용시설, 공중교통수단 등의 설계 · 제조 · 설치 · 관리상의 결함으로 인해 발생한 재해로서, 「중대재해처벌 등에 관한 법률」 제2조 제3항에 명시된 요건 중 하나에 해당하는 경우를 말한다.

3) 적용 대상 및 범위

(1) **중대산업재해 적용 범위:** 상시 근로자가 5명 이상인 사업장 또는 사업의 경영책임자(개인사업주 포함)에게 적용된다.

(2) **중대시민재해 적용 범위:** 공중이용시설 또는 다중이용업소에서 발생한 재해로서, 「중대재해처벌 등에 관한 법률」 제2조~제3조 및 같은 법 시행령 별표2에 근거한 기준을 충족하는 경우 적용된다.

4) 중대재해 예방조치

「중대재해처벌 등에 관한 법률」의 핵심 목적은 중대재해 예방에 있다. 이에 따라 사회복지시설은 다음과 같은 3단계 예방조치 체계를 마련해야 한다.

(1) **1단계 – 유해 · 위험요인의 식별:** 중대산업재해를 유발할 수 있는 요소를 사전에 확인한다.

(2) **2단계 – 위험요인의 제거 및 통제방안 수립:** 원천적 제거를 원칙으로 하며, 물리적 · 행정적 통제수단과 절차를 마련한다.

(3) **3단계 – 인력 · 예산 확보 및 모니터링 체계 구축:** 실질적인 안전보건관리체계가 작동되도록 조직 내 인프라를 마련하고 지속적으로 점검한다.

또한 시행령 제4조 제8호에 따라 경영책임자 또는 개인사업주는 중대재해 발생 또는 급박한 위험에 대비한 대응 매뉴얼을 마련하고, 해당 매뉴얼의 이행 여부를 반기 1회 이상 점검해야 한다.

5) 안전보건관리체계의 구축

「중대재해처벌 등에 관한 법률」 제4조는 사업주와 경영책임자 등에게 안전 및 보건 확보 의무를 부과하고 있다. 그중 핵심은 '재해예방에 필요한 인력 및 예산 확보를 포함한 안전보건관리체계의 구축 및 이행'이다. 고용노동부는 안전보건관리체계 구축을 위해 다음의 일곱 가지 핵심 요소를 제시하고 있다.

〈참고〉 **안전보건관리체계 구축을 위한 일곱 가지 핵심 요소**

1. 경영자의 리더십
2. 근로자의 참여
3. 위험요인 파악
4. 위험요인 제거 · 대체 및 통제
5. 비상조치계획 수립
6. 도급 · 용역 · 위탁 시 안전보건 확보
7. 평가 및 개선

출처: 경북행복재단(2023). 사회복지시설 중대재해처벌법 대응 매뉴얼 개발. p.5.

제2절 물품관리

1. 물품의 종류 및 구분

사회복지시설에서 물품의 관리에 관하여 다른 법률에 특별한 규정이 있는 경우를 제외하고는「사회복지법인 및 사회복지시설 재무 · 회계 규칙」제38조부터 제41조에서 정하는 바에 따라 처리한다. 같은 법 제38조에 의하면 '물품'이라 함은 현금, 유가 증권을 제외한 동산을 말한다. 물품을 효율적으로 관리하기 위하여 물품을 사업별, 성질별, 기관별, 회계별로 분류할 수 있는데 사회복지시설에서는 대체로 물품의 사용에 비례하여 소모되는 물품과 사용하더라도 쉽게 소모되지 않거나 소모성이 적은 물품등 성질별로 분류한다(조달청고시 제2010-32호).

1) 비소모품

일반적으로 1년 이상 사용할 수 있는 물품으로서 계획적인 수급관리가 필요한 물품을 말한다. 단, 1년 이상 사용할 수 없는 물품일지라도 취득단가가 500만 원 이상인 물품은 비소모품으로 분류할 수 있다.

2) 소모품

일반적으로 사용함에 따라 1년 이내에 소모되어 없어지거나 다시 사용할 수 없는 물품을 말하며 다음의 물품을 포함한다.

- 한번 사용하면 원래의 목적으로 다시 사용할 수 없는 약품, 유류 등
- 내용연수가 1년 미만으로서 사용에 비례하여 소모되거나 파손되기 쉬운 시험용기, 사무용 소모품, 공구 등
- 다른 물품을 수립조립 제작(생산)하는 데 사용되거나 시설공사에 투입 사용됨으로써 그 본성을 상실하는 수리용 부속품, 생산원료, 재료, 건축자재 등

- 1년 이상 사용할 수 있는 물품일지라도 취득단가가 10만 원 미만인 소액의 물품 및 OA사무실에 설치된 파티션 또는 의류, 핸드폰 등

2. 물품관리 체계

물품관리는 사회복지시설에서 서비스 제공 또는 사업 수행에 필요한 물품을 취득 · 보유하여 적극적으로 활용하고 효율적으로 처리하여 업무의 생산성을 높이는 관리기술을 말한다. 따라서 사회복지시설에서 종류가 다양한 물품을 보다 효율적으로 관리하는 것은 사회복지시설 설립목적 달성과 예산의 적정한 사용측면에서 매우 중요한 사항이다(조달청, 2005).

물품관리는 일반적으로 물품의 취득, 보관, 사용 및 처분이라는 관리체계를 갖는다([그림 7-2] 참조).

[그림 7-2] **물품관리 흐름**

「사회복지법인 및 사회복지시설 재무 · 회계 규칙」 제38조 제2항에 따라 사회복지시설의 물품관리자는 시설장이 하되, 경우에 따라 시설의 사무국장 또는 부장 등 소속 직원에게 물품관리에 관한 사무를 위임할 수 있다. 물품의 출납보관을 위

하여 소속 직원 중에서 물품출납원을 지정해야 하고 물품관리자 및 물품출납원은 제39조에 따라 선량한 관리자의 주의로써 사무에 종사하여야 한다.

이를 선관주의라고도 하며, 어떤 직업 또는 지위에 있는 사람에게 일반적으로 요구되는 정도의 주의 의무를 요구한다.

물품관리자는 사무 또는 사업의 목적과 용도에 따라서 사용하거나 사용 중인 물품의 관리에 관한 사무를 담당한다. 물품관리에 관한 제도와 사무를 정비 통일하고 물품의 증감과 현재액을 명백히 밝히며 또한 관리에 대하여 필요한 조정을 하여야 한다. 또한 물품관리의 적정을 기하기 위하여 물품출납원으로부터 그 소관에 속하는 물품의 상황에 관한 보고를 받거나 소속직원으로 하여금 실지감사를 행하게 하며 관리전환 등의 기타 필요한 조치를 할 수 있다. 물품관리자와 물품출납원은 재정 보증이 필요하다.

〈표 7-3〉 **물품관리 체계**

구분	담당업무 및 내용	비고
물품관리자	집행총괄 관리책임자	사무국장 또는 부장에게 위임 가능
물품출납원	• 물품총괄 관리업무 • 물품의 취득, 보관, 운용, 처분내역 전산등록 및 관리 • 재물조사 보고(연 1회 이상) • 물품수급관리계획서 작성 및 보고 • 정수관리 및 변경 승인 신청 • 물품 불용 승인 신청	소속직원 중 지정
물품사용자	• 물품 사용 및 관리 • 물품구입 · 수리 및 처분 품의요구서 제출	전체 직원

3. 물품관리 실무

1) 물품수급관리계획 수립

물품관리자는 매년 물품수급관리계획을 수립하여 불필요한 구매를 억제하고 물품을 계획적으로 공급함으로써 물품의 효율적 관리를 도모해야 한다. 회계연도마다 소관 예산과 사무 또는 사업의 예정에 맞추어 물품의 취득 · 사용 및 처분에 관한 수급관리계획을 차기 연도 예산안 편성 전에 수립한다.

계획 작성 시 시설의 목적을 효과적으로 달성하는 데 필요한 비소모품의 적정 보유 수량을 확보하고 효율적으로 관리하는 데 중점을 두고, 해당 연도에 취득 · 사용 또는 처분하고자 하는 예정수량 및 소요예산을 포함해야 한다. 시설의 기능과 업무 특성에 따른 업무량과 정원 및 단위 조직수, 사무공간의 구조와 면적 및 위치 수를 기준으로 책정해야 한다.

2) 물품의 취득 과정 및 구매

수급관리계획을 수립하고 그 계획이나 주문에 따라 계약을 체결한 후 검사와 검수절차를 거쳐 물품으로 등재하는 것이 물품의 구매취득 과정이다.

[그림 7-3] 물품관리 절차

(1) 구매 물품취득

물품취득이란 구매취득 이외에도 기증, 가공 · 생산, 양여, 교환 등 소유권이 이전되는 경우를 말한다.

가) 물품취득 및 지급신청

취득의 경우 물품관리자가 수급계획에 따라 계약 담당자에게 물품취득을 요청한다. 물품을 필요로 하는 부서(직원)에서 물품지급을 요청하는 내부결재(품의 또는 물품지급 청구서)를 받아야 한다.

나) 물품구매 필요성 검토

물품청구인은 물품출납원의 협조를 얻어 구매의 필요성을 검토한다. 이 경우 물품출납원은 현재 보관 중인 물품의 유무를 확인하여 보관 중인 물품부터 우선 지급한다. 그러나 당해 물품이 없다면 그 필요성과 예산, 우선순위 등을 고려하여 구입·결정한다.

다) 물품구매 내부결재

물품을 외부로부터 구입해야 할 경우 구매 담당자는 물품구입 내부결재를 얻어야 한다. 이때 일반적으로 시장조사를 실시하며, 조달청 가격 또는 3개소 이상 견적을 받아 적정 품질과 가격으로 구입할 수 있어야 한다. 계약 담당자는 예산의 범위 내에서 「지방자치단체를 당사자로 하는 계약에 관한 법률」 및 그 시행령과 시행규칙을 준용하여 구매 계약을 체결한다.

경제적이고 합리적인 물품취득을 위해서는 품목, 수량, 시기, 품질, 가격, 거래처, 조건, 물품의 상태 등을 종합적으로 고려하여 합리적인 구매를 하도록 한다.

라) 물품 납품의뢰

계약체결이 이루어지면 계약 당사자에게 물품을 청구하고 약속된 기간 내에 물품을 납품하도록 통보한다.

마) 물품의 검사와 검수

계약이 이행되어 납품되면 이를 확인하기 위해 계약서·설계서 및 그 밖의 관계 서류에 따라 이를 검사(검수)하고 검수조서를 작성하여야 한다. '검사'는 계약목적물이 관련 법령에 적합하고 구매규격과 시방서대로 제조·설치되었는지 여부를 물품 담당자가 확인하는 절차를 말하며, '검수'란 검사에 합격하고 그 계약목적물이 손상 또는 훼손품이 없고 납품서류상의 수량대로 납품되었는지 여부를 물품출납원이 확인하는 절차를 말한다.

바) 구매물품의 지급 및 등재

구매한 물품은 「사회복지법인 및 사회복지시설 재무 · 회계 규칙」 별지 제28호 서식에 의거하여 관리대장(물품출납부)에 기록하고, 물품청구자(부서)에게 지급한다. 그리고 물품관리에 관한 전산프로그램(사회서비스정보시스템)에 물품금액을 등재한다. 물품의 취득금액은 계약자에게 지급한 물품금액과 인수 조건(계약상)에 따라 인수할 때까지의 소요비용을 포함하여 결정할 수 있다. 또한 계약자의 출하가격과 각종 세금(관세, 부가가치세 등) 및 조달 수수료를 포함할 수 있으며 합계금액 중 10원 미만의 원 단위는 절사가 가능하다. 취득금액을 알 수 없거나 분명하지 않은 때에는 시가 · 감정평가 가격 또는 견적가격 등에 의하여 결정할 수 있다.

집행예산 과목이나 구매자금의 종류에 관계없이 취득물품은 모두 등재한다. 단, 재료비, 기관운영경비로 구입한 물품은 물품의 용도, 취득가격, 사용기간 등을 감안하여 물품으로 관리할 것인가를 판단하여 조치할 수 있다.

(2) 기증물품 취득

가) 기증의 요건

기증물품은 특정 물품을 조건 없이 무상으로 기부 의사를 표시하고 시설이 이를 승낙하고 수령함으로써 취득하는 것을 말한다. 기증물품에 대해 기부자는 권리를 설정할 수 없으며, 기증을 받을 물품에 질권이나 유치권 등 타인의 권리가 설정되어 있는 경우 이를 해제하지 않으면 기증을 받을 수 없다.

나) 기증물품 수령 및 등재

물품 기증의 의사와 승낙, 그 물품의 수령 사실을 명확하게 하기 위해 서면으로 작성해야 한다. 서면에는 물품명과 수량 · 금액 등 물품의 내용과 기증자의 주소 · 성명, 기증의 목적, 기증 일자 등을 기재한다. 금액은 기증자가 제시한 금액 또는 시가 또는 시중가 등으로 정리할 수 있다.

3) 물품의 보관 · 출납과 사용

(1) 물품의 보관

물품출납원은 취득된 물품을 항상 사용 또는 처분할 수 있도록 시설에 보관하며, 그 품질 및 성능의 보존을 위해 노력하여야 한다. 효율적인 물품의 보관을 위해 기능별, 성질별, 품명별, 규격별, 상태별로 신규품, 반납품, 불용품, 소모품으로 분리 구분하여 보관한다.

물품의 망실 또는 훼손 발생 시 보관책임자는 물품관리자를 경유하여 즉시 시설장에게 보고하여야 한다. 시설장은 보관물품의 망실 · 훼손 시 보관책임자에게 기한을 정하여 변상을 명하여야 한다.

(2) 물품의 수선

보관 중인 물품 중 수선이나 개조가 필요한 물품이 있을 경우, 물품출납원은 물품관리자에게 보고하고 물품관리자는 수선 또는 개조를 위하여 필요한 조치를 물품사용 담당자에게 청구 처리해야 한다.

(3) 물품의 출납

물품의 출납은 창고에 물품이 들어오고 나가는 과정 즉, 물품을 수령하거나 불출하는 것을 말한다. 「사회복지법인 및 사회복지시설 재무 · 회계 규칙」 제40조 제1항에 의거하여 물품의 출납관리는 물품출납원이 담당한다. 물품출납원의 물품출납은 수입명령, 출급명령, 수령명령 또는 인도명령 등 물품관리자의 출납 명령에 의하여 이루어진다. 물품출납원은 수입 및 출급사항을 등재(입력)하여 기록을 유지한다.

(4) 물품 반납

물품사용자는 사용 중인 물품 중에서 사용할 필요가 없거나 사용할 수 없는 물품 또는 물품관리자가 반납을 명령한 물품을 물품관리자에게 반납하여야 한다.

반납받은 물품은 물품출납원이 보관하면서 수리, 사용전환, 불용품처분, 관리 전환 등 필요한 조치를 강구하여야 한다.

(5) 물품의 사용

물품을 취득하는 목적은 물품을 적극적으로 활용하여 업무의 능률을 높이기 위함이다. 물품의 운용과 사용은 물품사용자가 관리한다.

4) 재물조사

재물조사는 장부를 마감하고 현품의 수량과 상태를 동시에 조사하는 현품 확인과정이며 관리상태의 검증과정이다. 정확하고 효율적인 물품 재물조사를 통하여 물품취득과 처분의 균형을 맞추어 사회복지시설 전체의 이익을 극대화하여야 한다.

(1) 재물조사의 종류

「사회복지법인 및 사회복지시설 재무 · 회계 규칙」 제40조의 2에 의거하여 사회복지시설의 장은 연 1회 그 관리에 속하는 물품에 대하여 정기적으로 재물조사를 실시하여야 하며, 필요하다고 인정하는 때에는 정기 재물조사 외에 수시로 재물조사를 할 수 있다.

1. 정기재물조사	• 매년 일정 시점을 기준으로 연 1회 실시
2. 특별재물조사	• 법령이나 조직의 변경 등으로 특별점검이 필요할 때(1개월 전까지 지침 통보)
3. 수시재물조사	• 시설의 장이 필요하다고 인정할 때 • 물품관리자 또는 물품출납원이 교체된 때 • 특정품에 대한 불시 확인이 필요할 때 등

(2) 재물조사의 절차 및 조사내용

구분	내용
① 재물조사 세부계획 수립	• 조사반 편성, 교육계획, 준비사항, 조사요령, 집계보고 등
② 조사반 편성	• 물품업무에 직접 종사하지 아니하고, 물품관리에 경험이 풍부한 자 중에서 적정 수의 요원으로 조사반을 편성
③ 교육 실시	• 조사반원을 대상으로 정기 재물조사 실시에 관한 제반사항을 교육
④ 조사 준비	• 물품의 현행화 - 미등재 또는 누락된 물품에 대하여 재물조사 이전에 정리 - 재물조사 라벨 부착
⑤ 재물조사 실시	• 사회서비스정보시스템 내 재물조사 목록표, 재물조사표, 초과품(부족품, 불용품) 목록 등 출력 〈수기조사〉 - 목록표의 물품과 실물을 직접 대조하면서 실물조사 - 부족품, 불용품 등은 초과품 목록에 입력 - 조사 후, 사회서비스정보시스템(희망이음)에 재물조사 입력
⑥ 재물조정	• 재물조정 내역에 대한 원인을 규명하고 재물 조정을 승인 〈재물조정 절차〉 - 증감 발생 원인 확인(기록의 착오 · 누락, 수불의 착오 등) - 재물조정 승인신청서 작성(사무 착오임을 증빙하는 서류첨부) - 조정승인(시설장이 승인) - 재물조정(실제의 수량 금액으로 표준서식 정리)
⑦ 결과 보고	• 정기 재물조사 결과 보고
⑧ 확인 · 점검	• 정기 재물조사 결과 후속조치 여부 등 재물조사 결과 확인(시설장)

출처: 행정자치부(2016). 지방자치단체 정기재물조사 지침.

5) 내용연수

(1) 내용연수의 의의

내용연수란 주요 물품에 대하여 물품의 최소 수리비로 그 기능을 계속 유지할 수 있는 비소모품의 경제적 사용기간을 말한다. 내용연수는 물품 수급관리의 참고자료, 물품의 평가액 산정의 기초자료, 수리 한계비용 산출 시 자료로 활용되며, 물품의 효율적인 사용과 처분의 합리화를 기하는 데 목적이 있다.

(2) 내용연수 책정기준

물품별로 「물품관리법 시행규칙」 제25조 및 내용연수(조달청고시) 등을 준용한다. 불용결정 시기는 일차적으로 내용연수를 기준으로 판단하나, 내용연수가 경과하여도 사용에 지장이 없는 물품은 계속 사용하고, 내용연수가 경과하지 않았으나 경제적 수리한계가 초과되어 사용이 어려운 경우에는 불용결정하여 처분할 수 있다. 경제적 수리한계는 정비하여 계속 사용하는 경우와 신품으로 대체하는 경우의 경제성을 비교 판단하여 결정한다.

또한 사용량을 정확하게 계량할 수 있는 물품(복사기, 프린터, 차량 등)으로서 경제적 사용량을 제조회사가 공시한 경우에는 내용연수 또는 사용량(차량의 경우에는 최단거리 운행기준)을 불용처분할 수 있다.

6) 불용물품 처분

불용물품이란 시설에서 사용할 필요가 없거나, 사용할 수 없는 물품이 있는 때, 그 물품에 대하여 사용하지 않기로 결정한 물품을 말한다. 시설장은 「사회복지법인 및 사회복지시설 재무 · 회계 규칙」 제41조에 의거, 재물조사 후속조치로 하거나, 물품의 사용 중에 불용사유가 발생한 경우 불용물품을 처분할 수 있다.

(1) 불용결정 대상

물품관리자는 그 소관에 속하는 물품 중 수명이 다하여 사용할 수 없는 물품(낡은 물품, 변질된 물품, 파손된 물품 등 폐품), 사용이 가능하지만 사용할 필요가 없는 물품(잉여품, 과장품)을 대상으로 불용결정을 하여야 한다.

〈참고〉 불용결정 대상품 「물품관리법 시행규칙」 제51조

1. 사용할 필요가 없게 된 물품으로서 앞으로도 사용할 전망이 없는 물품
2. 정수를 초과하는 물품과 예측할 수 있는 일정기간의 수요를 초과하여 재고로 보유하고 있는 물품
3. 원장비(原裝備)의 사용이 불가능하거나 원장비가 없어진 경우로서 이를 새로 취득할 필요성이나 가능성이 없는 경우의 그 부속품
4. 규격 또는 모형이 달라져 수리가 곤란하거나 수리하여도 본래의 목적에 사용할 수 없는 물품
5. 시설물에서 제거된 물품으로서 활용할 수 없는 물품
6. 훼손되거나 마모되어 수리하여도 본래의 목적에 사용할 수 없는 물품
7. 수선이 필요한 물품으로서 수선을 하는 것이 비경제적인 물품
8. 제1호부터 제7호까지의 규정에 준하는 사유가 있다고 각 중앙관서의 장이 인정하는 물품

(2) 불용결정 실무절차

구분	내용
① 물품출납원의 상태조사	• 재물조사 및 물품 사용 중에 나타난 불용 예상품에 대한 상태
② 물품출납원의 반납요구	• 불용대상품을 선별하여 불용결정 건의
③ 물품관리자의 상태확인	• 물품출납원이 반납을 요청한 물품의 상태 재확인
④ 사용(부서) 물색	• 사용할 부서를 물색하여 사용전환
⑤ 시설장 불용결정	• 사용불가능품 및 취득가 500만 원 미만의 사용가능품 - 취득가액 500만 원 이상의 사용가능품은 이사회에 불용 요청

불용결정을 하는 때에는 물품의 상태를 재확인하여야 한다. 상태확인 시 물품의 상태를 검증하여 활용 · 사용 여부, 수리사용 가능 여부 등을 조사하여, 물품의 상태에 따라 불용대상 물품을 결정하고 그 처분방법을 결정해야 한다. 특히, 처분단가가 500만 원 이상인 고가물품을 폐품으로 분류하는 때에는 신중을 기하여야 한다.

(3) 불용물품 처분방법

가) 매각

불용물품 중 소요조회 · 양여 등에 따라 처분이 되지 아니한 물품은 「공유재산 및 물품관리법」 제76조, 같은 법 시행령 78조 또는 제78조의 2에 따라 처분하여야

한다.

시설장은 매각을 목적으로 한 물품이나 불용품이 아니면 매각할 수 없으며, 물품관리자는 매각이 필요할 때마다 계약 담당자에게 매각에 필요한 조치를 하여야 한다.

〈참고〉 **매각 시 유의사항**

- 사용가능 불용물품은 관리전환 소요조회를 실시한 후 대상기관이 없는 경우에만 매각 가능
- 계약담당자는 매각을 할 때에 수의매각 물품을 제외하고는 지정 정보 처리 시스템을 이용
- 매각되지 않은 불용물품은 재활용 양여, 무상 양여 또는 폐기 가능
- 매각대금은 세입으로 처리하여야 함

나) 양여

「공유재산 및 물품관리법」 제78조 및 같은 법 시행령 제79조에 따라 불용물품은 양여할 수 있다. 양여 대상물품은 다음과 같다.

1. 국가 등 공공기관에 양여하는 경우
   - 민방위용, 재난재해 대비용이나 그 밖에 이에 준하는 용도에 사용할 목적으로 취득한 물품
   - 관리 전환되지 않거나 관리 전환될 가능성이 없는 물품
   - 매각하는 것이 지방자치단체에 불리하거나 매각비용이 매각대금을 초과하는 물품
   - 「공유재산 및 물품 관리법」 제75조 제2항에 따라 폐기할 수 있는 물품으로서 양여하는 것이 유익하다고 인정되는 물품
   - 「공유재산 및 물품 관리법」 제76조 제2항에 따른 매각되지 않은 물품
2. 지역주민에게 양여하는 경우
   - 지역주민에게 제공할 목적으로 취득한 물품(도서 등)
   - 「국민기초생활 보장법」 제2조 제2호에 따른 수급자에게 필요한 물품
3. 정보통신 제품을 양여하는 경우
   - 「국가정보화기본법」 제34조 각호의 어느 하나에 해당하는 사람에게 같은 법 제32조 제3항에 따른 정보통신제품

물품을 양여할 때에는 다음 사항을 명백히 하여 결정하여야 한다.

① 양여를 받는 자의 성명(기관의 경우는 대표자의 성명), 주소

② 물품의 분류번호, 품명, 규격, 수량 및 가액

③ 물품의 사용 경위

④ 물품의 상태

⑤ 양여하고자 하는 사유 및 기타 계약서 및 수령증

〈참고〉 **양여 시 유의사항**

- 양여는 「민법」 제554조에 따른 증여의 개념으로서 아무 조건 없이 무상으로 소유권을 이전하는 것이므로 법령의 근거가 명백히 있는 경우에만 가능. 따라서 양여를 하고자 하는 경우에는 시설 재정 손실, 양여목적, 대상물품의 활용 여부 등을 고려하여 신중히 검토하여야 함
- 양여를 결정할 때에는 해당 시설의 물품관리규정에 따라 물품양여 합의서를 작성한 후 인계 · 인수하여야 함
- 매각되지 않은 불용품은 재활용 양여, 무상 양여 또는 폐기 가능함
- 매각대금은 세입으로 처리하여야 함

제8장

문서관리

제1절 문서관리

문서관리는 시설운영에 필요한 각종 문서의 작성, 처리 및 관리, 보존하는 것으로 합리적인 시설 운영을 위해 효율적인 자원의 사용과정을 체계적으로 표준화한 것이다.

1. 문서처리의 원칙

문서관리의 원칙에는 다음과 같이 신속처리의 원칙, 책임처리의 원칙, 적법처리의 원칙, 표준화 및 간소화의 원칙 등이 있다.

1) 신속처리의 원칙

문서는 내용 또는 성질에 따라 그 처리기간이나 방법이 다를 수 있으나, 효율적인 업무수행을 위하여 사안이 발생한 경우 가능한 한 빠른 시일 내에 조속히 처리하여야 한다.

2) 책임처리의 원칙

문서는 여러 단계를 거쳐 처리되므로 정해진 사무분장에 따라 각자가 직무의 범위 내에서 책임을 가지고 관계규정에 따라 정확하게 처리하여야 한다.

3) 적법처리의 원칙

문서는 관계법령의 규정에 따라 일정한 형식 및 요건을 갖추어야 함은 물론 권한 있는 자에 의하여 작성 · 처리되어야 한다.

4) 표준화의 원칙

문서를 기안(품의), 시행, 접수, 회람(공람), 편철, 보관은 표준화된 방법과 절차에 따라 관리되어야 한다.

2. 문서의 종류

1) 작성주제에 따른 구분

(1) 공문서

행정기관에서 공무상 작성하거나 시행하는 문서와 행정기관이 접수한 모든 문서를 말한다(「행정 효율과 협업 촉진에 관한 규정」 제3조 제1호).

(2) 사문서

개인이 사적(私的)인 목적을 위하여 작성한 문서를 말한다. 그러나 사문서도 각종 신청서, 증명서, 진정서 등과 같이 행정기관에 제출하여 접수가 된 것은 사문서가 아니고 공문서로 취급되며 그 문서를 제출한 사람도 접수된 문서를 임의로 회수할 수는 없다.

3. 문서의 성립과 효력 발생

1) 문서의 성립

문서의 성립은 당해 문서에 대한 결재권자의 서명(전자이미지 서명 또는 전자서명에 의한 결재 포함)에 의한 결재가 있음으로써 성립한다. 문서의 성립요건은 세 가지가 충족되어야 한다. 첫째, '정당한 권한이 있는 직원'이 둘째, '직무의 범위 내에서 공무상 작성'하고 셋째, '결재권자의 결재'가 있어야 한다.

2) 문서의 효력 발생

(1) 효력 발생의 시기

가) 일반 원칙

문서가 수신자에게 도달됨으로써 그 효력이 발생하되, 전자문서는 수신자가 관리하거나 지정한 전자적 시스템 등에 입력됨으로써 그 효력이 발생하는 도달주의를 원칙으로 하고 있다(「행정 효율과 협업 촉진에 관한 규정」 제6조 제2항).

나) 공고문서

고시, 공고 등 공고문서는 그 문서상에 효력 발생 시기를 명시하고 있지 않으면, 그 고시 또는 공고가 있은 날부터 5일이 경과한 때에 효력이 발생한다(「행정 효율과 협업 촉진에 관한 규정」 제6조 제3항).

제2절 문서작성의 일반사항

1. 문서작성 용지

1) 용지의 규격

용지의 기본규격은 도면, 증표류 기타 특별한 형식의 문서를 제외하고는 가로 210mm, 세로 297mm(A4용지)로 한다.

2) 용지의 여백

문서의 용지에 여백을 두면 시각적인 피로감을 줄이고, 문서를 수정할 경우 이를 활용할 수 있을 뿐만 아니라 문서를 편철할 때 그 내용을 보호하면서 편철을 용이하게 할 수 있다.

용지의 여백
- 위로부터 3cm
- 왼쪽으로부터 2cm
- 오른쪽으로부터 1.5cm
- 아래로부터 1.5cm

※ 문서의 편철 위치나 용도에 따라 각 여백을 달리할 수 있다.

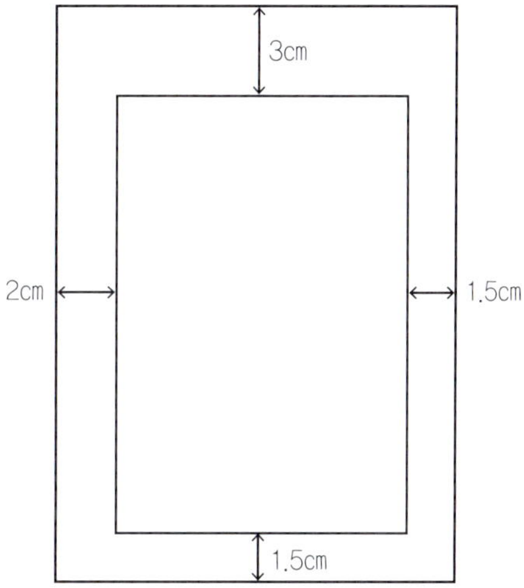

3) 용지 및 글자의 색깔

용지는 특별한 사유가 있는 경우를 제외하고는 흰색으로 사용하며, 글자는 검은색 또는 푸른색으로 한다.

2. 문서의 용어

1) 글자

문서는 「국어기본법」 제3조제3호에 따른 어문 규범에 맞게 한글로 작성하되, 뜻을 정확하게 전달하기 위하여 필요한 경우에는 괄호 안에 한자나 그 밖의 외국어를 함께 적을 수 있으며, 가로로 쓴다.

2) 숫자

문서의 숫자는 아라비아 숫자로 쓴다.

3) 날짜

문서에 쓰는 날짜의 표기는 숫자로 하되, 연, 월, 일의 글자는 생략하고 그 자리에 마침표를 찍어 표시한다.

예 2012년 7월 1일→2012. 7. 1.

4) 시간

시 · 분의 표시는 24시각제에 따라 숫자로 하되, 시 · 분의 글자는 생략하고 그 자리에 쌍점(:)을 찍어 구분한다.

예 오후 2시 40분→14:40

5) 금액

문서 및 유가증권에 금액을 표시하는 때에는 아라비아 숫자로 쓰되, 숫자 다음에 괄호를 하고 한글로 기재한다.

예 금15,790원(금일만오천칠백구십원)

3. 항목의 구분

1) 항목의 표시

문서의 내용을 두 개 이상의 항목으로 구분하여 작성하고자 할 때는 다음 구분에 의하여 표시한다.

기안문 작성 시에 하나의 항목만 있을 경우에는 항목구분을 생략한다. 부분적으로 필요한 경우 부분적으로 ㅁ, ㅇ, -, · 등과 같은 특수한 기호로 표시할 수 있다.

구분	항목기호	비고
첫째 항목	1., 2., 3., 4., …	하., 하), (하), ㉻ 이상
둘째 항목	가., 나., 다., 라., …	계속되는 때에는
셋째 항목	1), 2), 3), 4), …	거., 거), (거), 거,
넷째 항목	가), 나), 다), 라), …	너., 너), (너), 너…등
다섯째 항목	(1), (2), (3), (4), …	단모음 순으로 표시
여섯째 항목	(가), (나), (다), (라), …	* 가→나→다→…파→하→거
일곱째 항목	①, ②, ③, ④, …	→너→더→…퍼→허
여덟째 항목	㉮, ㉯, ㉰, ㉱, …	→고→노→도→…

2) 문서의 항목 표시 위치 및 띄우기

① 첫째 항목기호는 왼쪽 기본선에서 시작한다.

② 둘째 항목부터는 바로 위 항목 위치에서 오른쪽으로 2타씩 옮겨 시작한다.

③ 항목이 두 줄 이상인 경우에 둘째 줄부터는 항목 내용의 첫 글자에 맞추어 정렬함이 원칙이나, 왼쪽 기본선에서 시작하여도 무방하다. 단, 하나의 문서에서는 동일한 형식(첫 글자 또는 왼쪽 기본선)으로 정렬한다.

④ 항목기호와 그 항목의 내용 사이에는 1타를 띄운다.

⑤ 항목이 하나만 있는 경우 항목기호를 부여하지 아니한다.

예시
수신 내부결재 (경유) 제목∨∨공문서의 작성 방법 개선

1.∨○○○○○○○○○○○○○○○○○○○○○○○
    ○○○○○○○○○○○○○○○○○○○○○
∨∨가.∨○○○○○○○○○○○○○○○○○○○○
        ○○○○○○○○○○○○○○○○○○○
∨∨∨∨1).∨○○○○○○○○○○○○○○○○○○○○
            ○○○○○○○○○○○○○○○○
2.∨○○○○○○○○○○○○○○○○○○○○○○○
    ○○○○○○○○○○○○○○○○○○○○○○

※ 2타(∨∨표시)는 한글 1자, 영문 · 숫자 2자에 해당함(시행일 2018년 1월 1일).

4. 붙임물의 표시

문서에 서식 · 금전 · 유가증권 · 참고서류 기타의 물품이 첨부되는 때에는 본문이 끝난 다음 줄에 '붙임'의 표시를 하고 첨부물의 명칭과 수량을 쓰되, 첨부물이 두 가지 이상인 때에는 항목을 구분하여 표시한다.

예시
(본문)·· 주시기 바랍니다. 붙임∨∨1. ∨ㅇㅇㅇ계획서 1부. 　　　　2. ∨ㅇㅇㅇ서류 1부.∨∨끝.

※ 기안문에 첨부되는 계산서 · 통계표 · 도표 기타 작성상의 책임을 밝힐 필요가 있다고 인정되는 첨부물에는 그 여백에 작성자가 서명 또는 날인함.

제3절 문서의 구성체계

1. 문서의 구성

1) 일반기안문

일반적으로 사용되는 기안문 · 시행문은 두문 · 본문 · 결문으로 구성한다.

두문

기관명

수신자 (　　　　)
(경유)
제목

본문

붙임

결문

발신명의

기안자(직위/직급) 서명　검토자(직위/직급) 서명　결재권자(직위/직급) 서명
협조자(직위/직급) 서명
시행 처리부서-연도별 일련번호(시행일)　접수 처리부서명-연도별 일련번호(접수일)
우　도로명주소　/ 홈페이지 주소
전화(　)　팩스번호(　)　/ 직원의 전자우편주소 / 공개구분

2. 문서의 등록번호

문서의 등록번호는 처리부서별로 기록물등록대장(기본등록사항)에 등록된 순서에 따라 일련번호를 부여한다.

1) 문서(기안문과 시행문, 각종 법령서식)상 등록번호

문서의 등록번호는 처리부서명과 연도별 등록일련번호로 구성한다. 처리부서명이 없는 기관은 기관명을 표시하되, 10자가 넘는 경우에는 10자 이내의 기관명의 약칭을 표시한다.

〈처리부서가 있는 경우〉

```
서비스 지원  18  -  315
               ↳ 연도 ↳ 등록일련번호
   ↳ 처리부서명
```

3. 수신기관의 표시

문서의 두문 중 수신란의 표시방법은 다음과 같다.

① 수신란에 당해 기관의 장의 직위(수신자명)을 쓰거나 수신자 기호를 먼저 쓰고, 이어서 (　) 안에는 처리할 보조기관 또는 보좌기간의 직위가 분명한 경우에는 그 직위를 쓰되, 그 직위가 분명하지 않은 경우에는 ○○업무 담당자 등으로 표시한다.

〈예시 1〉 수신 ○○○ 복지관장(○○○ 팀장)

〈예시 2〉 수신 ○○○ 복지관장(정보공개업무 담당자)

② 민원 회신문서에는 수신란에 먼저 민원인의 성명을 쓰고, 이어서 (　) 안에는 우편번호와 주소를 쓰되, 전자문서시스템에서 우편번호는 검색이 용이하도록 하여야 한다.

〈예시 1〉 수신 박○○ 귀하 (우 04778 서울시 성동구 뚝섬로 1길 ○○)

③ 수신자가 많아 본문의 내용을 기재할 칸이 줄어들어 본문의 내용을 첫 장에서 파악하기 곤란한 경우에는 두문의 수신란에 '수신자 참조'라고 쓰고, 결문의 발신명의 밑에 왼쪽 기본선에 맞추어 수신란을 설치하여 수신자명을 표시한다.

〈예시〉 (두문) 수신 수신자 참조

(결문) 수신 가, 나, 다, ……

④ 내부결재문서는 수신란에 '내부결재'라고 표시한다.

〈예시〉 수신 내부결재

4. 제목의 표시

- 제목은 그 문서의 내용을 함축하여 나타내는 문구로서 문서의 내용을 쉽게 알 수 있도록 쉬운 말로 간단하고 명확하게 표시한다.
- 제목의 끝에는 문서의 성격을 쉽게 알 수 있도록 개최, 조사, 의뢰, 신청, 회신 등의 용어를 사용하는 것이 바람직하다.
- 성질을 달리하는 내용을 같은 문서로 작성하여서는 아니 된다. 내용이 다르면 별도의 문서를 작성한다.

5. 발신명의 표시 및 직인날인

- 문서는 당해 기관장의 명의로 발신한다.

〈예시〉 ○○관장, ○○ 원장, ○○ 회장

- 대외발송문서 중 단순 경미한 사항인 경우에는 발신명의 옆에 '직인생략'의 표시로 직인날인을 대신할 수 있다.
- 내부결재문서의 경우 발신명의를 표시하지 아니한다.

제4절 문서의 기안과 결재

1. 기안의 개념

기안이라 함은 행정기관의 의사를 결정하기 위하여 문안을 작성하는 것을 말한다.

2. 기안자의 자격

① 기안자의 범위에 관하여는 아무런 제한이 없다. 직원이면 누구든지 기안자가 된다.

② 분장을 받은 업무에 대하여 그 담당하는 자는 직급에 관계없이 기안할 수 있다.

③ 결재권자는 공람한 접수문서의 처리 담당자를 따로 지정할 수 있으므로 이 경우 지정된 자도 기안자가 된다.

3. 문서의 결재

결재란 당해 사안에 대하여 기관의 의사를 결정할 권한이 있는 자가 그 의사를 결정하는 행위를 말한다.

① 시설의 장은 사무의 내용에 따라 당해 업무 담당에게 위임 전결할 수 있다.

② 결재권자가 휴가 · 출장 기타의 사유로 결재할 수 없는 때에는 그 직무를 대리하는 자가 대결하되, 차후에 보고하여야 한다.

4. 문서의 시행

1) 문서 시행의 의의

문서 시행이라 함은 내부적으로 성립한 기관의 의사를 외부로 표시하는 단계로서 문서의 효력을 발생하게 하는 절차를 말한다. 문서를 시행하기 위해서는 일반적으로 시행문의 작성, 관인 날인 또는 서명, 문서 발송 등의 절차를 거친다. 문서를 시행하는 방법으로는 발송(발신), 홈페이지 게시, 관보 게재, 고시 · 공고, 교부 등이 있다.

2) 문서 시행

(1) 문서의 발신(발송)

가) 발신(발송) 원칙

① 문서는 직접 처리하여야 할 기관에 발신한다. 다만, 필요한 경우에는 조직상의 계통에 따라 발신한다.

② 문서는 처리과에서 발송한다. 처리부서의 문서수발업무 담당자 또는 기안자는 발송할 문서와 문서(기록물)등록대장의 기재사항을 확인한 후 관인을 날인하여 발송한다.

③ 내용이 중요한 문서는 인편 · 등기우편 기타 발송사실을 증명할 수 있는 특수한 방법으로 발송하고, 우편 발송하는 때에는 사무용 봉투에 넣어 발송한다.

제5절 문서의 접수 및 처리

1. 문서의 접수

- 담당자는 접수된 문서에 접수인을 찍고, 기록물등록대장에 접수등록번호와 접수일시를 기재하여야 한다.
- 결재권자는 문서의 처리기한 및 처리방법을 지시할 수 있다.

2. 문서의 반송

- 처리부서는 문서부서로부터 그 소관에 속하지 아니하는 문서를 인계받은 때에는 곧바로 문서부서에 반송하여야 한다.
- 문서부서는 당해 문서를 즉시 재배부하되, 문서부서의 장이 지정하는 처리부서로 보내야 한다.

3. 접수문서의 공람

당해 문서가 다음의 공람대상에 해당될 경우 공람할 자의 범위를 정하여 공람한다.

- 결재권자로부터 처리지침을 받아야 할 필요가 있는 문서
- 민원문서
- 기관 간 또는 기관 내 보조(보좌)기관 간 업무협조에 관한 문서
- 접수문서 처리를 위하여 소관사항 등 형식적인 면 또는 법률 · 예산 등 내용적인 면에서 검토가 필요한 문서
- 그 밖에 직원의 신상(身上), 교육훈련 등과 관련하여 직원이 개별적으로 또는 전체적으로 알아야 할 필요가 있는 문서

제6절 문서의 보관 및 보존

문서의 '보관'이란 문서의 처리 완결 후 보존되기 전까지(문서를 생산한 연도 말까지) 소관부서 단위로 관리하는 것을 말한다. 문서의 '보존'이란 보관기간이 끝난 문서를 다음 연도 1월 1일부터 소정의 보존기간에 따라 관리하는 것을 말한다. 문서의 '이관'이란 보관기간이 끝난 문서 중에서 보존의 필요가 있는 것을 보존 주관부서에 인계하는 것을 말한다.

보존유형	해당문서
영구 보존문서	• 운영위원회의 심의를 거치는 중요 정책에 관한 문서 중 영구적으로 보존할 필요가 있는 문서 • 제 규정, 지침 관련문서 중 공포 원본문서 • 대규모 예산이 투입되는 사업의 기본계획에 관한 문서 및 도면과 그에 대한 추진 실적, 그리고 심사분석보고 문서 • 역사적 의미가 있는 특별한 기념행사나 의전행사에 관한 문서(연례적으로 반복되는 일반적인 기념행사 또는 의전행사에 관한 문서는 제외) • 역사적 가치가 있는 간행물의 원본문서 • 각종 인 · 허가 및 면허 등에 관한 원본문서 • 이용자 차트 및 관련대장 • 주요 대외홍보자료
10년 보존문서	• 사업계획, 평가, 조사연구, 도서출판 및 보고문서로서 6년 이상 10년 이하의 기간 동안 보존이 필요한 문서 • 예산, 결산 및 회계 관계 증빙문서 • 각종 위원회의 회의에 관한 사항 중 6년 이상 10년 이하의 보존이 필요한 문서 • 장단기발전계획 수립을 위한 중요 연구, 검토 문서 • 역사적 활용가치가 높은 분야별 주요 통계 • 기타 업무수행에 참고하거나 사실증명을 위해 6년 이상 10년 이하의 기간 동안 보존이 필요한 문서
5년 보존문서	• 각종 감사관계 문서 • 사업 시행문서 • 직원의 연구관계 문서 • 기타 업무에 참고하거나 사실증명을 위해 3년 이상 5년 이하의 기간 동안 보존할 필요가 있는 문서

보존유형	해당문서
3년 보존문서	• 각종 증명서 발급관계 문서 • 단기적 업무계획관계 문서 • 1년 이상 3년 이하의 기간 동안 보존할 필요가 있는 문서
1년 보존문서	• 1일 명령, 회람자료 등 관내 단순 업무에 관한 문서 • 부서 간의 단순한 자료요구, 업무연락, 통보 등에 관한 문서 • 기타 1년 이상 보존할 필요가 없는 단순 · 경미한 내용의 문서

제7절 업무의 전자화

보건복지부 「사회복지시설 관리안내」 지침에 따라, 보건복지부 소관 사회복지시설 및 사회복지법인(사회복지시설을 설치 · 운영하는 법인 또는 국가나 지방자치단체로부터 보조금을 받는 법인)은 보조금 신청 등 관련 업무를 사회서비스정보시스템(희망이음)을 활용하여 처리해야 한다.

1. 사회서비스정보시스템(희망이음)

사회서비스정보시스템(희망이음, www.ssis.go.kr)은 전자정부 로드맵 사업의 일환으로 「사회복지사업법」 제6조의2에 의거하여 보건복지부에서 구축한 사회복지법인 및 시설 업무용 시스템이다. 사회서비스정보시스템(희망이음)은 다음 목적을 달성하고자 구축되었다.

① 사회복지시설 정보화 기반 조성

② 회계의 투명성 제고

③ 시설관리 업무의 간소화 및 표준화

④ 사회복지정책 기초자료 확보

2. 주요 기능

1) 회계

① 전표의 입 · 출력, 검색, 보고서 출력

② 거래내역관리(지출결의서, 수입결의서 등)

③ 예산관리 및 예산실적 · 잔액관리

2) 인사 · 급여 · 자산관리

① 임 · 직원의 인사관리, 근태관리

② 임 · 직원의 급여관리, 퇴직적립금관리

③ 비품, 소모품 등 자산관리

3) 세무

① 원천세관리

② 사업소득, 기타소득 관리

③ 각종 세무자료 출력 지원

4) 후원관리

① 후원자 등록, 후원금 입력, 영수증 발행 등

② 후원자 및 결연자 정보관리

③ 후원금 입금 · 지급관리 및 CMS

5) 이력

① 서비스 종별 서비스 이력관리 기능

② 생활자(이용자) 등록, 검색, 입 · 퇴소의 정보관리 등

③ 대상자관리, 상담관리, 일지관리, 프로그램관리, 급식관리 등의 상세 정보 관리

6) 시·군·구 보고

① 사회복지시설 소관 시 · 군 · 구로 문서 보고

② 사회복지시설 보조금 · 교부금 신청 및 정산 보고, 정기 · 수시 보고

③ 예산서, 추경예산서 작성 및 세입 · 세출 결산 보고 등

제9장

자원개발:
후원 및 자원봉사

제1절 사회복지 자원개발의 의의

1. 사회복지시설의 자원

1) 사회복지 자원의 개념규정

자원이란 인간생활 및 경제생산에 이용되는 원료로서의 자연자원이나 물적 자원, 노동력이나 기술 등 인적 · 문화적 자원 등을 통틀어 이르는 말이다. 그렇다면, 사회복지 자원이란 사회복지가 추구하는 목표 상태에 도달하는 데 필요한 일체를 말한다고 볼 수 있다. 핀커스와 미나한은 사회복지 자원이란 인간이 생활을 유지하고 성장과 발달을 지속하는 데 필요한 재화와 서비스를 제공하는 사람, 그리고 사회제도라고 규정하고 있다. 이러한 점에서 사회복지 자원이란 시설이나 설비, 자금이나 물자, 개인이나 집단이 갖는 지식이나 기능 등을 총칭하는 것이라 할 수 있다.

2) 사회복지 자원의 종류

(1) 공급주체에 따른 분류

전통적인 자원 분류방법으로는 공급주체에 따라 공공(공식적) 자원과 민간(비공식적) 자원으로 나눌 수 있다. 공공 혹은 공식적 자원은 국가 및 지방자치단체가 주체가 되어 제공하는 급여와 서비스로서, 대체로 지역주민들의 정형화된 욕구에 대처하는 자원이다. 대표적인 공공자원으로는 정부보조금이 있다.

민간 혹은 비공식적 자원은 가족 · 친척, 친구, 이웃, 그리고 자원봉사자들로부터 제공되는 자원이다. 이는 특별한 제한 없이 개별적 욕구를 충족하기에 보다 적합한 자원이라 할 수 있다. 대표적인 민간자원으로는 개인, 기업, 기관들로부터 확보하는 후원금(품)과 이용료가 있다.

(2) 자원의 내용에 따른 분류

가) 인적 자원

인적 자원이란 사람의 노동력을 자원으로 정의한다. 인적 자원 속에는 자원을 공급하는 후원자집단(donor), 자원을 서비스로 변환시키는 내부집단(staff), 이를 전달하는 집단(agent) 및 사용하는 집단(client)으로 구성된다.

나) 물적 자원

물적 자원이란 물질적 존재형태를 띠며 사회복지 대상자에게 도움이 되는 현금이나 현물을 의미한다. 현금으로는 정부보조금, 기업협찬금, 주민기부금, 그리고 서비스이용료 등이 있으며, 현물로는 후원자들이 사회복지기관에 제공하는 다양한 물품들이 있다.

다) 정보 자원

정보 자원이란 사회복지활동에서 획득·생성되어 체계적으로 축적, 가공, 전달, 활용되는 제반 지식과 자료 또는 메시지를 말한다. 최근에는 인터넷을 활용하여 다양한 정보들을 입수 또는 교환하고 있다. 정보 자원 속에는 복지욕구정보, 복지서비스정보, 복지전달체계정보, 복지지식정보 등이 있다.

라) 제도 자원

사회복지의 제도 자원이란 문화 자원 중에서 사회적으로 바람직할 것으로 판단되는 가치나 관습 등이 제도화되어 사회성을 가짐으로써 법률, 정책 등으로 규정되는 자원을 말한다.

마) 문화 자원

문화 자원이란 그 사회구성원들이 학습에 의하여 소속된 사회로부터 습득되고 전달받는 비제도화된 정서나 관습이라 할 수 있다. 이는 인적·물적 자원과는 달리 간접적이고 비가시적인 성격을 띠고 있다. 그런 점에서 인적·물적 자원을 확보하기 위한 매개적 자원의 특성을 갖는다.

〈표 9-1〉 활용 가능한 지역사회 자원의 소재

구분	가용자원
의료 · 보건	병의원, 한의원, 지역의사회, 지역약사회, 지역보건소, 정신건강증진센터 등
사회복지	종합사회복지관, 노인복지시설, 장애인복지시설, 아동 · 청소년복지시설, 건강가정지원센터, 노숙인시설 등
교육	초 · 중 · 고등학교, 대학, 교육지원청, 사회교육기관, 사설학원 등
행정	시 · 군 · 구청, 동주민센터, 기타 공공기관
자원봉사	자원봉사센터, 대한적십자봉사회, 종교 · 학교 봉사단체, 개별 봉사모임 등
종교	교회, 성당, 사찰 등
사회	각종 사교클럽(라이온스클럽 등), 건강관리협회, 각종 전문가협회 등
직업	고용노동부 지방노동관서, 직업훈련기관
언론	지방신문, 방송국(유 · 무선), 인터넷포털 등
법률	지방법원, 보호관찰소, 법률구조공단 등
정치조직	주요 정당의 지구당, 의회 등
주민단체	부녀회, 청년회, 자율방범대, 향우회, 장애인부모회 등
기업조직	지역사회 내 기업조직, 소상공인회 및 자영업자, 상공회의소
시민사회단체	참여연대, 경실련, YMCA, YWCA, 환경연합, 자유총연맹, 여성단체 등
기타	은행, 각종 연구소, 유통조직 등

출처: 엄미선 외(2009)에서 재작성.

2. 자원개발

1) 자원개발의 개념 및 필요성

자원개발이란 인적, 물적, 정보, 제도, 문화 자원 등을 보다 쓸모 있거나 향상된 상태로 변화시키는 행위를 말한다. 이때 자원개발 행위에는 ① 자원을 유용하게 만들거나(수자원개발, 국토개발 등), ② 지식이나 재능 따위를 발달하게 하거나(능력개발 등), ③ 새로운 물건을 만들거나 새로운 생각을 내어 놓는(신제품개발, 프로그램개발 등) 행위들이 포함된다.

사회복지 자원의 개발이란 사회복지의 목표를 달성하는 데 필요한 시설, 설비, 인력, 자금, 프로그램 등을 지역사회의 삶의 질 향상에 쓰일 수 있도록 발굴하고 유용하게 만드는 것을 의미한다.

사회복지 시설의 자원개발은 다음과 같은 이유에서 필요하다.

첫째, 자원개발은 사회복지시설의 부족한 재원을 보충하는 동시에 안정적인 재원을 확보한다. 증가하는 사회복지수요에 비하여 이를 수행할 공공 및 민간 자원은 턱없이 부족한 실정이다. 이를 보완하고 대체하는 것이 자원개발을 통한 후원금품의 확보이다.

둘째, 자원개발은 사회복지시설 운영의 자율성과 독립성을 보장할 수 있게 한다. 자원을 특정 원천에 지나치게 의존하는 것은 재원지원기관의 영향력에서 자유로울 수가 없다. 따라서, 자율성과 독립성을 확보하기 위해 사회복지시설은 자원을 다원화하고 독자적으로 사용할 수 있어야 한다.

셋째, 자원개발은 신규 프로그램 개발 및 지속적 운영을 가능하게 해 준다. 사회복지시설이 다양한 프로그램들을 개발하고 그것을 지속적으로 운영하기 위하여서는 자원개발을 통한 안정적인 재원 확보가 무엇보다도 중요하다.

넷째, 자원개발은 지역사회의 관심을 유도하고 지지 확보가 가능해진다. 지역사회에서 자원개발이라는 과정을 통해 주민들과의 다양한 접촉과 네트워크 구축이 이루어지는데, 이를 통해 지역사회의 사회복지시설에 대한 관심을 유도하고 지지를 확보하게 함으로써 지속가능성을 담보해 준다.

다섯째, 자원개발은 사회복지시설 및 프로그램의 홍보효과를 극대화한다. 기관이 수행하는 다양한 사업과 프로그램을 지역주민들에게 홍보하고 이에 소요되는 자원을 확보해 준다.

여섯째, 자원개발은 사회복지시설 직원들의 자부심과 자신감, 안도감에 기여한다. 자원개발을 통해 시설 직원들이 지역사회의 일원으로 역할하고 문제를 해결할 때, 직원들은 자부심과 자신감, 조직에 대한 안도감을 가질 수 있다.

2) 사회복지 자원개발 시 고려사항

사회복지시설 자원개발에서 중요하게 고려하여야 할 것은 다음과 같다(엄미선 외, 2009).

첫째, 사회복지시설은 자원개발에 앞서 지역사회의 환경적인 요소를 적극 검토해야 한다. 시설이 위치하는 지역사회의 특성, 지리적 위치, 주민들의 사회 · 경제적 특성, 제도적 지원 등을 검토하고 자원개발 전략을 수립해야 한다.

둘째, 사회복지시설은 자원개발을 위하여 지역사회의 인적, 물적, 기관 등의 자원조사를 실시하여야 한다. 지역사회의 다양한 자원들을 사전에 파악하고 이를 목록화하여 관리하고, 활용할 수 있도록 준비해야 한다.

셋째, 사회복지시설은 지역 욕구에 기반한 자원개발을 하여야 한다. 지역사회의 자원은 지역이 갖고 있는 욕구와 연결될 때 개발이 용이하고 주민들의 참여를 유도할 수 있다.

넷째, 사회복지시설은 자원개발을 위해 기존 지역사회조직의 네트워크 자원을 충분히 활용하도록 한다. 지역사회에서 다양한 기능을 수행하는 조직들 간의 네트워크를 활용하여 이들이 보유하고 있는 자원을 공유할 수 있도록 한다.

다섯째, 자원을 인적, 물적, 정보, 제도, 문화 자원 등 내용과 분야에 따라 분류하도록 한다. 인적 자원은 전문분야와 일반분야로 나누어 분류하며, 물적 자원은 업체와 물품종류, 금액, 보관방법 등으로 나누어 분류한다.

여섯째, 자원의 종류와 양, 필요시기, 보관, 기부자 서비스 등 자원관리가 체계적으로 이루어져야 한다.

3) 사회복지 자원개발의 과정

지역욕구 파악 → 자원개발 목표 설정 및 계획 → 지역사회 자원 파악 → 자원의 목록화 → 활동의 평가, 보고

(1) 지역욕구 파악

지역사회가 필요로 하는 자원의 양과 목록 즉, 욕구를 파악한다. 어떠한 문제가 있는지, 그 문제의 원인은 무엇인지, 그리고 문제 해결을 위해 어떠한 대책이 필요한지를 파악하도록 한다.

(2) 자원개발 목표 설정 및 계획

자원개발이 어떤 계층의 어떠한 문제를 해결해 주고 그 결과로 지역사회에 어떠한 영향을 미치는지를 구체화하여야 한다. 특히 자원개발계획에는 필요한 소요예산 및 인력이 구체적으로 제시되어야 하며, 전 직원들이 공유할 수 있도록 한다.

(3) 지역사회 자원 파악

지역사회 내의 인적, 물적 자원을 파악한다. 특히 지역사회 내의 시설, 기관, 단체, 관계자, 지역 유지 등을 파악해 두고 법률 및 예산 등에 대해서도 지식과 이해를 가져야 한다.

(4) 자원의 목록화

지역에 산재해 있는 자원에 대한 정보와 그 접근성을 높이기 위하여 지역사회의 자원을 확인하고 목록화하여 도표로 만들고 지도를 작성한다. 이러한 자원 목록화는 자원을 어디서 어떻게 획득할 수 있는지를 쉽게 확인할 수 있도록 해 준다. 자원목록은 전화나 기관방문 혹은 비공식적 경로를 통해 작성하며, 자원의 특성, 접근방법, 제공기준, 접촉대상자 등의 목록사항을 개발하고 수정 · 보완하도록 한다.

〈참고〉 **자원 목록표(예시)**

서비스 영역	서비스 기관명	주소 · 연락처	주요 사업내용	서비스 자격요건	필요 서류	비용	주요 인물	서비스 장애요인
의료 및 물리치료 서비스	A병원	서울시 ○○구 ○○동	안과, 정형외과, 물리치료	의료보호 대상자, 의료보험	의료보호 혹은 의료 보험카드	의료보호 대상자 무료	홍길동 원무과장	

(5) 활동의 평가와 보고

자원을 활용한 후에는 평가를 실시하며, 평가의 결과를 환류하여 새로운 계획 수립과 실행과정에 반영하도록 한다.

제2절 후원개발

1. 후원

사회복지에 대한 욕구의 증대 및 다양화로 인해 각 시설들의 운영비는 증가가 요구되나 정부가 모든 부문을 지원하기에는 한계가 있으므로 사회복지시설들의 적극적인 민간자원 확보가 불가피하다. 대상자들의 욕구에 맞게 사업을 원활하게 진행하기 위해서는 사회복지시설의 민간자원개발 및 동원을 위한 노력, 특히 후원개발이 중요하다.

후원이란 상업적인 목적이나 금전을 매개로 하지 않은 도움을 줄 때 쓰이는 말이다. 사회복지사업법에서 후원금은 아무런 대가없이 무상으로 받은 금품이나 그 밖의 자산을 말한다(「사회복지사업법」 제45조). 모금이란 받는 사람의 입장, 기부는 주는 사람의 입장에서 후원하는 행위를 말한다.

현행법상 후원금의 모금과 관련하여 사회복지기관이 적극적으로 모금활동을 할 수는 없다. 다만, 「사회복지사업법」 제45조에 사회복지법인이 무상으로 금품을 받을 경우 투명하게 관리하도록 규정하고 있을 뿐이다. 또한 「기부금품의 모집 및 사용에 관한 법률」 제5조에 의하면 국가 또는 지방자치단체 및 소속기관과 그 공무원은 후원금을 모집할 수 없도록 규정하고 있어, 이를 유추해석하면 사회복지법인과 개인 및 단체의 경우는 타인으로부터 자발적 후원을 받을 수 있다고 볼 수 있다.

그러나 사회복지법인 등이 타인으로부터 후원을 받을 경우, 후원자의 입장에서 보면 금품을 증여하는 것으로 볼 수 있으므로 이에 대해서는 증여세법, 소득세법 등이 정하는 바에 따라 세금을 납부하여야 한다. 다만, 사회복지사업법에 의한 사회복지법인에 후원하는 경우 손금처리할 수 있도록 규정하고 있다.

2. 후원개발

후원개발이 전문적인 기술로 인정되면서 도입된 것이 마케팅 이론이다. 과거처럼 구걸이나 수금이 아니라 전략적인 계획과 시장조사, 욕구분석 그리고 목표 설정 등 마케팅 방법을 적용하는 것은 물론, 시장의 변화와 급속한 정보통신기술 발달에 따른 모금방법을 개발하는 시대가 되었다.

1) 후원개발 마케팅 과정

후원개발 마케팅 과정은 다음과 같다.

시설환경 분석 → 마케팅 조사 → 마케팅 목표 설정 → 시장 분석 → 마케팅 도구설정 → 마케팅 실행 → 마케팅 평가

(1) 시설환경 분석

마케팅의 시작은 시설 및 시설이 속한 환경에 대한 분석이다.

시설환경 분석은 SWOT분석을 활용하며 우리가 가지고 있는 자원은 무엇인지를 보다 객관적으로 아는 것에 중점을 둔다. (SWOT분석에 관해서는 제12장 전략기획 참조)

(2) 마케팅조사

마케팅조사는 사회복지시설에서 잠재적 후원자와 그들이 원하는 것을 찾아내는 것이다. 그들이 후원하기를 원하는가(who)? 무슨 분야를 후원하기를 원하는가(what)? 언제 후원하기를 바라는가(when)? 어디서 후원하기를 바라는가(where)?

어떤 방식으로 후원하기를 원하는가(how)? 그들은 왜 우리 시설에 후원하려는가(why)? 등을 파악하고 분석하는 과정이다(5W 1H).

(3) 마케팅 목표 설정

마케팅 목표 설정은 정확한 문제 진술, 표적 집단의 성격과 규모, 시설의 정책, 자원 동원 등에 의해 그 범위와 방향이 정해진다. 목표를 설정할 때에는 구체적이고, 측정가능하며, 달성가능하고, 결과지향적이며, 시간적 한계를 갖도록 제시되어야 한다(SMART).

후원개발 목표 설정 방법은 증액목표, 요구접근법, 기회접근법이 있다. 증액목표는 조직은 작년의 기부총액에다 경제상황과 물가상승률을 고려해 증가 혹은 감소 목표로 조정한다. 요구접근법은 조직 자체의 요구를 검토하고 그 요구를 토대로 목표를 설정한다. 기회접근법은 조직이 여러 기부자로부터 얼마만큼의 기부금을 모을 수 있을 것인가를 평가한 뒤 비용과 수입(모금총액) 간의 차가 최대가 되도록 목표를 설정한다.

위의 세 가지 접근법 중에서 기회접근법이 가장 합리적이다. 비영리조직은 모금 목표를 설정한 후 핵심적인 마케팅 전략을 구축해야 하는데, 먼저 기부자에게 조직의 활동상황을 설명할 방법을 결정해야 한다.

(4) 시장분석

시장분석은 최대한의 후원을 이끌어 내기 위한 전략이다. 시장세분화와 표적시장선정 및 시장포지셔닝으로 구성된다.

가) 시장세분화

시장세분화란 시장을 다양한 부문으로 나누어 거기에 적합한 전략으로 마케팅하는 작업이다.

이같은 시장세분화를 통하여 후원자의 욕구에 따라 정확한 시장을 찾아 주고, 사회복지시설이 시장 욕구에 대처할 능력을 강화할 수 있다. 또한 효과적으로 시장 자원을 할당해 주며, 경쟁기관들의 강점과 약점을 올바르게 파악할 수 있도록 해 준다. 그리고 보다 정확한 서비스 이용 목표를 세우도록 도와준다.

나) 표적시장 선정

시장세분화의 각각의 매력을 평가하고, 하나 이상의 세분화를 선택한다. 시설이나 마케팅 목적과 일치하는지, 특정 세분시장을 공략할 기술이나 자원이 있는지, 세분시장이 적정한 규모와 성장을 유지하는지, 수익성 여부를 평가하여 선택한다.

다) 시장 포지셔닝

경쟁되는 상품과의 비교에서 한 상품이 소비자의 마음에 명확히 구별되게 이미지를 형성한다. 고객은 누구이며(표적시장), 그들에게 어떤 이미지를(서비스개념), 어떤 방법으로 심으려는지를 이 과정에서 파악한다.

(5) 마케팅 도구설정

마케팅을 수행하기 위한 적절한 방법을 설정하는 과정이며 그 종류와 방법은 다음과 같다.

첫째, DM(Direct Mail)은 편지로 기부를 요청하는 것으로 발송대상자 리스트를 작성하는 것이 중요하다.

둘째, 미디어 후원개발은 TV와 신문, 라디오와 잡지 등 미디어 매체를 통해서 기부자들에게 직접적으로 호소하게 된다.

셋째, 전화 후원개발은 표적 고객을 대상으로 개발하고, 후원 중단을 미연에 방지하며, 다른 후원 개발 방법의 지원 수단 역할을 하는 촉진과 고객에게 만족을 주는 서비스로 이루어진다.

넷째, 컴퓨터 및 모바일 앱 이용 방법이다. 인터넷 모금방법은 모금비용이 저렴하며, 모바일 앱은 사용이 간편하다는 장점이 있다.

그 밖에도 해피빈과 같은 통신회사의 온라인 모금서비스를 이용하는 방법과 인터넷 홈페이지를 개설하는 방법이 있다.

다섯째, CRM(Customer Relationship Management: 고객관계관리) 방법으로 고객의 정보를 어떻게 관리하는가가 핵심이다. 고객 통합 데이터베이스를 구축하고, 구축된 데이터베이스로 고객특성을 분석하고 고객 개개인의 행동을 예측해 다양한 마케팅 채널과 연계한다.

(6) 마케팅 실행

마케팅 실행은 마케팅 목표를 달성하기 위해 마케팅기획을 활동으로 옮기는 과정이다. 기획이 어떤 활동을 왜 하는가에 관한 것이라면, 실행(집행)은 누가, 어디에서, 언제, 어떻게 하는가에 관한 것이다.

(7) 마케팅 평가

마케팅 평가는 기부행위 발생에 대한 종합적인 평가와 더불어 새로운 시설 외부환경에 대한 분석으로 연계되는 과정이다. 평가는 다음의 영역에서 이루어진다.

① 목표의 성취율
② 후원금(품)의 구성: 기부자 수에 대한 평가, 평균 기부 규모
③ 시장 점유율
④ 비용 대 공헌 비율: 10~20% 정도의 비용이 바람직함

3. 후원관리

후원관리란 후원에 참여하게 된 후원자가 계속 후원사업에 관심을 가지고 활동할 수 있도록 도와주는 제반 행위를 말한다. 따라서, 후원관리의 궁극적인 목적은 종결 후원자를 최소화하는 데 있으며 이를 위해 후원자들의 욕구와 필요가 무엇인지를 파악하고 후원자의 만족도에 영향을 미칠 수 있는 모든 활동을 통합 조정하여 후원자로 하여금 보람을 느끼게 하고 그 만족감을 계속 유지함으로써 관계를 지속시키도록 하여야 한다.

1) 후원관리의 원칙

후원관리에서 중요한 것은 후원자에 관한 정확한 정보관리와 체계적인 서비스 시스템을 구축하는 것이다. 이러한 관리에서 지켜져야 할 원칙은 다음과 같다.

첫째, 시설의 관점이 아니라 후원자의 욕구, 반응, 동기 등을 고려하여야 한다.

둘째, 후원자에 관한 정보의 수정 · 보완이 신속하고 정확하게 이루어져야 한다.

셋째, 후원자 관리는 집단차원이 아니라 후원자 개개인의 특성에 따라 차별하여 관리해야 한다.

넷째, 후원자 서비스는 체계적인 시스템을 통하여 이루어져야 한다.

2) 후원관리의 유의점

① 모든 직원에게 후원관리 서비스 교육을 실시한다.

② 후원자의 특성과 기부능력에 따른 맞춤형 서비스를 실시한다.

③ 후원자의 기여에 따른 인센티브제를 도입한다.

④ 후원관리를 위한 데이터베이스 구축과 전산관리 프로그램을 개발한다.

⑤ 후원자에 대한 정기적인 만족도 조사와 서비스 제공을 실시한다.

〈표 9-2〉 **모금단체의 후원관리 사례**

어린이재단	전산시스템 개발(기부 자유), 후원자들에게 웹진 또는 사업안내서 발송
한국기아대책기구	후원자관리 전산프로그램 운영, 고액후원자 별도관리, 회보 · 영수증 발송, 감사 · 후원독려전화, 결연후원자에게 아동성장보고서 · 서신교환, 후원이벤트 참여
굿네이버스	지속적인 자료 송부, 새로운 제안서 송부(관심유도 및 연락)
사회복지공동모금회	웹진 · 소식지 발송, 외부평가 시스템 도입, 일정한 기준(금액 · 단체)으로 구분하여 기부자 예우 프로그램
한국여성재단	기업의 지정기탁사업에 대한 사후관리 철저(지속성 유지)
아이들과 미래	사업파트너와 정기적인 자체평가실시, 웹진 · 연차보고서 발송, 감사편지, 후원의 밤 등 행사초청, 기부자 유형별 DB세부화, 기부금액에 따라 등급 차등화(감사패, 감사문, 공연티켓 지원 등)

3) 후원 기업의 개발과 관리

(1) 치밀한 사전계획을 수립한다

기업을 통한 자원개발과정은 대개 대상기업을 선정하고 제안서를 작성하여 기업에 프로포절을 제출한다. 기업에서 제안서가 선정되면 이를 바탕으로 기업의 기부 여부가 결정되며, 마지막으로 사업계획 통보가 이루어진다.

이를 위해 먼저 무엇을 할 것인지를 결정하고, 접촉 가능한 기업의 리스트 작업에 들어간다. 기업의 경영전략, 영업성과, 사주의 경영철학, 공익사업의 역사, 외부평판 등 다양한 정보를 검토한다. 공익사업 담당자를 접촉해서 자신을 소개하고 회사의 공익사업 지원에 대한 전반적인 정보에 대해 문의한다. 만일 사업에 관심을 가지고 있다면 정보를 제공하고 설명할 수 있는 기회를 요청한다. 이때는 실무자급과 임원급의 공동작업이 효과적이다. 기업을 선정할 때 기존에 기부금을 내고 있거나 사회공헌활동에 관심이 많은 곳을 파악한다. 또한 수익이 높은 기업, TV광고 노출이 많은 기업도 대상이 될 수 있다.

(2) 후원기업을 확보하고 지속적으로 관리한다

후원기업이 결정되면 기관 후원사업에 직접 참여할 수 있는 기회를 제공하고 지속적인 관리를 해야 한다.

(3) 지역 언론매체를 통해 기업의 후원활동을 지역사회 내에 홍보한다

후원기업의 활동을 지역사회 내 언론매체에 지속적으로 홍보함으로써 기업의 후원동기와 활동을 강화시켜야 한다.

4) 후원금 관리

법인의 대표이사와 시설장은 후원금의 수입 및 지출내용을 공개하여야 하며, 그 관리의 명확성이 확보되도록 하여야 한다. 특히, 후원금 관리에 관련된 사항은 「사회복지법인 및 사회복지시설 재무 · 회계 규칙」 제4장의 2(후원금의 관리)의 규정에 따라 엄격히 처리하여야 하며, 업무절차는 다음과 같다.

[그림 9-1] **후원금 관리절차**

출처: 대구광역시(2012). 사회복지시설 운영매뉴얼(회계분야), p. 253.

(1) 후원금 전용계좌 개설

모든 후원금의 수입 및 지출은 후원금 전용계좌 등을 통하여 처리하여야 한다. 다만, 물품형태의 후원금은 그러하지 아니하다. 이 경우 각각의 법인 및 시설별로 후원금 전용계좌를 구분하여 사용하고, 이를 후원자에게 안내하여야 한다. 금융기관 또는 체신관서의 계좌입금을 통하여 후원금을 받을 때에는 법인의 명의 또는 시설의 명칭이 부기된 시설장 명의의 계좌를 개설하여 사용해야 한다. 필요시에는 시설당 두 개 이상의 복수통장 사용이 가능하며, 후원금 전용계좌는 사회서비스정보시스템(희망이음) 또는 공문으로 사전 신고하여야 한다.

(2) 후원금의 시설회계 예산 편성

사회복지시설에 들어오는 정부보조금, 법인전입금, 이용료 등과 함께 후원금도 예산에 편성해야 한다(「사회복지법인 및 사회복지시설 재무 · 회계 규칙」 제41조의7 제3항). 사회복지시설의 예산 편성 시 지정 후원금 또는 비지정 후원금 항목에 수입 예상금액을 작성한다.

(3) 후원자 정보관리

후원자와 관련된 정보를 관련 서류 및 사회서비스정보시스템(희망이음)에 입력하여 관리한다.

(4) 후원금(품) 입금 · 입고 관리

가) 후원금 입금관리

후원자가 후원금을 입금 또는 납부한 즉시 관련 서류 및 사회서비스정보시스템(희망이음)을 이용하여 입금내역을 입력하여 관리한다.

후원금 수입처리는 통장으로 입금하는 것이 원칙이나, 현금으로 직접 납입한 경우 그다음 날까지 금융기관에 예입(입금)하여야 한다.

Tip 지정 후원금과 비지정 후원금

- 지정 후원금: 후원자가 사전에 후원금의 용도를 지정한 후원금
- 지정 후원금의 예
  - 결연후원금: 후원자가 특정 대상자 또는 특정 분야에 사용하여 줄 것을 사전에 지정하고 후원하는 금액(결연후원금, 기타 물품구매를 위해 지정한 후원금 등)
  - 민간단체 후원금: 사회복지공동모금회(중앙회, 각 시도지회), 삼성복지재단, LG복지재단, 아산복지재단 등의 프로포절을 통해 획득한 후원금과 민간단체에서 시행하는 대다수의 지원사업 등

- 비지정 후원금: 후원자가 사용용도를 지정하지 않은 것으로 지정 후원금 이외의 후원금이다. 흔히 일반후원금을 가리킨다. 사용용도가 지정되지 않았다고 해서, 무원칙하게 사용할 수는 없다.
- 비지정 후원금의 사용제한
  - 비지정 후원금은 시설의 운영비로 사용하되, 간접비에 사용하는 비율은 50%를 초과하지 못함

출처: 보건복지부(2025). 2025년 사회복지법인 관리안내, p. 148.

나) 후원품 입고관리

후원자가 후원품을 기부한 즉시 관련 서류 및 사회서비스정보시스템(희망이음)을 이용하여 입고내역을 입력하여 관리한다.

(5) 후원금(품) 사용

가) 후원금 사용

후원금에서 지출해야 할 경우 필요한 금액만큼 지출하여야 한다. 후원금을 사용할 때는 관련 서류 또는 사회서비스정보시스템(희망이음)을 활용하여 출금내역을 관리한다. 또한 사용용도에 따라 지정 후원금에서 지출해야 하는지, 비지정 후원금에서 지출해야 하는지 정확히 구분해야 한다.

지정 후원금은 후원자가 지정한 사용용도 외의 용도로 사용하지 못한다. 다만, 지정 후원금의 15%는 후원금 모집, 관리, 운영, 사용, 결과 보고 등에 필요한 비용으로 사용이 가능하다. 반면, 비지정 후원금은 사업비 및 시설 운영비로 사용하되, 간접비로 사용하는 비율은 50%를 초과하지 못한다. 간접비 사용 비율 50%는 해당 연도 후원금 수입금액이 아닌, 지출금액을 기준으로 한다.

간접비로 사용하더라도 업무추진비(기관운영비, 직책보조비, 회의비), 법인회계전출금, 부채상환금, 잡지출, 예비비, 자산취득비로는 사용이 금지된다. 다만, 자산취득비는 토지와 건물을 제외하고 시설운영에 필요한 집기, 장비 등은 구입이 가능하다.

나) 후원품 사용

후원자가 물품을 후원할 경우 시설에서는 반드시 사회서비스정보시스템(희망이음)을 활용 접수대장에 기입을 하여야 한다. 시설에서 후원물품을 사용하고자 하는 경우는 사용(배분)계획을 수립하고 반드시 사용(배분)대장에 작성을 하여야 하며, 후원물품을 지급한 개인, 단체의 날인을 받아야 한다.

(6) 후원금 영수증 발급

가) 후원금 영수증 교부

시설장은 후원금(품)을 받은 때에는 「소득세법」에 따른 기부금 영수증 서식 또는 「법인세법」에 따른 기부금 영수증 서식에 따라 후원금 영수증을 발급하여야 하며, 영수증 발급목록을 별도의 장부로 작성 비치하여야 한다(「사회복지법인 및 사회복지시설 재무 · 회계 규칙」 제41조의 4 제1항). 다만, 금융기관 또는 체신관서의 계좌입금을 통하여 후원금을 받은 경우, 후원자가 영수증 발급을 원하는 경우를 제외하고는 제1항에 따른 영수증의 발급을 생략할 수 있다.

회계연도가 종료된 후 시설에서는 후원자에게 연말정산용 기부금 영수증을 발급하여야 한다(사회서비스정보시스템[희망이음] 활용).

〈표 9-3〉 **후원금 영수증 발급대장(예시)**

연번	일시	후원자(법인)	후원금 유형 및 금액		지정 후원금 용도	비고
			지정	비지정		
1	2025. 3. 25.	ㅇㅇㅇ법인	500,000원		아동급식지원	
2	2025. 3. 30.	ㅇㅇㅇ		100,000원		

(7) 후원금(품) 수입 및 사용결과 보고

가) 후원금(품) 수입 및 사용결과 보고서 제출

법인 대표이사와 시설장은 관할 시 · 군 · 구청장에게 결산보고서를 제출할 때 후원금 수입 및 사용결과 보고서를 함께 제출하여야 한다. 이 경우 반드시 전자파일(사회서비스정보시스템[희망이음]에서 생성된)로 제출하여야 하며, 출력한 보고서도 추가 제출이 가능하다. 시 · 군 · 구청장은 제출받은 후원금 수입 및 사용결과 보고서를 제출받은 날로부터 20일 이내에 인터넷(시 · 군 · 구 홈페이지) 등을 통하여 3개월간 공개한다.

이때 같은 기간 동안 법인 대표이사와 시설장도 후원금 수입 및 사용결과 보고서를 법인 및 시설의 게시판과 인터넷 홈페이지에 공개하여야 한다. 단, 후원자

성명(법인명)은 공개하지 않는다. 「사회복지사업법」 제6조의2 제2항에 따른 정보시스템을 통하여 후원금 수입 및 사용결과 보고서를 제시하는 경우, 홈페이지에 공고한 것으로 갈음한다.

나) 후원금의 수입 및 사용내역 통보

시설장은 연 1회 이상 해당 후원금 수입 및 사용내역을 후원금을 낸 법인 · 단체 또는 개인에게 통보하여야 한다. 이 경우 시설이 발행하는 정기간행물 또는 홍보지 등을 이용하여 일괄 통보 가능하며 후원자 각각에게 개별 통보도 가능하다.

5) 후원개발 체계

후원자의 개발은 사회복지법인 및 시설의 담당 팀이 담당하지만 모든 사회복지사들은 후원자 개발에 적극 참여하여야 한다. 후원자 정보체계는 체계적 관리를 위하여 다음 사항을 포함한다.

〈표 9-4〉 **후원자정보체계**

후원자의 인적사항	개인별 후원현황	전체 후원자 수
· 후원자의 이름 · 생년월일 · 주소 이메일주소 전화번호 · 직업 · 성별 · 취미 · 종교 · 후원동기 · 후원금액	· 후원신청일 · 후원일 · 월별 후원액 · 후원금 누계액 · 최종미납일 · 복지관 자료발송 내용 소식지 지로용지 등	· 후원자 집단분석: 성별 나이 직업 후원동기 등 · 후원신청자 현황: 주/월/분기/년 단위 현황 · 후원액 현황: 월/분기/년 단위 현황 · 후원 지속기간별 분류

사회복지법인 및 시설은 개발된 후원자에 대해 중간 탈락 없이 효과적인 후원관리를 위해 다음 사항들을 수행하여야 한다.

첫째, 후원업무 전담직원을 배치하며 교육을 실시한다.

둘째, 감사서신 및 소식지 발송 이외에 후원 중단 방지를 위한 강화프로그램을 개발 · 시행한다. 예를 들면, 특별초청이나 수혜대상자의 변화상황 정보 제공 등이 있다.

셋째, 후원자들의 만족도 조사를 실시한다.

넷째, 후원자들 간의 자조조직을 구성하도록 하여 유대관계 형성 및 시설에 대한 소속감과 참여도를 지속적으로 자극한다.

제3절 자원봉사

1. 자원봉사의 의의와 필요성

1) 자원봉사의 개념

자원봉사란 말 그대로 '스스로 원해서 남을 돕는 활동'을 말하며, 여기에서 남이란 어려운 사람들 개개인이 될 수도 있고 사회복지시설이나 사회복지기관 및 단체 등도 될 수 있다.

2) 자원봉사의 효과

① 자존감과 지역사회에 대한 애정과 존중의 감정을 가져다주며 자아를 발달시킬 수 있다.

② 자원봉사 후 얻는 성취감으로 인해 자신감과 기쁨을 느끼게 된다.

③ 지역사회에서 가치 있는 존재로서 인정을 받게 되는 만족감을 얻게 된다.

④ 남에게 필요한 존재가 되며 능력을 인정받고자 하는 욕구를 충족시켜 준다.

⑤ 자원봉사를 위해 새로운 지식과 기술을 배울 수 있으며 자신의 능력 계발과 발전의 기회를 얻는다.

⑥ 인간관계를 넓히고 다양한 만남을 통해 새로운 지식, 정보, 취미를 얻을 수 있으며 의사소통의 훈련 기회를 가질 수 있다.

⑦ 사회의 다양한 측면을 볼 수 있으므로 신체적, 정신적, 정서적 건강을 지켜주고 건전한 삶의 목적을 제시해 준다.

2. 자원봉사자

1) 자원봉사자의 기본 소양

자원봉사자가 가져야 할 기본 소양으로는 기본자세와 기초지식이 있다. 기본자세로는 인간에 대한 사랑, 자신의 편견을 인정, 힘든 일을 극복하고 지식을 개발하는 노력과 자세 등이 있다.

기초지식으로는 기관에 대한 이해와 수칙 준수, 기관과의 명확한 계약, 시간 엄수 및 책임 완수, 단정한 옷차림과 몸가짐, 관심의 표현, 대화법의 개발 등 다양한 방면의 지식들을 필요로 한다.

기본자세	인간에 대한 사랑	자원봉사자의 관심의 대상은 사람이므로 먼저 사람을 좋아해야 한다.
	자신의 편견 인정	자신의 편견을 먼저 인정하고 이를 극복하기 위한 과제를 해결해 나가는 지혜를 가져야 한다.
	힘든 일의 극복	봉사활동에는 육체적 노동을 요하는 일이 많으므로 궂은일도 마다하지 않는 마음을 가져야 한다.
	지식의 개발	봉사활동에 관련된 지식을 계속적으로 개발하여 보다 전문적인 정보 제공을 할 수 있도록 준비한다.
기초지식	기관의 이해와 수칙 준수	기관의 목적, 연혁, 활동분야, 재정상태, 서비스의 대상자 등 기관에 관한 기초적 정보의 수집한다.
	기관과의 명확한 계약	기관과 계약을 명시하며, 적극적이며 긍정적인 자세로 자신의 업무에 대한 설명을 듣도록 노력한다.
	시간 엄수 및 책임 완수	자원봉사활동에 있어 책임감을 갖고 어떤 어려움에도 계속적으로 자원봉사활동에 임하겠다는 마음가짐이 필요하다.
	단정한 옷차림과 몸가짐	에티켓을 지킨다는 마음가짐으로 자원봉사자의 인상을 해칠 수 있는 모습 등은 지양해야 한다.
	관심의 표현	상대방에 대한 관심 표현을 위해 상대방을 칭찬하며 좋은 점을 지적하고 격려해 준다.
	대화법의 개발	대화는 짧게 요령 있게 하며, 주고받는 식이어야 한다. 처음 만난 사람과 자연스럽게 이야기하고, 가능한 한 존댓말 및 고운 말을 사용토록 한다.
	어려운 대상자의 구분	때로 감당하기 어려운 대상이 있을 경우에 기관의 담당자와의 상의를 통해 극복해 나간다.

2) 자원봉사자의 윤리 및 가치관

① 자원봉사자는 인간의 존엄성을 믿고 개인에게 관심을 가지며 관계를 맺음에 있어서도 존엄을 바탕으로 해야 한다.

② 인간은 상호 간의 책임을 느끼며 개인과 사회는 상호 간의 책임을 지고 보살펴야 할 사회적 연대 책임이 있다.

③ 인간은 자아실현 능력을 갖고 있으며, 개인의 자주성과 독립성을 인정해야 한다.

④ 모든 사람은 평등하고 존중을 받아야 한다.

⑤ 인간은 자신의 문제를 해결할 잠재능력을 갖고 있으며, 이러한 잠재력을 개발하여 자신의 문제를 해결하도록 해야 한다.

⑥ 비밀보장은 기본적인 인간행동의 원리에 기초를 두고 있다. 비밀을 누설하지 않는 것은 의무이며 타인의 사생활을 존경한다는 의미도 된다.

3. 자원봉사 관리

1) 자원봉사의 체계적 관리

지역사회의 유휴 자원을 효율적으로 활용하기 위해 자원봉사자의 능력 강화 및 지속적인 봉사활동이 유지되도록 체계적, 조직적, 지속적인 자원봉사활동의 관리가 필요하다. 이를 통해 사회복지사의 협력자로서 자원봉사자들은 대상자 및 지역사회를 위해 보다 폭넓고 높은 수준의 서비스를 제공할 수 있게 된다.

현재 자원봉사관련 전달체계로는 행정자치부에서 지원하는 광역시 · 도, 시 · 군 · 구의 자원봉사센터와 보건복지부에서 지원하는 사회복지협의회 각 시 · 도지회, 사회복지정보센터, 문화관광부에서 지원하는 시 · 도 청소년자원봉사센터, 여성가족부에서 지원하는 광역시 · 도, 시 · 군 · 구별 여성자원활동센터 등 다양한 자원봉사기관들이 운영되고 있다. 이처럼 자원봉사기관들을 총괄하는 기구가 부재하다.

자원봉사 활동 관련 법적 장치로는「자원봉사활동 기본법」이 있다. 이 법은 궁극적으로 주민 통합서비스 시스템 구축을 통한 복지, 문화, 체육, 기타 통합서비스 제공을 추진하고 있다.

자원봉사활동의 효과적 관리를 위해 자원봉사활동계획 및 업무의 설계, 모집, 교육 및 훈련, 배치, 평가, 인정과 승인 등의 연속된 과정을 제대로 행하여야 한다.

2) 자원봉사 관리체계

(1) 자원봉사자 모집

사회복지시설에서 필요로 하는 자원봉사자를 발굴, 확보하기 위해서는 모집의 목적, 대상, 구체적인 모집방법, 시기 등 모집에 대한 계획이 사전에 명확하게 수립되어 있어야 한다. 이 계획에 따라 언제나, 어디서나, 누구나 자원봉사활동의 기회를 발견할 수 있도록 공식적인 채널(신문, 현수막, 텔레비전 등)을 적극 활용하여 정보를 제공해야 한다.

〈표 9-5〉 자원봉사자 모집 방식

모집방식	내용
대중적 모집	여러 사람을 동시에 모집
개별적 모집	특정 대상과 범위를 정하여 모집
자기 모집	스스로 강한 동기를 가지고 자원봉사에 참여
비공식적 모집	기존의 자원봉사자나 기관의 직원들을 통한 모집
일반적 모집	지역사회 내에서의 공공광고를 통한 모집
기관을 통한 모집	지역사회 내 자원봉사센터, 대학봉사단 등을 통한 모집
후원회조직을 활용한 모집	후원회조직에서 자원봉사활동을 활용한 모집

각 사회복지시설에서 유용하게 활용하고 있는 자원봉사자 개발 및 모집방법은 다음과 같다.

① 아파트단지의 부녀회 모임 등에 참석하여 자원봉사자에 관한 설명회를 갖는다.

② 기업체의 예비 정년퇴직자들을 대상으로 자원봉사활동에 대한 교육을 실시한다.

③ 지역 내 초 · 중 · 고, 대학교에 시설의 자원봉사활동에 대해 홍보한다.

④ 지역 내 종교기관을 찾아가 필요로 하는 자원봉사자 활동을 소개하고 홍보한다.

⑤ 현재 시설에서 활동하고 있는 자원봉사자들이 친구나 친지를 시설로 데려와 함께 봉사하는 특별 프로그램을 진행하며 자원봉사자 모집에 대한 홍보를 실시한다.

이상의 모집방식들은 각각의 특성에 따라 모집과정을 갖게 되지만, 일반적 모집의 경우 다음과 같은 과정을 자원봉사자를 거쳐 모집하게 된다.

목표 설정 ➡ 모집대상 설정 ➡ 홍보수단 설정 ➡ 홍보자료 제작 ➡ 모집활동 수행 ➡ 평가 및 조정

[그림 9-2] **자원봉사자 모집과정**

출처: 이금룡 외(2009). 노인자원봉사실천론, p.151.

- 1단계: 모집 목표 설정
  - 어떤 업무에 어떤 사람을 언제까지 몇 명을 모집하기를 원하는가?
- 2단계: 모집대상 설정
  - 누가 이 일을 하기 원하는가?
- 3단계: 홍보수단 설정
  - 어떤 방법이 그들을 자원봉사활동으로 이끌어 내기에 효과적인가?
- 4단계: 홍보자료 제작
  - 참가하는 사람의 동기, 지역사회의 요구, 업무내용, 혜택 중 어떤 부분을 강조하여 메시지를 전달할 것인가?

- 5단계: 모집활동 수행
  - 누가 어디서 어떻게 몇 번의 홍보활동을 할 것인가?
- 6단계: 평가 및 조정
  - 모집활동 전반에 대한 평가와 점검을 통해 모집계획을 조정한다.

자원봉사의 접근방법

자원봉사를 하고 싶거나 자원봉사자가 필요하다면 아래의 사이트를 이용하면 된다. 모두 실적이 연동되며 학기 중이나 방학 중에 봉사시간을 채워야 하는 청소년 및 대학생들에게 추천하는 방식이다.

- **VMS(사회복지 자원봉사인증관리)를 통한 방법**
  - 보건복지부 관할의 VMS에서도 자원봉사 등록관리와 정보 제공을 하고 있다.
- **1365를 통한 방법**
  - 행정자치부 산하의 1365자원봉사포털에서 자원봉사 안내전화를 운영하고 있다.
- **dovol(청소년 자원봉사시스템)을 통한 방법**
  - 여성가족부 산하의 dovol에서는 청소년들이 할 수 있는 자원봉사를 추천하고 있다.
- **각 지역의 동사무소를 이용하는 방법**
  - 동사무소에 자신이 하고 싶은 자원봉사의 유형을 설명하고 바로 등록한다.

(2) 자원봉사자 교육훈련

자원봉사자가 모집되면 다음으로 자원봉사자들을 대상으로 교육훈련을 실시한다. 교육훈련은 자원봉사활동에 대한 동기를 강화하고, 그 사회적 의미를 이해할 수 있도록 도와준다. 또한 자원봉사활동에 기술적으로나 심리적으로 적합하도록 준비시킨다.

교육에는 기관 소개 및 기본 소양교육과 심화교육으로 나누어 볼 수 있다.

첫째, 기관 소개는 기관의 목적과 비전, 역사, 기관의 조직과 주요 직원, 주요 프로그램 및 일정, 기관시설 이용에 대한 정보 제공(식당, 자원봉사자실, 휴게실 등)에 대하여 소개한다.

둘째, 기본 소양교육은 기관운영에 대한 이해, 대상자에 대한 이해와 봉사자로서 지켜야 할 예의 등이 포함된다. 또한 자원봉사에 대한 개괄적인 이론과 기관의 자원봉사 영역과 종류, 활동 기록 및 관리, 혜택, 교육 등의 자원봉사 활동과정의 설명을 교육한다.

셋째, 심화교육은 봉사활동에 참여하고 있는 자원봉사자를 대상으로 하는 재교육으로 봉사의식 및 전문성을 강화하기 위한 전문적인 교육프로그램을 진행한다. 활동 중인 자원봉사자들이 실질적으로 활동에 활용할 수 있는 교육과 봉사활동 중 겪었던 문제에 대해서 정보를 공유하는 것도 필요하다. 선임 자원봉사자들이 현장에서 경험한 사례발표 등도 좋은 심화교육 내용이 될 수 있다.

(3) 배치

교육훈련을 실시한 이후에 담당자는 자원봉사자와의 상담을 통해 동기, 능력, 욕구를 정확하게 파악해서 적절한 업무에 배치하는 것이 필요하다. 배치가 중요한 이유는 시설과 자원봉사자의 욕구가 적절히 고려될 때 최상의 서비스가 행해질 수 있기 때문이다.

담당자가 배치를 위한 상담을 할 때는 다음과 같은 사항을 미리 파악해 두어야 한다.

① 자원봉사활동 동기와 참여 경로
② 과거의 봉사활동 경험 등의 봉사관련 정보
③ 종교, 거주지역 등의 인적사항
④ 과거의 직업 및 현재 직업, 가능한 기술
⑤ 회당 활동내용, 활동 가능 시간 및 횟수 등 봉사활동 시 필요한 정보

자원봉사자를 적재적소에 배치하기 위해서는 팀별로 필요로 하는 자원봉사자에 대한 수요조사가 선행되어 있어야 한다. 배치를 위한 상담이 끝나면 각 부서별 수요조사 현황표를 토대로 자원봉사자에게 신청서를 받아 보관, 관리하게 된다. 신청서는 자원봉사 담당직원이 일괄 철하여 보관하며 사본은 배치부서의 담당자에게 자원봉사자에 대한 정보로 제공한다.

〈표 9-6〉 자원봉사 수요조사 현황표(예시)

○○○○년도 자원봉사자 수요조사(○월)

– 11월 자원봉사자 수요조사 11/13(월)~11/17(금) 진행합니다^^.

연번	담당부서	담당자	프로그램명	업무 (상세하게 입력해주세요!)	봉사일시 ex) X월 X일 XX시~XX시	모집인원	활동조건	비고
ex	*지역네트워크팀*	*홍길동*	*행정자원봉사*	*소식지 발송 작업*	*11월 1일 10시~14시*	*1*	*고등학생 이상*	중식요청
1	사례관리팀	홍00	준사례관리자	가정방문 및 행정업무	12월 ~	1	남자 / 사회복지전공자	
2	지역네트워크팀	강00	음악회	유아 돌봄 교실 운영	12월 1일 18:30~20:30	4	남녀/ 대학생 이상	
3								
4								
5								
6								
7								
8								
9								
10								

성수종합사회복지관 업무자료.

(4) 평가

평가는 자원봉사활동의 효과성과 적합성을 가늠하는 방법이며, 자원봉사자와 직원의 사기앙양을 위해서도 중요하다. 평가 시기는 프로그램 진행 도중, 혹은 종료 후 프로그램의 특성에 따라 매달, 매년, 또는 수시로 행해질 수 있다. 평가는 모니터링 또는 질문지법, 간담회 등의 방법을 활용한다. 일회성 봉사자 및 단기간 활동 봉사자의 경우에는 소감문 형태의 평가도 좋다. 간담회는 자원봉사자들의 의견을 수렴할 수 있고 시설의 소속감을 강화할 수 있는 효과가 있다.

(5) 동기부여 및 인센티브

자원봉사활동의 관리에서 지속성 유지는 중요하다. 일회성 봉사, 산발적인 봉사, 의무적인 봉사는 시설뿐만 아니라 대상자, 자원봉사자 모두에게 긍정적인 효과를 가져오지 못한다. 따라서 자원봉사자에게 활동에 대한 인정과 승인, 동기부여 및 인센티브를 제공하여 기관과 자원봉사자가 파트너임을 인식하도록 해야 한다. 현재 「자원봉사활동 기본법」 제12조에서는 이러한 점을 반영하여 포상제도를 두고 있다.

> 「자원봉사활동 기본법」 제12조(포상)
> 국가와 지방자치단체는 국가와 사회에 현저한 공로가 있는 자원봉사활동을 한 자원봉사자, 자원봉사단체, 자원봉사센터 등에 대하여 대통령령이 정하는 바에 따라 포상할 수 있다.

자원봉사자의 관리 및 동기부여 차원에서 포상에 대한 기준은 사회복지시설 내부지침으로 명시하여 작성해 두는 것이 좋다.

동기부여를 위해 매월 소식지를 통해 봉사자 체험수기 및 참가 현황을 소개하거나 활동일에 중식 제공, 우수봉사자에 대한 포상 등의 방법이 있다. 그 밖에도 무료진료, 상품권 지급, 프로그램 참여, 신문발송, 무료공연 관람, 자원봉사자들을 위한 행사, 나들이, 봉사자 간의 친교모임, 생일축하 카드발송 등을 활용한다.

자원봉사 활동에 대한 안전관리 차원에서 상해보험을 가입한다. 행정자치부에 따르면, 한국사회복지협의회에서 국고보조예산을 확보하여 1년 동안 8회 이상 자원봉사활동에 참여한 실적을 갖고 있는 참여자를 대상으로 보험에 가입하도록 지원하고 있다.

(6) 활동실적 기록 및 전산화

자원봉사자들의 활동기록과 전산화를 통해 체계적으로 관리를 하면 자원봉사자들의 실적 관리, 인센티브 관리, 포상 관리 등이 용이하다. 활동의 기록은 자원봉사활동일지에 자원봉사자들이 직접 기록하도록 하며, 이를 자원봉사 업무 담당자가 지속적으로 관리한다. 자원봉사일지는 개별 및 단체별로 파일을 만들어 비치해 놓으면 봉사자들이 활동 후 바로 작성할 수 있도록 한다.

자원봉사활동 실적 전산화는 각 사회복지기관별로 전산프로그램을 활용하기도 하지만, 보건복지부에서 한국사회복지협의회에 위탁 운영되고 있는 사회복지정보센터에 소속된 사회복지기관들은 '사회복지 자원봉사인증관리(www.vms.or.kr)'에 전산입력하여 활용하고 있다. 반면, 행정자치부 소관의 자원봉사센터에 소속한 사회복지기관은 '1365자원봉사포털(www.1365.go.kr)'을 활용하고 있다.

(7) 자원봉사자 사후관리

활동 중인 자원봉사자 관리 이외에도 중도 탈락자와 종결자에 대한 사후관리도 이루어져야 하며, 이로 인해 추후 활동의 연계도 가져올 수가 있다. 중도탈락자의 경우 담당자가 개별 상담을 실시하며 재교육을 통한 동기부여로 활동의 재배치를 한다. 또한 중도탈락에 대한 사유를 기록하여 그와 관련된 부분에 담당자는 지속적인 관심을 갖도록 한다. 활동 종결자에게는 감사의 편지와 함께 감사인사를 하며 기관의 소식지 등의 발송 및 자원봉사자 축제 등에 초청하며 지속적인 관리를 한다.

제10장

사회복지시설 정보화와 개인정보 보호

제1절 사회복지시설 정보화

최근 저출산 · 고령화, 노동시장과 가족구조의 변화, 그리고 경제위기 등으로 인해 다양한 사회문제가 발생하면서 사회서비스의 양적, 질적 확대가 요구되고 있다. 이러한 변화는 사회서비스의 전달체계도 이에 맞추어 변화할 수밖에 없는 상황을 만들고 결국 이를 지원하는 정보기술(IT)을 요구하고 있다. 정보기술(IT)은 사회서비스 업무처리의 효율성을 도모하고, 사회복지시설 및 기관 간 업무연계를 통한 인력, 비용절감 및 서비스의 지속성을 보장할 수 있으며, 사회복지와 관련된 각종 정보의 종합적인 생산 및 제공을 통해서 복지 향상에 기여하는 등 매우 복합적인 효과를 기대할 수 있기 때문이다(박영란 · 유태균, 1996).

1. 사회복지정보 및 정보화

1) 사회복지정보

사회복지정보란 복지활동에서 획득하고 생성되어 체계적으로 축적, 가공되고 전달, 활용되는 제반 지식이나 자료 또는 메시지로, 복지의 주체 및 객체의 의사결정이나 행동을 위하여 사용되는 의미 있는 내용이다.

사회복지조직의 요구 정보는 클라이언트의 인구학적 특성, 기관 이용 현황 등의 클라이언트 정보, 지역사회 주민과 클라이언트의 복지욕구 정보, 제공되는 서비스의 종류 및 내용, 질에 관한 것, 서비스의 이용 방법과 이용 시간, 담당자 등의 서비스 및 자원 정보, 처우 계획 및 실시 내용 등의 처우 정보, 사회복지사의 전문적 지식, 활용 가능한 기술 등의 기술 정보, 후원자 및 자원봉사자 활동, 이벤트와 강좌 등의 참가 정보, 조직 내 규칙 및 업무지침서 등의 규범 정보, 정부 시책, 행정 방침, 관련 정책과 제도의 변화 추이 등의 환경 정보, 조직의 재무, 인사, 문헌과 신문기사, 타 조직에 관한 사항 등의 관리 정보, 기타 사회복지 관련 정보인 기타 정보 등이 있다(신복기 외, 2009).

2) 사회복지 정보화

사회복지 정보화란 정보기술(IT)의 발전을 바탕으로 설정된 개념이다. 이는 사회복지와 관련된 정보를 교환하는 장이라고 할 수 있다. 사회서비스 전달에 있어서 정보화 시스템의 구축이 필요한 이유는 조직 간 연계 형성을 통해 자원 활용을 극대화함으로써 클라이언트의 복합적 욕구를 보다 효과적으로 충족할 수 있을 것이다(강창현, 2006).

사회복지 정보화의 접근 유형을 분류하면 〈표 10-1〉과 같다.

〈표 10-1〉 사회복지 정보화의 접근 유형

구분	기준	비고
사회복지 업무	· 정보 제공과 정보공유 중심의 정보화 · 임상업무 직접서비스 중심의 정보화 · 행정업무 지원 중심의 정보화	박영란 외(1996)
사회복지 정보의 종류	· 복지욕구의 정보화 · 복지서비스의 정보화 · 복지자원의 정보화 · 복지지식의 정보화 · 복지행정의 관리 정보화	김응철(1997)
사회복지서비스 주체	· 복지서비스 수요자를 위한 정보화 · 복지서비스 공급자를 위한 정보화 · 일반 시민들을 위한 정보화 · 정책 및 행정 담당자들을 위한 정보화 · 복지서비스 정보화 기반 조성	한국사회복지협의회(2001)
실질적 필요성	· 복지서비스 전달체계의 정보화 · 민간복지자원 동원체계의 정보화	김기훈 외(1996)
사회복지론적 정보시스템	· 복지행정 정보시스템 · 복지욕구 정보시스템 · 복지서비스 정보시스템	이성은(2007)
사회분야	· 복지서비스 분야 · 보건의료 분야 · 보건산업 분야 · 사회보험 분야	한국사회복지협의회(2008)

출처: 한철희 · 윤석철(2014). 사회복지시설정보시스템 활용정도가 사회복지기관 업무효율성에 미치는 영향. 대한회계학회 회계연구, 19(5), pp. 37~72.

2. 사회복지시설 정보화

사회복지시설 정보화는 사회복지시설의 고유 업무를 처리하기 위해 필요한 사회복지 업무의 정보화라고 정의할 수 있다(이연희 외, 2016).

따라서 사회복지시설 정보화는 조직관리, 교육, 정보공유 등 다양한 업무에 활용될 수 있다. 특히 사회서비스 공급자 입장에서 볼 때 사회복지 정보화는 클라이언트의 욕구에 보다 효과적으로 대응할 수 있으며, 복지서비스의 정보화는 서비스의 질과 생산성을 높이는 데 기여할 수 있고, 서비스의 이용률과 효과성을 높이기 위하여 필요하다.

3. 사회복지시설 정보화 시스템 실무

1) 사회복지시설 정보시스템 현황

사회복지시설의 정보화는 초기에는 일부 사회복지시설이 개별적으로 추진한 업무 전산화 사업을 통해 자체 개발한 정보시스템을 구축하고 운영하는 방식으로 시작되었다. 그러나 본격적인 정보화는 국가 차원의 사회복지 행정 전자화 정책의 일환으로 추진된 사회복지시설정보시스템 구축 및 운영을 계기로 확대되었다(이연희 외, 2016).

이후 해당 시스템은 2022년 9월부로 '사회서비스정보시스템(희망이음)'으로 통합되었다. 이에 따라 현재 사회복지시설의 정보시스템은 다음과 같이 크게 두 가지로 구분된다.

첫째, 사회보장정보원에서 운영 중인 '사회서비스정보시스템(희망이음)', 둘째, 민간기관에서 독자적으로 개발 · 보급한 자체 정보시스템이다.

(1) 사회서비스정보시스템(희망이음)

사회서비스정보시스템(희망이음)은 「사회보장급여의 이용 · 제공 및 수급권자 발굴에 관한 법률」 제24조의2에 근거하여 구축된 시스템으로, 사회서비스 제공기관의 업무를 전자화하고, 업무 수행에 필요한 정보를 통합 · 연계하여 처리 · 기록 · 관리하는 것을 목적으로 한다.

출처: 한국사회보장정보원 홈페이지(https://www.ssis.or.kr/images/renew2/contents/S1T754C775.png)

[그림 10-1] 사회서비스정보시스템 구성도

이 시스템은 사회복지시설의 정보화 기반을 마련하고, 회계의 투명성을 제고하며, 시설관리 업무의 간소화 및 표준화, 사회복지정책 수립을 위한 기초자료 확보 등을 주요 목표로 한다.

사회서비스정보시스템이 제공하는 주요 기능을 살펴보면 회계관리, 통합고객관리, 온라인 보고, 시설 유형별 사회복지서비스 이력관리, 민관 정보공유 및 협업, 유관기관 정보연계, 시설 이용(희망)자 대상 정보제공 등으로 구분할 수 있다.

가) 적용대상 시설

- 노인, 장애인, 지역자활센터, 노숙인, 아동, 사회복지관 등 보건복지부 소관 사회복지시설
- 사회복지 사업관련 다음 법률에 의해 신고(지정)한 사회복지시설 중 보건복지부 소관의 시설
  - 「사회복지사업법」
  - 「노인복지법」
  - 「아동복지법」
  - 「장애인복지법」
  - 「정신건강증진 및 정신질환자 복지서비스 지원에 관한 법률」
  - 「국민기초생활보장법」
  - 「농어촌주민의 보건복지 증진을 위한 특별법」
  - 「노숙인 등의 복지 및 자립지원에 관한 법률」

- 한부모가족, 성매매, 성폭력, 가정폭력시설 등 여성가족부 소관시설은 별도 지침에 따른다.
- 다만, 어린이 집, 경로당, 노인교실 등은 대상 시설에서 제외된다.

(2) 사회복지시설 자체 개발 정보시스템

일부 사회복지시설에서는 사회복지시설정보시스템 구축 이전부터 개별적으로 시설의 업무 처리를 위해 C/S방식 또는 Web방식으로 민간 업체가 개발 및 보급한 상용 소프트웨어를 구입하거나 자체 개발하여 사용하고 있다. 다만 자체 개발 정보시스템을 사용하는 사회복지시설은 사회복지시설 업무의 전자화 시책에 따라 표준연계모듈을 통해 사회복지 정보시스템과 자체 개발 정보시스템을 연계하여 온라인 보고 정보 등을 원활히 전송할 수 있도록 하고 있다.

민간 업체에서 개발 및 보급한 대표적인 자체 개발 정보시스템으로는 (주)휴먼소프트웨어의 사회복지업무 관리, (주)진우정보시스템의 복지종합시스템, 엔컴(주)의 복지종합솔루션 등이 있다.

가) 휴먼소프트웨어의 사회복지 업무 관리 솔루션(SWM)

(주)휴먼소프트웨어의 사회복지 업무관리 솔루션은 1996년 대구 신당종합사회복지관 업무 전산화를 위해 개발되었던 종합사회복지관 업무관리 솔루션인 SWM(Social Work Management)을 기반으로 하여 1997년 국내 최초의 MS 윈도우 기반 'Peer-to-Peer Network'를 이용한 다중 사용자용 종합사회복지관 업무관리 솔루션이다. 사회복지업무관리가 제공하는 주요 기능을 살펴보면 〈표 10-2〉와 같다.

〈표 10-2〉 **휴먼소프트웨어의 SWM(사회복지업무관리) 주요 기능**

- 대상자(이용자)-자원봉사자-후원자를 한 프로그램에서 관리
- 대상자에 대한 복지서비스와 후원에 대한 수혜내역 관리
- 자원봉사 활동기록 · 자원봉사 활동확인서 출력
- 후원금 접수 · 후원금 영수증 및 연말정산에 필요한 후원금 납입증명서 자동 출력
- 다양한 변인 기준 진행상황 조회 및 통계화 등

출처: 휴먼소프트웨어 홈페이지(http://www.humansoftware.co.kr/sub1/doc2_1.asp?doc_subpage=1).

나) (주)진우정보시스템의 사회복지업무 전산 솔루션

(주)진우정보시스템의 사회복지업무 전산 솔루션은 사회복지 업무 전산시스템 중 가장 오래된 솔루션으로 사회복지관, 노인복지관, 노인전문요양시설, 노인시설, 장애인복지관, 장애인시설, 직업재활시설, 아동시설, 부랑인시설, 정신요양시설, 여성시설, 법인, 단체, 기타, 어린이집 등에서 사용이 가능하다. 이를 통해 사회복지시설의 회계관리, 인사관리, 급여관리, 자산관리(비품/소모품), 후원자 관리, CMS관리, 이용자관리, 생활인관리, 대상자관리, 자원봉사자관리, 상담관리 등 사회복지시설 공통 업무 및 개별 업무 처리를 위한 기능을 제공하고 있다. 그러나 2014년 해당업체의 사업 종료로 현재 해당 솔루션의 보급 및 확산은 더 이상 이루어지고 있지 않으며, 해당 솔루션에 대한 유지보수는 기술이전을 받은 엔컴(주)에서 지원하고 있다.

다) 엔컴(주)의 복지종합솔루션

최근 민간 업체의 사회복지시설 자체 개발 정보시스템 중 가장 활발히 보급되고 있는 솔루션은 엔컴(주)의 복지종합솔루션이다. 엔컴(주)의 복지종합솔루션의 주요 기능을 살펴보면 〈표 10-3〉과 같다.

〈표 10-3〉 엔컴(주)의 복지종합솔루션 주요 기능

구분	설명
회계 관리	사회복지기관의 예산, 전표, 결의서 등을 관리할 수 있는 회계 시스템
인사/급여	사회복지기관의 인사 및 급여, 연말정산, 교육훈련, 경력 관리
후원/CMS 관리	후원금 관리(개인별, 날짜별), 기부금 납입 증명서, CMS 자동출금 시스템
비품 관리	비품정보 관리
이용자 관리	사회복지기관 이용자에 대한 기본적인 정보관리 및 서비스 이력, 수납 관리
대상자 관리	재가서비스 등 수혜자에 대한 정보 및 서비스 관리
경로당 활성화	노인복지관에서 관리하는 경로당 활성화 사업 관리
재활치료	재활 및 치료 제공 서비스 관리
주 · 단기 시설 관리	주 · 단기 시설에 대한 입소자 및 서비스 관리
연계시스템	사회복지통합관리망과의 데이터 연계 서비스
SMS	대량 문자발송 서비스(후원자, 이용자 등)

출처: 엔컴 홈페이지(http://welfare.e-ncom.co.kr)

라) 비영리 협업툴[1)]서비스 활용

최근 들어 정보기술의 변화 중에서 가장 큰 화두는 클라우드 컴퓨팅 서비스이다. 클라우드 컴퓨팅 서비스가 갖는 이점은 여러 가지 측면에서 살펴 볼 수 있다(한국장애인복지관협회, 2015).

첫째, 행정의 온라인 업무처리로 신속한 업무수행 및 정보공유로 업무 중복수행을 방지하여 업무의 효율성과 책임성을 향상시키고, 업무의 원활한 협업이 가능하게 한다.

1) Collaboration Tool : 여러명의 사용자가 함께 언제 어디서든 파일공유 및 편집, 메시지 교환 등을 할 수 있도록 만든 사무용 프로그램

둘째, 다양한 전자게시판을 지원하여 시설 내의 중요 정보의 신속하고 효과적인 전달 및 직급별 담당자별 게시판으로 시설 내 친목 도모 및 조직 내 의사소통을 증대시킨다.

셋째, 행정비용의 절감과 정보 자원의 활용 효율성 증대, 정보공유를 위한 대규모의 자료저장과 다수의 직원들이 동시 접속이 가능하게 하여 필요한 업무를 시공간에 구분 없이 처리할 수 있도록 하여 궁극적으로 이용자의 편의성을 증대시키는 등의 장점을 가지는 것으로 나타나고 있다.

이러한 클라우드 컴퓨팅을 기반으로 한 협업툴 서비스로는 구글앱스(Google Apps)와 오피스 365(Office 365) 등이 있다.

① 구글 앱스 비영리단체용

구글앱스 비영리단체용(Google Apps for Nonprofits)는 비영리단체에 무료로 제공되는 협업툴 소프트웨어 모음이다.

'Gmail'을 이용해 브랜드 이름을 사용한 도메인에서 직원용 이메일 계정을 무제한 생성할 수 있으며, Gmail과 구글 드라이브에서 계정당 30GB의 저장용량을 제공한다. 구글 문서로 보조금 제안서, 회의 일정목록 등 동료와 실시간으로 공동작업이 가능하고 구글 설문지를 통해 설문조사, 교육평가, 이벤트 신청 작성, 구글 캘린더에서 약속 및 일정관리, 구글 그룹스를 통해 그룹 토론 및 메일링 리스트 모니터링, 데스크톱 또는 휴대기기에서 한 번에 15명까지 참가할 수 있다. 또한 오디오 및 화면 공유 도구가 지원되는 화상회의 주최, 전화, 채팅, 이메일로 연중 무휴 24시간 무료지원 서비스와 같은 비즈니스 특화적인 기능으로 구성되어 있다.

② office 365 비영리 기관용

한국마이크로소프트(MS)가 출시한 워드, 엑셀, 파워포인트 등 다양한 오피스 문서를 언제 어디서나 읽고 편집할 수 있는 클라우드 서비스이다. 기존에 작업하던 문서를 클라우드 저장소인 '원드라이브'에 저장해 놓고 해당 마이크로소프트 계정으로 접속하면 기존 PC 환경과 동일하게 태블릿 · 스마트폰 등에서도 문서 작업을 할 수 있다. 기존 PC 환경에서 벗어나 모든 플랫폼에서 문서작업을 할 수 있다는 것이 오피스 365의 가장 큰 장점으로 PC, 스마트폰, 태블릿 PC 등 기기 종류에 관계없이 정상 실행할 수 있다. 이 오피스 365는 따로 프로그램을 설치하지 않아도 오피스 홈페이지에 접속하면 실행시킬 수 있다.

오피스 365는 오피스 프로페셔널 플러스(워드, 액셀, 파워포인트 등 우리에게 익숙한 문서작성 프로그램 MS 오피스를 인터넷으로 옮긴 것), 익스체인지 온라인(이메일과 연락처 그리고 일정 관리용 프로그램 MS 익스체인지 서버를 인터넷으로 옮긴 것), 쉐어포인트 온라인(사내 협업이나 고객과 소통을 위한 홈페이지 또는 웹 게시판을 제작할 수 있는 것), 링크 온라인(기업용 인스턴트 메신저) 등으로 구성되어 있다.

이러한 구글앱스와 오피스365 무료 이용 및 사용을 위해서는 '테크숍코리아(www.techsoupkorea.kr)'에서 비영리기관(NPO)임을 인정받아야 한다.

(3) 사회서비스정보시스템의 활용(온라인 보고)

'사회서비스정보시스템'의 사용대상 시설은 온라인으로 보조금 신청 및 보고를 의무적으로 실시하고 시설업무 담당 공무원은 보고된 정보를 기준으로 보조금 신청 교부 등 각종 업무를 처리하여야 한다. 이를 위해 사회서비스정보시스템의 관리정보(입소자 및 이용자 명부, 종사자 명부 등)를 기반으로 자동으로 생성되는 보고 정보를 활용하여 각종 보고서를 작성하고 수기(서면) 보고는 폐지한다.

또한 2010년 10월 시 · 군 · 구 온라인 보고 의무화 정책 시행에 따라 사회복지시설 수급자 생계급여 등 보조금은 원칙적으로 온라인 교부신청 시에만 교부가 가능하다.

2) 온라인 보고 범위 및 절차

(1) 주요보고 서식

<table>
<tr><th>적용
대상</th><th colspan="2">제출서 유형</th><th>보고대상 문서</th><th>보고주기</th></tr>
<tr><td rowspan="16">사회
복지
시설
공통</td><td rowspan="5">보조금
보고</td><td rowspan="2">보조금 교부 신청</td><td>〈운영비〉
- 보조금 교부 신청서, 보조금 교부 청구서, 예산신청 내역서, 인건비산출 내역서, 개인별 시간 외 근무 내역서, 이용아동명부(지역아동센터의 경우)</td><td>월/분기/반기/년</td></tr>
<tr><td>〈생계비〉
- 생계급여 산출명단
※시설생계급여 신청 시 교부 신청 서류 중 금액이 표기된 보조금 교부 신청서, 보조금 교부 청구서, 예산신청 내역서, 생계급여 산출 내역서를 제외하고 생계급여 산출명단만 제출</td><td>월</td></tr>
<tr><td>보조금 정산 보고</td><td>보조금 정산 보고서, 보조금 정산 내역서(명부 포함), 총계정원장</td><td>월/분기/반기/년</td></tr>
<tr><td>기능보강 보조금 교부 신청</td><td>기능보강사업 보조금 교부 신청서, 기능보강사업 보조금 교부 청구서, 기능보강사업 예산신청 내역서</td><td>월/분기/반기/년</td></tr>
<tr><td>기능보강 보조금 정산 보고</td><td>기능보강사업 정산 보고서, 기능보강사업 정산 내역서, 구입장비 세부 목록</td><td>월/분기/반기/년</td></tr>
<tr><td rowspan="3">입소자
보고</td><td>입소자 입퇴소 발생 보고</td><td>입소자 입퇴소 발생 보고, 입소자 사망 발생 보고</td><td>발생즉시</td></tr>
<tr><td>입소자등록정보 변경 보고</td><td>입소자등록정보 변경 보고</td><td>발생즉시</td></tr>
<tr><td>병원 입퇴원 보고</td><td>병원 입퇴원 보고</td><td>발생즉시</td></tr>
<tr><td>이용자
보고</td><td>이용자 보고</td><td>이용자 이용/종료 발생 보고</td><td>발생즉시
(필요시)</td></tr>
<tr><td rowspan="3">종사자
보고</td><td>종사자 입퇴사 발생 보고</td><td>종사자 입퇴사 발생 보고, 자격증 보고</td><td>발생즉시</td></tr>
<tr><td>종사자 등록정보 변경 보고</td><td>종사자 등록정보 변경 보고</td><td>발생즉시</td></tr>
<tr><td>종사자 수당신청</td><td>종사자 수당신청</td><td>월</td></tr>
<tr><td colspan="2">복지시설 변경 보고</td><td>복지시설 변경 보고(명칭, 소재지 등)</td><td>발생즉시</td></tr>
<tr><td colspan="2">시설 휴(폐)업/재개 보고</td><td>시설 휴(폐)업/재개 신고서</td><td>발생즉시</td></tr>
<tr><td colspan="2">예산서</td><td>예산총괄표, 예산서 내역, 사업계획서(파일 첨부)</td><td>년</td></tr>
<tr><td colspan="2">추경 예산서</td><td>추경 예산총괄표, 추경 예산서 내역, 수정 사업계획서(파일 첨부)</td><td>년</td></tr>
</table>

적용 대상	제출서 유형	보고대상 문서	보고주기
	세입 · 세출 결산보고	결산총괄표, 세입 결산서, 세출 결산서, 사업수입 명세서, 정부보조금 명세서, 후원금품 수입 사용 내역서 등	년
	비정형 업무 보고	비정형 업무 보고(파일 첨부)	수시
장기요양	장기요양 인력변경 보고	변경 신고서, 인력변경 현황	발생즉시
	특별회계 적립사용 계획 보고	적립사용 계획서	
	시설 설치 전 차입금 보고	설치 전 차입금 상세내역	
	시설 설치 후 차입금 보고	설치 후 차입금 상세내역	

(2) 온라인 보고 범위

시설유형	보고문서 범위				
	보조금 신청 · 정산	종사자	입소자	후원금	예 · 결산
보조금 지급시설	○	○	○	○	○
보조금 미지급시설	×	○	○	○	○
지방자치단체 설치시설 (위탁운영)	○	○	○	○	○

(3) 온라인 보고 절차

- 지방자치단체는 보조금 지급시설에 대하여 보조사업 정보를 사회서비스정보시스템으로 전송
- 사회복지시설은 사회서비스정보시스템에서 보고문서(보조금 신청, 종사자 보고, 입소자 보고, 후원금품 보고 등) 작성 및 전송
- 지방자치단체는 보고문서 접수 및 승인 · 반려 처리
- 지방자치단체 및 사회복지시설 간 보고문서 처리 결과 공유

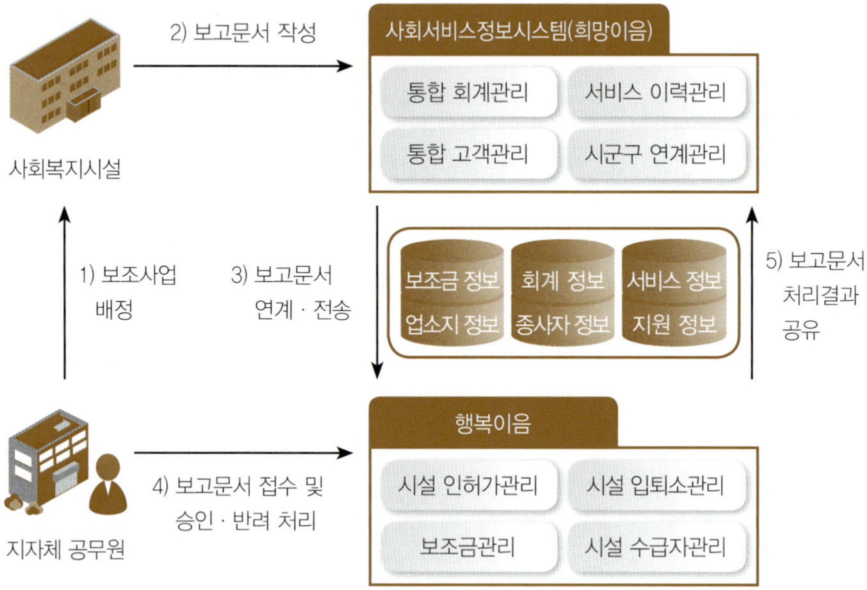

[그림 10-2] **온라인보고 개념도**

3) 주요 온라인보고 세부 절차

(1) 생활시설 입소자 보고

- 생활시설에서는 입소자에 대한 신변 변화가 발생 시 온라인보고를 통해 즉시 보고
  - 보고대상: 입퇴소 발생 보고, 사망 발생 보고, 입소자 정보 변경 보고
- 온라인보고는 입소 시 전입신고, 사망 시 사망신고 등과는 별도로 보고함
  - 입퇴소 관련 보고 시에는 전체 입소자는 반드시 주민등록변경(전입, 전출) 신고가 선행되어 있어야 하며, 주민등록 변경일자를 기준으로 입퇴소 일자를 보고하도록 함
- 보고된 정보를 지방자치단체에서 확정하면 수급자의 자격과 생계비 등 급여가 자동으로 확정 및 생성됨
  - 시스템에서 타 시설 중복 등록 여부 등 부적정 수급을 방지하기 위해 제공되는 기능을 확인하고 확정함

- 보조금 신청 시 입소자의 생계비는 입소보고가 된 생활인에 대하여 자동 생성되며, 중복 지급, 사망자 대상 부적정 지급 등을 방지하기 위해서는 반드시 온라인을 통해 입소자 보고를 하여야 함

● 입소자의 성명 또는 주민등록번호가 변경되는 경우에는 입소자정보변경 보고를 수행함

(2) 종사자 보고

● 모든 사회복지시설에서는 종사자에 대한 입퇴사 발생 시 온라인 보고를 통해 보고

- 보고대상: 입퇴사 발생 보고 / 종사자 등록정보 변경 보고

● 보고된 정보를 지방자치단체에서 확정하면 해당 시설 종사자로 자동 등록

- 시스템에서 타 시설 중복 등록 여부 등 종사자의 인건비 이중 수급을 방지하기 위해 제공되는 기능을 확인하고 확정함
- 보조금 신청 시 종사자의 인건비는 입사보고가 된 종사자에 대하여 자동 생성되며, 중복 지급 등을 방지하기 위해서는 반드시 온라인을 통해 종사자 보고를 하여야 함

● 종사자의 입퇴사 일자, 직종 등이 변경되는 경우 종사자 등록정보 변경 보고를 수행함

● 종사자 처우개선을 위해 지방자치단체에서 직접 수당을 지급(지방자치단체→종사자)하는 경우 종사자 수당신청 보고를 활용

(3) 보조금 교부신청 및 정산

● 사회복지시설의 보조금 교부신청 대상 정보는 연초 또는 해당 사업이 확정되는 시점에 지자체에서 보조사업 정보를 등록

- 보조사업 정보 주요 내용: 사업 연도, 사업코드, 사업명, 사업분류, 사업비(보조금 총액), 대상시설, 신청주기, 정산주기 등

- 지방자치단체에서 보조사업정보를 해당 사회복지시설에 배정하지 않을 경우 사회복지시설에서 보조금 신청이 불가함

● 사회복지시설에서는 지방자치단체에서 배정한 보조사업(생계급여, 운영비, 사업비 등)에 따라 보조금 교부신청을 온라인으로 시행

- 입소자 생계급여 처리 절차: 생계급여 예상액 및 지급액은 '행복e음'에서 자동 생성되고 시설에서는 생계급여 대상자 명단만 제출
- 운영비(인건비), 사업비, 기능보강 사업비 등 처리 절차

순번	항목	수행주체	시스템	처리내용
1	(인건비 신청 시) 종사자 입퇴사 보고	시설	희망이음	입퇴사 발생 시 보고 *종사자 보고 후 시 · 군 · 구 승인이 완료된 종사자에 한하여 인건비 신청 가능
2	전자결재 및 승인	시 · 군 · 구	행복이음	전자결재 완료 후 승인처리
3	보조사업 등록 확인	시 · 군 · 구	행복이음	보조사업 정보 확인 및 배정
4	보조금 신청	시설	희망이음	시 · 군 · 구 보조사업에 대한 보조금 신청 기능을 활용하여 온라인 보고 *주기별 2회 이상 신청 가능
5	전자결재 및 승인	시 · 군 · 구	행복이음	전자결재 완료 후 승인 처리
6	e-호조 연계	시 · 군 · 구	행복이음	동일사업별 보조금 신청건을 지급단위로 일괄 결재 후 보조금 정보를 e-호조로 전송
7	지출품의 및 지급	시 · 군 · 구	e-호조	행복e음에서 전송한 보조금 정보를 활용하여 지출품의

● 사회복지시설은 신청한 보조금에 대한 정산 내역을 온라인으로 보고

(4) 민간 서비스 연계 및 민간 서비스 이용 대상자 보고

● 사회복지관 등 사회복지시설은 지역사회 민관 협력 강화를 위해 복지서비스 대상자 및 자원 정보를 지방자치단체와 공유

- 공공–민간에서 각각 지원 중인 대상자 수혜 이력 및 사례관리 이력 등을 공유, 상호 의뢰체계 마련으로 지원 누락 및 중복지원 방지
- 공공–민간의 자원정보 공유 및 자원 공동 활용으로 지역사회 전체 복지 자원의 효율적 활용 제고

● 지방자치단체 및 시설에서는 연계된 정보를 활용하여 복지 대상자의 서비스 연계 및 자원 배분에 활용

(5) 후원금(품) 수입/사용보고

● 사회복지시설은 사회서비스정보시스템을 이용하여 후원금(품)에 대한 수입 · 사용 내역을 입력

● 대표이사와 시설장은 결산보고서를 제출할 때에 후원금 수입 및 사용 결과 보고서를 사회서비스정보시스템을 통해 행복이음으로 보고

(6) 기타사항

가) 사회복지시설 관련 교육훈련

● 사회서비스정보시스템 관련 교육 실시

- 교육주최: 한국사회보장정보원
- 교육주관: 시 · 도 사회복지협의회
- 교육내용(대상): 사회서비스정보시스템(사회복지시설 종사자)
- 교육관련 문의: 한국사회보장정보원 및 시 · 도 사회복지협의회

※ 교육일정 등 상세정보는 한국사회보장정보원 교육 홈페이지(edu.ssis.or.kr) 참조

제2절 개인정보 보호

1. 사회복지시설 개인정보 보호의 중요성

사회복지시설에서 서비스를 제공하기 위해 대상자 개인의 신체정보, 장애정보, 질병정보, 주거정보, 금융정보, 소득정보, 계좌정보, 학력정보, 상담정보, 복지급여 및 서비스 수혜정보 등 다양한 개인의 정보들이 필요하며, 서비스 제공 · 정보를 산출하기도 한다. 이와 같은 정보들은 민감한 영역의 정보가 총망라되어 있어 원치 않는 유 · 노출의 경우 그 피해가 매우 심각하다고 할 수 있다. 뿐만 아니라 사회취약계층은 대부분 정보취약계층으로, 개인정보가 유출되더라도 이를 인지조차 못하는 경우도 많고 대처 능력이 부족하여 표면상 드러나지 않은 피해는 이들에 대한 인권 침해와도 연결될 수 있는 잠재적 위험성이 있다(이연희 외, 2016).

따라서 사회복지시설 이용자의 인권을 보호하고 삶의 질을 향상시키기 위해서 「개인정보 보호법」의 취지 및 주요 원칙, 사회복지시설의 업무 특성에 기반한 개인정보 수집 및 취급에 대한 관리가 철저히 이루어져야 할 것이다.

〈표 10-4〉 사회복지시설에서 개인정보 유출로 인한 피해 사례

번호	날짜	제목	내용	출처
1	2015. 12. 17.	개인정보 줄줄 새는 장애인체육회	쓰레기장에서 장애인 선수들의 개인 신상정보가 있는 장애인체육대회 참가 신청서 무더기 발견	중부매일
2	2015. 12. 24.	양육시설 아동정보 유출	아동자립지원단의 아동자립지원 통합관리 시스템이 해킹되어 양육시설 아동정보 유출	한국일보
3	2016. 2. 18.	장애아동 4명 중 1명 인권침해나 차별 겪어	장애아동 4명 중 1명 인권침해나 차별을 겪은 것으로 나타남. 초상권침해나 개인정보 유출 등 사생활 침해 사례도 5.0%에 달함	여성신문

2. 개인정보의 개념

「개인정보 보호법」에 제2조 제1호에 따르면 개인정보란 살아 있는 개인에 관한 정보로서 성명, 주민등록번호 및 영상 등을 통하여 개인을 알아볼 수 있는 정보(해당 정보만으로는 특정 개인을 알아볼 수 없더라도 다른 정보와 쉽게 결합하여 알아볼 수 있는 것을 포함)를 말한다.

3. 개인정보의 유형

개인정보에는 개인의 성명 · 주민등록번호 등 인적사항뿐만 아니라 사회 · 경제적 지위 및 상태, 신체, 교육, 보건 · 의료, 문화활동 및 정치적 성향과 같은 내면의 비밀도 포함될 수 있다. 개인정보의 유형은 일반적으로 다음과 같이 분류할 수 있다(행정안전부 · 한국인터넷진흥원, 2009).

유형	해당 정보
인적사항 정보	성명, 주민등록번호, 주소, 본적지, 전화번호, 생년월일, 출생지, 이메일주소, 가족관계 등
사회적 정보	전과, 범죄기록, 과태료 납부내역, 직장, 근로경력, 직무평가기록, 병역기록, 군번, 계급, 근무부대 등
경제적 정보	소득, 신용카드번호, 통장계좌번호, 동산 및 부동산 보유내역, 저축내역, 개인신용평가정보, 대출 또는 담보설정 내역, 신용카드 사용내역 등
신체적 정보	얼굴, 지문, 홍채, 음성, 유전자 정보, 키, 몸무게 등
교육 정보	학력, 성적, 출석상황, 자격증 보유내역, 상벌기록, 생활기록부
보건 · 의료 정보	진료기록, 신체장애 및 장애등급 등
내면적 정보	도서, 비디오 및 DVD 등 대여기록, 잡지구독정보, 물품구매내역, 웹사이트 검색 내역 등
기타 정보	전화통화 내역, IP주소, 웹사이트 접속 내역, 이메일, 문자메시지, 개인위치 정보 등

4. 개인정보의 보호

개인정보 보호란 근본적으로 정보 주체의 개인정보 자기결정권을 철저히 보장하는 것을 의미한다. 개인정보 자기결정권이란 자신에 관한 정보가 언제, 어떻게 그리고 어느 범위까지 타인에게 전달되고 이용될 수 있는지를 그 정보주체가 스스로 결정할 수 있는 권리를 말한다(행정안전부 · 한국인터넷진흥원, 2009).

행정안전부의 표준 개인정보 보호 지침에서는 개인정보 처리란 개인정보를 수집, 생성, 연계, 연동, 기록, 저장, 보유, 가공, 편집, 검색, 출력, 정정(訂正), 복구, 이용, 제공, 공개, 파기(破棄), 그 밖에 이와 유사한 행위로 규정하고 있다.

그리고 개인정보 처리자가 지켜야 할 개인정보 보호 원칙으로 다음의 여덟 가지를 제시하고 있다.

① 개인정보 처리 목적을 명확하게 하여야 하고 그 목적에 필요한 범위에서 최소한의 개인정보만을 적법하고 정당하게 수집하여야 한다.

② 개인정보의 처리 목적에 필요한 범위에서 적합하게 개인정보를 처리하여야 하며, 그 목적 외의 용도로 활용하여서는 아니 된다.

③ 개인정보의 처리 목적에 필요한 범위에서 개인정보의 정확성과 최신성을 유지하도록 하여야 하고, 개인정보를 처리하는 과정에서 고의 또는 과실로 부당하게 변경 또는 훼손되지 않도록 하여야 한다.

④ 개인정보의 처리 방법 및 종류 등에 따라 정보 주체의 권리가 침해받을 가능성과 그 위험 정도를 고려하여 그에 상응하는 적절한 관리적 · 기술적 및 물리적 보호조치를 통하여 개인정보를 안전하게 관리하여야 한다.

⑤ 개인정보 처리방침 등 개인정보의 처리에 관한 사항을 공개하여야 하며, 열람청구권 등 정보 주체의 권리가 보장될 수 있도록 합리적인 절차와 방법 등을 마련하여야 한다.

⑥ 개인정보의 처리 목적에 필요한 범위에서 적법하게 개인정보를 처리하는 경우에도 정보 주체의 사생활 침해를 최소화하는 방법으로 개인정보를 처리하여야 한다.

⑦ 개인정보를 적법하게 수집한 경우에도 익명에 의하여 업무 목적을 달성할 수 있으면 개인정보를 익명에 의하여 처리될 수 있도록 하여야 한다.

⑧ 관계 법령에서 규정하고 있는 책임과 의무를 준수하고 실천함으로써 정보주체의 신뢰를 얻기 위하여 노력하여야 한다.

5. 사회복지시설의 대상별 개인정보 범위

사회복지시설에서의 개인정보 범위는 서비스 목적과 관련하여 사회복지시설을 정기 또는 수시로 이용하는 이용자, 종사자, 후원자, 자원봉사자, 방문자 등 모든 관계자의 정보를 말한다.

6. 개인정보 처리 실무[2)]

1) 이용자 · 입소자의 개인정보 처리

(1) 등록 · 이용단계

서비스 제공을 위한 최소한의 개인정보를 수집하는 경우와 사회복지시설 입소계약을 체결하고 이를 이행하기 위해서 꼭 필요한 범위의 개인정보와 법률의 근거에 따라 개인정보를 수집하는 경우에는 동의 없이 개인정보를 수집할 수 있다. 그러나 이 외에는 이용자(입소자 또는 법정대리인)의 동의 및 권리 고지가 필요하다. 즉각적인 서비스 이용이 어려워 대기하여야 하는 경우, 대기자 명단 등록 및 관리에 대한 동의가 필요하다.

2) 보건복지부 · 안전행정부(2013). 개인정보 보호 가이드라인-사회복지시설 편.

사회복지시설에서 처리하는 개인정보 예시
• 개별 상담프로그램: 심리적, 정신적, 경제적 어려움 및 일상생활의 다양한 문제에 대한 상담 실시 및 상담카드 작성 • 독거노인 방문 서비스: 홀로 거주하는 노인들의 생활실태 및 복지수요 조사, 정기적인 안전 확인을 수행하고 기록 • 노인 일자리 사업: 일자리를 희망하는 노인에게 신청서를 받고, 경력 및 서류 확인 후 일자리 안내

다만, 사회복지시설 이용에 우선 이용자가 법령에 규정되어 있는 경우에는 이에 대하여 추가적인 서비스 이용 시 개인정보에 대한 별도 동의 없이 서비스 제공이 가능하다. 주의할 점은 주민등록번호는 법령의 근거가 있는 경우에만 수집이 가능하다.

법령에 따른 개인정보 수집 사례
• 시 · 군 · 구청장이 수급권자, 수급자, 부양의무자 및 차상위계층에 대한 조사(「국민기초생활보장법」 제25조) • 장기요양인정 신청 시 의사소견서, 장기요양급여 신청 시 건강진단서 등의 요구(「노인장기요양보험법 시행규칙」 제2조 및 제13조)

개인정보처리 동의는 사회복지시설 운영규칙 등에 관련된 내용을 정리하여 그 준수 동의를 받거나, 별도의 동의서를 통한 동의 등 다양한 방법의 활용이 가능하다.

그리고 만 14세 미만 아동의 개인정보를 수집할 시에는 법정대리인의 동의가 필요하며, 법정대리인의 동의를 받기 위하여 필요한 최소한의 정보는 법정대리인의 동의 없이 해당 아동으로부터 직접 수집이 가능하다. 또한 치매노인 상담 및 지원 시에는 치매환자 등록카드를 따로 작성하고, 보호자에게 개인정보 수집 · 이용 동의를 받아야 한다.

(2) 제공 및 위탁

이용자의 개인정보는 수집 목적범위에서 활용되어야 하며, 제3자에게 정보 제공은 정보 주체의 동의를 받는 경우와 법률에 특별한 규정이 있는 경우, 명백히 정보 주체의 생명 · 신체 · 재산상의 이익이 되는 경우, 통계목적으로 특정인을 알아볼 수 없게 제공하는 경우에만 가능하다. 이때 정보 주체에게 다음의 사항을 고지하여야 한다.

개인정보 제3자 제공 시 고지될 사항
• 개인정보를 제공받는 자 • 개인정보를 제공받는 자의 이용 목적 • 제공하는 개인정보의 항목 • 개인정보를 제공받은 자의 개인정보 보유 및 이용기간 • 동의를 거부할 권리가 있다는 사실 및 동의 거부에 따른 불이익 내용

입소자가 사회복지시설을 변경하는 경우, 입소자의 개인정보는 정보 주체의 동의를 얻어 변경하고자 하는 기관에 제공할 수 있다.

그리고 개인정보 처리 업무를 위탁할 경우 문서로 하여야 하며, 위탁업무의 내용과 수탁자를 이용자 등이 언제든지 쉽게 확인할 수 있도록 인터넷 홈페이지를 통해 공개하여야 한다. 홈페이지에 공개할 수 없는 경우에는 사업장 등 보기 쉬운 장소에 게시하는 방법으로 공개하여야 한다.

(3) 처리종료 단계

입소자의 사망, 원가정 복귀, 시설 전원, 입소자의 요구 등으로 이용자가 사회복지시설 이용을 종료한 경우, 이용을 위하여 수집하였던 등록 카드 등의 개인정보는 곧바로(5일 이내) 파기하여야 한다. 다른 법령에 따라 보존이 필요한 경우 그 법령에 따라 보존하되, 해당되는 정보를 기존에 보관했던 파일에서 분리하여 보관하여야 한다.

또한 이용자에게 홍보 · 마케팅을 위한 안내물(이메일, 전화, 단문메시지 등)을 제공하고자 하는 경우, 이용자에게 이용목적, 항목, 보유기간 등을 고지하고 별도 동의를 받아야 한다.

2) 종사자 개인정보 처리

(1) 채용 준비단계

채용과 관련한 개인정보의 수집은 지원자의 동의를 요하지 않으나 채용 목적 이외의 수집 · 이용에 대해서는 동의가 필요하다. 대표적인 예로, 「사회복지사업법」 제35조 및 제35조의 2 제2항 법령에 의거하여 시설장 또는 종사자 범죄경력 등 결격사유를 확인하는 경우 본인의 동의를 받아 공문으로 경찰관서의 장에게 범죄경력조회를 요청하여야 한다.

(2) 채용 결정단계

개인정보 처리에 대한 동의가 필요한 경우 최초 근로계약 체결 시 동의를 받을 수 있다. 다만 업무수행을 위해 업무내용, 연락처 등 필수정보를 공개하는 경우 동의 없이 가능하나, 입소자 및 이용자 등의 만족도를 높이기 위한 사진, 전자우편 등 추가적인 개인정보를 공개하는 경우에는 동의가 필요하다.

이외에도 「근로기준법」 등의 법령상 의무준수를 위한 근로자 개인정보의 수집 · 이용은 해당 종사자의 동의 없이 처리할 수 있으며, 근무성적평가, 인사발령, 교육훈련, 복리후생 등 근로계약 이행을 위해 반드시 필요한 개인정보는 종사자의 동의 없이 수집 · 이용할 수 있다.

〈표 10-5〉 **법령에 따른 근로자 개인정보 수집(예시)**

	근로자 명부	임금대장
수집 항목	성명, 성별, 생년월일, 주소, 이력, 종사하는 업무의 종류, 고용 또는 고용갱신 연월일, 계약기간(정한 경우), 그 밖의 고용에 관한 사항, 해고, 퇴직 또는 사망한 경우에는 그 연월일과 사유	성명, 주민등록번호, 고용 연월일, 종사하는 업무, 임금 및 가족수당의 계산기초가 되는 사항, 근로일수, 근로시간 수, 연장근로, 야간근로 또는 휴일근로를 시킨 경우에는 그 시간 수, 기본급, 수당, 그 밖의 임금의 내역별 금액 등
법령 근거	「근로기준법」 제41조, 같은 법 시행령 제20조	「근로기준법」 제48조, 같은 법 시행령 제27조

고유식별정보의 처리는 금지되지만, 「소득세법」에 따른 연말정산과 같이 법령에 근거가 있는 경우에는 종사자 및 그 가족 등의 고유식별정보를 동의 없이 처리할 수 있다.

(3) 고용 유지단계

근로자 인사관리를 위한 경력사항, 교육, 건강관리 등을 작성하여 개별 관리하는 개인정보는 근로계약 이행을 위한 필수적인 정보로 근로자 동의 없이 활용이 가능하다. 다만, 수집 · 이용하는 개인정보는 최소한으로 하여야 하며, 이 경우에도 민감정보는 별도의 동의가 필요하다.

다만, 「고용보험 및 산업재해보상보험의 보험료징수 등에 관한 법률」에 따라 근로복지공단, 국민연금공단, 국민건강보험공단 등에 근로자의 급여내역을 제공하는 것은 다른 법률에 특별한 규정이 있는 경우로서 종사자의 동의를 필요로 하지 않는다.

(4) 고용 종료단계

퇴직 근로자의 각종 개인정보는 퇴직 후 경력증명 및 근로계약에 관한 정보를 제외하고 곧바로 파기하여야 한다. 근로자의 경력증명 등에 관한 정보는 근로자가 퇴직한 후 3년간 별도로 보관하여야 한다(「근로기준법」 제39조 및 같은 법 시행령 제19조).

퇴직한 근로자가 경력증명서의 발급을 청구할 경우에는 인사기록카드에 의하여 경력증명서를 발급하여야 한다.

3) 후원자 · 자원봉사자 · 방문자 개인정보 처리

(1) 후원자의 개인정보 처리

사회복지시설에서는 후원금을 받은 때에는 「소득세법 시행규칙」 제101조 제20호의 2 또는 「법인세법 시행규칙」 제82조 7항 3의 3호에 따라 기부금 영수증 양식으로 후원금 양식을 교부하고 발급내역을 보관하여야 한다. 이를 위해 후원자의 인적사항 및 후원활동, 후원금(품)에 대한 개인정보 수집 시 후원자별 동의가 필요하다. 수집된 개인정보의 이용 범위 및 기간은 후원자에게 고지하여야 하며, 고지된 내용의 변경 시 추가 동의가 필요하다. 그리고 단체로 후원하는 경우에도 후원자 연락망을 작성하기 위해서는 개별적인 개인정보 수집 동의가 필요하다.

(2) 자원봉사자의 개인정보 처리

사회복지봉사활동 인증관리시스템(VMS)은 「사회복지사업법」 제9조 및 같은 법 시행령 제25조의 2에서 사회복지 자원봉사활동의 지원육성에 관한 사무를 위해 고유식별번호를 처리토록 규정하고 있다. 사회복지봉사활동 인증관리시스템(VMS)을 활용할 때에는 자원봉사자가 자신의 개인정보를 직접 등록하도록 해야 한다.

(3) 방문자의 개인정보 처리

사회복지시설 이용자를 위한 방문자는 방문기록카드 작성을 위하여 수집하는 개인정보에 대하여 동의가 필요하다.

4) 개인정보의 안전한 관리

사회복지시설은 개인정보가 분실, 도난, 유출, 변조 또는 훼손되지 아니하도록 내부 관리계획 수립, 접속기록 보관 등 안전성 확보에 필요한 관리적, 기술적, 물리적 조치를 취하여야 한다.

※「개인정보 보호법」 제29조, 같은 법 시행령 제30조, 안전성 확보조치 기준 고시

안전성 확보 조치	내용
관리적 조치	• 내부관리계획의 수립 · 시행
기술적 조치	• 접근 권한의 관리 • 비밀번호 관리 • 접근통제시스템 설치 및 운영 • 개인정보 암호화 *고유식별정보(주민등록번호 등), 비밀번호, 바이오정보는 반드시 암호화 • 접속기록의 보관 및 위 · 변조 방지 • 보안프로그램의 설치 및 운영
물리적 조치	• 개인정보의 안전한 보관을 위한 보관시설 • 잠금장치 설치

(1) 내부관리계획 수립 및 시행

이용자 등의 개인정보를 안전하게 처리하기 위하여 다음의 내용이 포함된 내부관리계획을 수립 · 시행하여야 한다.

- 개인정보 보호 책임자의 지정에 관한 사항
- 개인정보 보호 책임자 및 개인정보 취급자의 역할 및 책임에 관한 사항
- 개인정보의 안전성 확보에 필요한 조치에 관한 사항
- 개인정보취급자에 대한 교육에 관한 사항
- 그 밖에 개인정보 보호를 위하여 필요한 사항

(2) 접근 권한의 관리

사회복지시설에서 사용하는 '사회서비스정보시스템(희망이음)' 등 개인정보 처리 시스템에 대한 접근권한을 업무수행에 필요한 최소한의 범위로 두고 업무 담당자에 따라 차등 부여하여야 한다. 그리고 전보 또는 퇴직 등 인사변동이 발생하여 개인정보취급자가 변경된 경우 곧바로 시스템의 접근권한을 변경 또는 말소하고 그 내역을 기록, 최소 3년간 보관하여야 한다.

또한 개인정보취급자의 업무용 컴퓨터 등에 안전한 비밀번호를 설정하여 이행할 수 있도록 하고, 고유식별정보 등의 파일은 암호화하여야 한다. 악성 프로그램

등의 감염을 예방 치료할 수 있는 백신 소프트웨어 등의 보안 프로그램 설치 · 운영, 사무실, 상담실, 문서 및 자료보관실 등에 개인정보가 포함된 서류를 보관할 경우 잠금장치를 갖추어야 한다.

(3) 개인정보 처리방침의 수립 및 공개

「개인정보 보호법」 제30조 및 같은 법 시행령 제31조 제1항에 의거 사회복지시설은 아래의 사항이 포함된 개인정보 처리방침을 수립하고 인터넷 홈페이지 등을 통해 공개해야 한다.

- 개인정보의 처리 목적
- 개인정보의 처리 및 보유 기간
- 개인정보의 제3자 제공에 관한 사항(해당되는 경우)
- 개인정보 처리의 위탁에 관한 사항(해당되는 경우)
- 정보주체의 권리 · 의무 및 그 행사방법에 관한 사항
- 처리하는 개인정보의 항목
- 개인정보의 파기에 관한 사항
- 개인정보 보호 책임자에 관한 사항
- 개인정보 처리방침의 변경에 관한 사항
- 개인정보의 안전성 확보 조치에 관한 사항

행정안전부 개인정보 보호포털(www.privacy.go.kr)에서는 「개인정보 보호법」 및 같은 법 시행령, '표준 개인정보 보호 지침'에 근거하여 개인정보 처리방침 기본항목에 대한 예시를 작성할 수 있도록 도와주는 서비스를 제공하고 있다.

(4) 개인정보 보호 책임자 지정

사회복지시설의 장은 개인정보 처리 관련 업무를 담당하는 부서의 장 또는 개인정보 보호에 관한 소양이 있는 사람을 대상으로 개인정보의 처리에 관한 업무

총괄 및 다음의 업무수행을 위해 개인정보 보호 책임자를 지정하여야 한다.

- 개인정보 보호 계획의 수립 및 시행
- 개인정보 처리 실태 및 관행의 정기적인 조사 및 개선
- 개인정보 처리와 관련한 불만의 처리 및 피해 구제
- 개인정보 유출 및 오용 · 남용 방지를 위한 내부통제 시스템의 구축
- 개인정보 보호 교육계획의 수립 및 시행
- 개인정보파일의 보호 및 관리 · 감독
- 개인정보 처리방침의 수립 · 변경 및 시행
- 개인정보 보호 관련 자료의 관리
- 처리 목적이 달성되거나 보유기간이 지난 개인정보의 파기

5) 개인정보의 파기

개인정보의 보유기간이 경과하거나 처리 목적이 달성되는 등 개인정보가 불필요하게 되었을 때에는 이를 파기시킴으로써 유출 · 오용 가능성을 미연에 방지하여 개인정보를 안전하게 보호할 수 있다.

기록물, 인쇄물, 서면, 그 밖의 기록매체인 경우는 개인정보가 복구 또는 재생되지 아니하도록 파쇄 또는 소각하고, 전자적 파일의 형태인 경우에는 복원이 불가능한 방법으로 영구 삭제하여야 한다.

6) 개인정보 열람 및 정정 · 삭제

이용자 등이 자신의 개인정보에 대한 열람 또는 정정 · 삭제를 요구할 경우 10일 이내에 조치하고 그 결과를 통지하여야 한다. 다만, 다른 사람의 생명 · 신체를 해할 우려가 있거나 다른 사람의 재산과 그 밖의 이익을 부당하게 침해할 우려가 있는 경우에는 열람을 제한 · 정정하거나 거절이 가능하다.

7) 개인정보 유출에 대한 대응

개인정보 침해 시 최초로 인지한 직원은 즉각 시설의 개인정보 보호 책임자에게 보고하고 즉각 대응방안을 마련해 시행한다. 이용자 등의 개인정보가 유출된 경우에는 5일 이내에 정보 주체에게 유출된 개인정보의 항목, 유출된 시점과 그 경위, 유출로 인하여 발생할 수 있는 피해를 최소화하기 위하여 정보 주체가 할 수 있는 방법 등에 관한 정보, 시설의 대응조치 및 피해구제 절차, 피해가 발생한 경우 신고 등을 접수할 수 있는 담당부서 및 연락처 등에 관한 사항을 통지하여야 한다.

특히, 1만 명 이상의 개인정보 유출 시 곧바로(5일 이내) 행정안전부 또는 한국인터넷진흥원에 신고해야 한다.

제11장

지역사회와의 연계

제1절 사회복지시설과 지역사회

사회복지시설은 지역사회와 밀접한 관계 속에서 운영된다. 지역사회로부터 서비스 대상자를 찾고 지역사회의 자원을 발굴 내지 연계하며, 지역사회의 지지로 그 존재의 정당성을 확보할 뿐 아니라 지역사회에 서비스를 제공한다. 그럼으로써 사회복지시설은 지역주민들의 욕구를 충족시키고 공동체를 활성화시키며 나아가 주민들의 삶의 질을 향상시키는 역할을 한다. 이처럼 사회복지시설은 지역사회와 유기적 관계 속에서 존재하기 때문에 지역사회와 시설이 어떠한 방식으로 관계를 형성하느냐는 대단히 중요한 의미를 갖는다고 할 수 있다.

지역사회는 일정한 지역, 주민, 공동체 의식을 그 구성요소로 한다. 지역사회는 그 범위가 정해져 있는 것은 아니며 행정단위와 반드시 일치하는 것도 아니다. 지역사회에는 개인으로서 주민이나 이웃, 비정부기구, 종교단체, 학교, 사회서비스기관, 의료서비스기관, 정부 및 기타 공공기관 등 다양한 형태가 포함된다.

최근 사회복지는 지역사회에 대한 통합적 기능을 강조하고 있다. 지역사회의 복지요구에 부응하도록 사회복지시설의 기능을 수행하여 지역사회와의 관계를 강화하도록 요구하고 있다. 이를 위해 시설은 지역사회의 자연자원, 인적 · 물적 자원, 사회문화적 자원 등에 대해 미리 파악하고 이를 효과적으로 조직화할 수 있어야 한다.

1. 지역사회의 복지환경과 시설

최근 지역사회의 복지환경은 크게 변화하고 있으며, 그 변화는 다음과 같은 몇 가지 방향성을 갖는다.

① 사회복지와 보건, 교육, 고용, 주거, 문화 등에 이르기까지 보편적 복지의 기조에 맞추어 그 영역이 매우 확대되고 있다. 개인을 둘러싼 삶의 문제는 어

느 한 부분만의 문제가 아니라 복합적인 특성을 갖는다. 경제적인 문제와 더불어 건강문제, 사회관계 문제, 고용문제, 주거문제 등 하나의 사회적 위험에 노출되면 연쇄적이고 복합적인 고통으로 연결된다는 것이다. 또한 누구나 이러한 위험에 노출될 개연성이 있기에 모든 주민들이 대상인 보편적 복지, 나아가 복합적인 문제를 유기적으로 취급하는 통합적 복지의 노력이 현대 사회복지 환경의 특성이라 할 수 있다.

② 지역사회 복지환경의 변화에 부응하여 지역사회복지 전달체계의 개편이 이루어지고 있다. 특히 시설 중심에서 재가복지 중심으로 변화하고, 보호대상자가 서비스를 선택할 수 있도록 하며, 나아가 보편적, 통합적 사회서비스 제공을 하려는 노력을 기울이고 있다. 정부에서는 일선 서비스 전달체계의 개편을 통해 이러한 환경 변화에 대응하는 한편, 복지업무의 상당부분을 지방자치단체에 이양하여 지역의 특성에 맞는 서비스를 효과적이고 효율적으로 제공하기 위해 노력하고 있다.

③ 복지정책 수행과정에서 주민 참여를 전제로 민관 협력의 거버넌스 체계가 마련되고 있다. 지역사회의 발전은 지방정부, 지역소재 기업체, 각종 시민사회단체, 대학 등 여러 주체들의 협력을 바탕으로 역량이 향상될 때 가능하다. 이러한 거버넌스 체계를 통해 지역사회는 지역문제 해결을 위한 민관파트너십을 통한 협력을 제도화할 수 있다.

지역사회에 기반을 둔 복지시설들의 입장에서는 이러한 새로운 환경 변화에 맞춰 적극 대응하지 않으면 안 되는 상황이 만들어지고 있다. 복지시설이 지역사회와의 유기적인 관계를 형성하여 상생의 틀을 마련하는 것이 중요하다는 것이다.

결국, 복지시설이나 기관은 지역사회와 함께 협력하여 지역사회를 발전의 방향으로 이끄는 동시에 복지시설 스스로의 힘으로 충족할 수 없는 영역이나 분야의 서비스 활동을 지역사회에서 지원받을 수 있어야 한다.

2. 사회복지시설과 지역사회의 연계

1) 복지시설의 사회화

사회복지시설과 지역사회는 시설의 운영에 필요한 자원을 지역사회로부터 얻어야 하고, 지역사회 역시 시설에서 일정한 서비스를 받아야 할 필요에 의해 시설과 지역사회는 긴밀한 협력과 교류가 필요하다. 즉 복지시설의 사회화가 요청된다. 복지시설의 사회화란 시설과 지역사회의 상호 교류를 통해 시설이 지역사회의 일원으로 용인되고 유용한 기관으로서의 역할을 수행하며, 지역사회에 열린 사회적, 공동체적 공간으로의 변화를 의미한다. 시설의 사회화는 지역사회와 격리되고 고립된 시설이 아니라 지역사회와의 통합을 지향한다. 그런 점에서 최근 사회적 고립을 탈피하기 위한 탈시설화가 강조되고 있다. 이러한 과정을 통하여 시설의 서비스 질이 향상되고, 시설운영이 개선되며, 주민들의 시설에 대한 이해 증진 등의 효과를 가지게 될 것이다.

이 같은 복지시설의 사회화가 필요한 구체적인 이유는 다음과 같다.

(1) 주민의 복지욕구 증대

과거에는 가정 내에서 해결할 수 있었던 서비스가 보편화, 전문화, 다양화되면서 새로운 사회체계 안에서 제공하도록 요청받고 있다. 이에 대처하기 위한 지역사회 전체의 유기적 협력이 필요하다.

(2) 수요자 중심의 서비스 제공 확대

과거에는 제공되는 서비스에 자신의 욕구를 맞추어 왔으나(공급자 중심), 최근에는 개별화된 서비스(수요자 중심)로 전환되고 있다. 이러한 현상은 주민의 확인된 욕구를 적절하게 충족할 수 있는 맞춤형 혹은 원스톱 서비스의 형태로 제공되고 있으며, 나아가 수요자가 다양한 서비스 중에서 선택하는 방향으로 발전하고 있다. 이를 위한 통합서비스 제공과 자원의 적절한 연계 협력이 필요하다.

(3) 단일 기관에서 제공하는 서비스의 한계성

지역주민의 다양한 욕구를 충족시키려면 단일의 전문기관이 제공하는 서비스만으로는 한계가 있다. 따라서 서비스기관은 통합서비스를 원활히 제공하기 위해 필요한 기관이나 단체와의 협력을 통해 자원을 발굴하고 연계 활용하는 것은 필요 불가결하다.

(4) 지역사회 자원의 효율적 활용 요구

주민들의 서비스 욕구에 비해 지역사회가 보유하고 활용할 수 있는 자원은 항시 부족할 수밖에 없다. 새로운 자원을 확보하는 노력과 더불어 확보된 자원을 효율적으로 활용하기 위한 노력이 필요하다. 자원이 불필요하게 이용되거나, 때로는 유용하게 활용될 수 있음에도 사장되어 있는 등 낭비적이고 비효율적인 경우가 있기 때문이다.

(5) 지역사회에 대한 종합적 관점의 부족

최근 낙후되고 노후화된 도시들을 공간적, 환경적으로 개선하여 도시의 전반적인 인프라를 재정비하려는 도시재생사업이 활발해지고 있다. 이는 단순히 물리적 측면만이 아니라 사회적, 경제적, 문화적 측면 등 종합적으로 지역사회개발에 접근한다는 의미를 갖는다. 복지시설과 지역사회는 공간 개발만이 아니라 복지, 교육, 문화 등 다양한 측면의 협력을 추진할 필요성이 있다.

(6) 자발적 참여를 유도할 방안의 부재

사회복지시설은 지역사회 유기체의 한 요소이다. 이는 지역사회의 구성원들이 참여 속에서 시설을 운영하여야 하는 이유이기도 하다. 복지시설이 갖고 있는 고유한 기능과 특성을 고려하여 주민들이 자발적으로 역할을 가지고 참여하여 계획하고 집행하며 평가하는 과정이 필요하다.

이런 점에서 시설의 사회화는 크게 보호의 사회화와 운영의 사회화, 그리고 기능의 사회화라는 방향으로 전개되고 있다.

① 보호의 사회화: 시설생활자의 생활수준이나 활동영역이 지역주민들과 비슷한 수준까지 맞춘다.

② 운영의 사회화: 시설운영의 합리화와 민주화를 도모하여 비민주적이고 폐쇄적인 시설운영을 지양하고, 주민들의 참여를 유도한다.

③ 기능의 사회화: 시설의 장비와 설비들을 지역사회 주민들에게 제공함으로써 자원을 효율적으로 활용하고, 시설이 지역의 거점센터로서의 역할을 수행하도록 한다.

사회복지시설이 시설의 사회화를 위하여 수행하는 역할은 크게 자원 동원자, 정보 제공자, 연결자, 분배자 등이 있다.

〈표 11-1〉 **시설 사회화를 위하여 사회복지시설이 수행하는 역할**

역할	역할 내용
자원 동원자	자원 부족으로 공공기관에서는 해결할 수 없는 문제를 가진 지역사회 주민들의 욕구를 충족시키면서, 지역사회 내에서 활용 가능한 자원을 적절히 동원시키는 역할
정보 제공자	증대되는 지역사회 주민들의 다양한 복지 욕구를 충족시키기 위해서는 해당 기관에 대한 많은 정보를 확보하고 지역주민들에게 적절한 정보를 제공해 주는 역할
연계자	지역주민들의 정확한 욕구를 파악하고 관리하면서 그 욕구를 해결해 줄 수 있는 자원을 가진 자원봉사자와 요보호자를 적절히 연결하는 역할
분배자	자원이나 서비스가 지나치게 특정 개인이나 집단에 집중되거나 필요한 대상자가 누락되지 않도록 지역사회 자원을 적절히 분배시켜 주는 역할

2) 연계의 대상과 영역

(1) 연계의 대상

사회복지시설의 입장에서 지역사회 연계의 대상은 크게 지역주민 또는 활동단체, 지방행정기관, 그리고 지역사회기관이 있다.

[그림 11-1] 사회복지시설과 지역사회의 연계 및 연계 활동 영역

가) 지역주민 및 활동단체

사회복지시설이 지역주민 및 활동단체들과 연계할 수 있는 구체적인 활동영역은 다음과 같다.

① 지역의 민간자원을 활용하여 시설과 지역사회가 함께하는 프로그램을 준비한다.

② 지역주민들의 문화생활 향유를 위해 시설과 지역의 문화예술단체가 교류하는 각종 문화예술 프로그램을 준비한다.

③ 지역주민들과 함께 참여할 수 있는 자원봉사 프로그램을 준비한다.

④ 건강 증진과 여가 선용을 위해 지역주민들과 교류할 수 있는 스포츠나 게임 프로그램을 준비한다.

⑤ 지역주민의 복지욕구 충족을 위한 각종 사회복지 프로그램을 준비한다.

이러한 프로그램은 시설서비스의 질적 향상은 물론 시설에 대한 주민의 인식 개선에도 도움이 될 것이다.

나) 지방행정기관

사회복지시설과 관련된 지방행정기관으로는 시 · 도청, 시 · 군 · 구청, 읍 · 면 · 동사무소, 보건소, 경찰서, 소방서, 정신건강복지센터, 고용복지센터, 지역사회보장협의체 등이 있다. 시 · 군 · 구에서는 복지기획과 통합조사, 서비스 연계, 급여지급, 긴급지원 업무에 집중하고, 읍 · 면 · 동에서는 현장방문, 신청접수 및 상담, 대상자 사후관리 업무를 중심으로 접근성과 현장성을 제고하도록 하고 있다. 또한 복지와 보건 등 민관 협력기구로서 지역사회보장협의체는 지역사회보장계획을 심의하고 복지정책에 대한 자문, 복지자원의 연계 등 지역거버넌스로서의 역할을 수행하고 있다.

이들 행정기관들은 시설이 해당 업무와 관련하여 민관 협력을 원활히 수행할 수 있도록 지원, 규제 및 통제하는 역할을 수행한다. 행정기관은 해당 업무에 대한 시설과의 위탁계약 혹은 보조금 지급, 각종 가이드라인 제시 등을 통해 협력을 도모한다. 구체적으로 특정 프로그램 운영에 소요되는 비용의 지급, 시설 설치 및 유지보수를 위한 지원, 인건비 지원, 직원의 근무여건 및 배치기준 개선 등과 더불어 지역사회와의 유대 강화를 지원하기도 한다.

다) 지역사회기관

지역사회기관들은 기능에 따라 다양한 형태로 지역사회에 존재한다. 지역 사회복지기관 외에도 보건 · 의료기관, 교육기관, 자원봉사기관, 각종 지역단체, 언론기관, 문화단체 및 시설 등이 있다. 시설에서는 이들 기관들과의 관계형성을 위해 개별적인 노력을 기울일 수도 있으나, 지역사회에서 활동 중인 지역사회보장협의체 등 보다 공식적인 협력을 통해 적극적으로 관계를 맺고 연계할 방안도 적극 고려하여야 한다.

이들 지역사회기관들과는 물적 · 재정적 자원을 공유할 뿐 아니라 전문영역에 따른 지식과 기술을 보완하며, 공동으로 프로그램을 운영하기도 한다. 특히 사례관리와 관련하여 사례회의를 수행하고 문제 해결을 위해 공동의 노력을 모으는 기회 또한 이들 지역사회기관과의 협력을 통해 이루어진다.

〈표 11-2〉 **유형별 지역사회기관**

<table>
<tr><td rowspan="6">○○시설</td><td rowspan="6">⬌</td><td>사회복지기관</td><td>노인생활시설(주거, 의료), 노인이용시설(재가, 여가, 보호), 아동생활시설(양육, 공동생활, 일시보호, 보호치료, 자립지원), 아동이용시설(아동상담, 아동전용, 지역아동센터), 어린이집, 장애인생활시설(유형별, 중증, 영유아, 단기 거주, 공동생활), 장애인이용시설(재활: 복지관 · 주간보호 · 체육시설 등, 의료재활 · 직업재활 · 생산품 판매), 정신건강생활시설(의료, 요양, 재활), 노숙인 이용 및 생활시설, 사회복지관 등</td></tr>
<tr><td>보건 · 의료기관</td><td>병의원, 약국, 한의원, 지역보건소, 정신건강복지센터, 상담센터 등</td></tr>
<tr><td>교육기관</td><td>교육청, 유치원, 초 · 중 · 고등학교, 전문대학교, 대학교, 특수학교, 기타 사회교육기관 등</td></tr>
<tr><td>자원봉사 · 후원 및 지역단체</td><td>기업체, 식당, 제과점, 교회 및 사찰, 대학동아리, 자원봉사센터, 동 부녀회, 청년회, 새마을지도자회, 적십자회, 이 · 미용실, 지역공동모금회, 직종별 협의회, 시민사회단체 등</td></tr>
<tr><td>지역언론</td><td>지역신문사, 지역방송사, 인터넷블로거 등</td></tr>
<tr><td>문화단체 및 시설</td><td>지역문화 · 예술단체, 도서관, 문화센터, 체육시설, 영화관, 공연장 등</td></tr>
</table>

출처: 보건복지부(www.mohw.go.kr)

(2) 연계의 영역

복지시설과 지역사회는 다양한 측면에서 연계성을 갖는다.

첫째, 자원과 서비스의 통합지원을 중심으로 하는 생태학적 관련이다.

둘째, 복지시설과 지역사회는 공생적 발전을 도모한다.

셋째, 복지시설과 지역사회는 체계적 방법으로 서비스를 제공하는 시스템을 구성한다.

이러한 관련을 통해 복지시설과 지역사회는 지역사회 구성원들의 다양한 복지적 욕구를 충족시키고, 성장과 발달을 도모할 수 있게 된다. 복지시설과 지역사회의 유기적 연계는 협력을 기반으로 한다. 협력은 기본적으로 인적 · 물적 자원의 교류와 사업네트워크 형성 등을 통해 공식적, 비공식적으로 이루어진다. 인적 자원 교류는 지역사회와 복지시설에 속한 전문가들의 교류를 통해 상호 이해와 도움을 받으며, 물적 자원 교류는 복지시설과 지역사회가 보유하는 시설, 장비 및 설비 등을 공유하는 것이다. 사업네트워크 형성은 복지시설과 여타의 지역단위 사업들을 상호 협력시스템에 연계시킴으로써 이용체계를 정비하고 사업의 효율성을 높이는 방법을 말한다.

가) 시설보호 및 이용에 있어서 지역사회 자원 활용

시설에 대한 지역사회의 반응을 우호적으로 만든다. 지역주민들이 각종 행사를 개최할 수 있도록 시설을 제공한다. 지역 시장 등을 이용하여 매출에 도움을 준다.

나) 시설운영에 있어서 지역사회 자원 활용

시설을 위해 지역사회의 도움을 받는다. 지역의 종교기관이나 기업, 학교 등에서 재능기부나 봉사활동을 유치한다. 이들에게 특정 프로그램을 운영하도록 하여 이용자들이 함께 참여하도록 한다.

다) 시설설비의 지역사회 개방

시설의 특수한 기능을 지역사회에서 필요로 하는 대상들에게 개방하고, 공간을 주중 및 주말에 무상으로 개방하여 활용토록 한다.

라) 시설기능의 지역사회 제공

시설에서 보유하고 있는 각종 전문적인 기능들을 지역사회를 위하여 제공하는 것이다.

3. 복지시설과 지역사회 연계방안

1) 연계의 기본방향

- 연계 지원을 위한 정책적 제도화
- 연계 주체들의 연계 필요성 인식과 동기부여
- 연계에 대한 안내 및 성공적 경험의 공유기회 확대
- 연계 활성화를 위한 직원들의 역량 강화
- 지역사회 내 관련기관들의 연계 역량 강화
- 지역사회 자원정보 공유
- 지역사회 네트워크 구축

2) 주도집단에 따른 연계의 방안

(1) 복지시설 주도의 지역사회 연계

시설이 클라이언트의 필요와 요구를 충족시키기 위해서는 시설만의 자원과 서비스만으로는 한계가 있음을 인식하고, 지역사회가 보유하는 인적, 물적, 프로그램 자원 등의 연계를 도모하고 상호 협력하는 방식이다.

지역사회의 여러 자원들과 연계하여 복지, 보건, 교육 등의 프로그램을 클라이언트들에게 제공하고, 지역사회 내의 각종 단체나 시설(문화, 체육센터 등), 보건소, 학교, 주민센터 등과 연계를 이룬다.

(2) 지역사회 주도의 시설 연계

지역사회기관들이 여타의 유관기관이나 자원과의 연계 필요성을 인식하고, 기관 간 인적 및 물적 자원을 주도적으로 연계하고 상호 도움을 받는 방식이다. 이때 지역사회기관이란 복지시설, 봉사단체, 기업, 대학 등이 해당한다.

3) 연계의 운영모형

(1) 기능적 유형

연계활동에 각 기관이 고유의 목적을 갖고 참여하면서, 기관의 이해관계에 기반하여 연계할 부분을 정하고 파트너십을 형성해 운영하는 모형이다. 상호보완 차원의 연계이다. 기능적 연계는 수요자의 욕구에 맞는 통합서비스를 제공하기 위해 프로그램 개발 및 제공과 관련된다. 기능적 연계를 담당할 조직으로 사회복지관 등을 활용할 수도 있다. 다만, 과도한 협력은 자율성과 효율성을 방해할 수 있으므로, 자신의 임무를 기반으로 연계활동을 하는 것이 중요하다.

(2) 협력적 유형

지역사회기관 간의 공통의 목적을 확인하고, 상호 학습을 통해 집단적 목표를 설정하여 추진하는 것으로 공동의 작동기제와 보고체계, 갈등해결 기제를 보유하면서 운영하는 모형이다. 기관 간의 상호 신뢰가 쌓이면 가능한 연계 모형이다. 연계활동의 성공을 위해서는 누구도 일방적으로 주도하지 않아야 하고 운영위원회를 중심으로 공동의 의사결정이 요구되며 네트워크를 구축하여 협력하는 모형이다.

(3) 상호연계 유형

상호연계 유형은 별도의 위계체계나 지배구조, 보고체계를 갖추지 않으며, 지역사회기관들이 기능적 이해관계 및 협력수준을 넘어 친밀한 수준에까지 연결된 운영 모형이다. 기관 상호 간의 의사소통을 중시하고, 신뢰를 기반으로 상호 연계하여 함께 문제를 해결해 나가는 것으로, 친밀관계를 향상시키고 상호 파트너십을 형성한다.

(4) 변혁적 유형

지역사회기관들이 지역사회와 공동의 사명을 수행하는 이상을 행하는 것으로 지역사회 전체의 변혁을 도모하는 운영 모형이다. 연계는 클라이언트나 지역사회를 새로운 방식으로 이해하는 협력적 건설이라는 틀을 유지한다. 이 유형은 상호연계 유형에 학습적 요소의 중요성을 강조하며, 학습을 통해 개인 및 집단적 수준에서 가치와 관점의 변혁을 도모하는 학습공동체라 할 수 있다.

이상의 유형들은 연계 목적에 따라, 기관 간 친밀도에 따라 특정의 유형이 채택될 수 있다. 대체로 연계 범위나 활동의 정도에 따라 초보적인 기능적 연계에서 협력적, 상호연계 유형으로 발전하고, 궁극적으로는 변혁적 유형으로 전환된다.

4) 연계의 구체적 방안

복지시설과 지역사회의 연계는 다음과 같은 방식으로 이루어진다.

(1) 자원 연계

복지시설이 지역사회에 존재하는 다양한 인적·물적 자원을 활용하거나 제공하는 방식이다. 대표적으로 자원봉사 참여, 후원물품 제공, 전문인력 지원 등을 들 수 있다.

(2) 정보공유

복지시설이 지역사회 기관들과의 다양한 소통을 통해 대상자에 대해 정보를 제공받고, 서비스 내용을 공유하는 등으로 연계한다.

(3) 협력 프로그램 운영

복지시설은 지역 복지관, 병원, 학교 등과 연계하여 지역의 특성에 맞는 공동 프로그램을 개발하고 실행한다.

(4) 통합 사례관리

지역의 복지 사각지대를 발굴하고, 타 기관들과 함께 사례를 통합적으로 관리하여 서비스를 필요로 하는 대상자들에게 맞춤형 서비스를 제공한다.

(5) 지역사회 참여 촉진

지역주민이나 시설들이 복지시설의 운영에 참여하거나, 지역주민들을 대상으로 프로그램을 제공하여 상호 소통을 증진한다.

제2절 시설과 지역주민과의 연계

1. 지역사회 주민 조직화

1) 지역사회 조직화의 개념

주민 조직화는 주민들이 공동의 관심사나 문제를 해결하기 위해 자발적으로 모이고 조직을 이루어 자신이 살고 있는 지역사회를 근본적으로 변화시켜 나가려는 과정을 말한다. 기본적으로 조직화는 개별적인 문제를 지역사회 공동의 문제로 묶어내는 과정이라 할 수 있다. 여기서 조직화의 주체는 사회복지사가 아니라 지역주민이며, 지향하는 목표가 사익이 아닌 지역의 공동의 문제, 즉 공공선을 위한 긍정적인 변화를 추구하는 점이다.

복지시설에서의 지역사회 조직화는 주민 조직화의 방법을 빌어서 사회복지 이념을 실현하는 것이다. 흔히 지역주민운동은 시민 없는 활동, 즉 활동가 중심의 운동이라는 점에서 비판을 받는데, 복지 현장에서의 지역사회 조직화는 사회복지사가 아니라 지역주민들 스스로 문제를 해결한다는 점에서 기존의 주민운동과는 차별화된다.

2) 무엇을 조직하는가?

주민 조직화가 필요한 대상은 주로 지역사회에서 소외되고 차별받는 계층이며, 이들은 조직화를 통해 힘(power)을 축적하게 된다. 지역사회에서 소외되고 차별받는 계층은 단순히 경제적 빈곤만이 아니라 주거, 교육, 건강 및 서비스에 대한 접근 등의 권리를 부적절하게 향유하고 있다. 이를 그대로 내버려두면 사회적 기본구조의 취약성이 드러나고 이중적 사회가 구축될 위험성이 있다. 따라서 주민 조직화를 통해 힘을 비축하고 지속적, 구조적으로 문제를 개선해 나가지 않으면 지역사회의 내재적 문제를 해결하기 어렵다.

조직화 과정을 통해서 지역주민들의 생각을 조직하고 마음을 조직하여 행동하게 하여야 한다. 이때 외부 자원을 조직화하면 내부의 해결능력을 저해할 수 있기 때문에 가능하면 내부 자원을 먼저 조직화하는 것이 중요하다.

3) 조직화의 원칙은 무엇인가?

지역사회 조직화를 수행하는 데 있어서 올바른 행동규칙, 즉 무엇이 건전하고 좋은 지역사회 조직이냐에 관한 가치판단을 조직화 원칙이라 한다. 지역사회 조직화는 민주적 이념과 가치체계에 합당한 것이어야 하며, 다음과 같은 원칙을 갖는다.

① 지역사회 조직화는 지역주민들의 욕구를 충족시키고자 하는 사회사업의 한 과정이다. 이 욕구는 주민 스스로의 욕구여야 하며, 복지시설의 이익을 위해서 조작되거나 강요된 욕구여서는 안 된다.
② 지역사회의 문제 해결에는 주민의 광범위한 참여가 있어야 한다. 참여는 자발적이어야 하며, 지역주민 개개인이 아니라 각계각층의 대표를 통해서 이루어져야 한다.
③ 지역사회 조직화는 개별사회사업이나 집단사회사업에서와 마찬가지로 지역사회를 이해하고, 있는 그대로 수용하고 그 특성을 개별화하여야 한다.
④ 지역사회의 복지를 증진시키기 위해 결성된 복지기관들의 협의체는 서비스의 조정을 통해서 제한된 복지자원을 효율적으로 활용해야 한다.

4) 누가 어떤 역할을 하는가?

지역주민(people), 주민대표(leader), 조직가(organizer)로서 사회복지사의 적절한 역할 배분이 이루어져야 한다. 초기에는 조직가의 역할이 크지만 지역주민과 주민대표(주민지도자) 스스로 역할을 할 수 있을 정도가 되면 조직가의 역할은 점차 줄어들거나 없어지는 것이다.

조직화의 일례로 청소년, 여성, 직장인 등의 모임은 처음부터 의도를 가지고 조직화하는 경우는 많지 않다. 따라서 사회복지사는 모인 사람들이 자원봉사 등 사회 참여활동을 통해 그들 스스로 활동할 수 있도록 여건을 조성해 주면서 각 단체가 독립적으로 활동할 수 있게 지원하는 방식으로 조직화를 유도한다. 구성원들의 의견을 묻고 지원하면서 활동하는 과정을 통해 역할에 변화가 생기고 주민들이 조직화되는 것이다. 이 과정에서 주민들 스스로 다른 사람을 돕고, 스스로 공부하고, 다른 활동을 고민하는 등으로 발전하게 된다.

이때 사회복지사는 주민들의 활동을 지원할 때 '무엇을 하면 좋을까요?'라고 묻고 도와주는 보조적 역할을 할 뿐이다. 지역주민들이 본인의 의견이 채택되는 경험을 통해 의식을 공유하도록 한다.

5) 어떻게 조직화하는가?

(1) 주민 조직화의 준비

주민 조직화를 위해 가장 먼저 할 일은 지역사회의 일반현황을 조사하고, 주민 조직화 선행사례들을 탐색하며, 자원 및 지역욕구 등을 파악하고 지역의 토착지도자가 누구인지, 지역정서는 어떠한지 등을 파악하는 주민 조직화 준비 과정이다. 이 단계에서는 인터넷 등을 통한 정보탐색 및 수집, 주민 상담, 기타 지역특성 분석, 설문작성 및 통계분석, 보고서 작성, 자원파악 기술 등이 활용된다.

(2) 범주 설정

지역에 대한 인지를 기반으로 주민 조직화를 위한 대상지역, 대상주민 및 활동 영역을 구체적으로 설정하는 단계이다. 이 단계에서는 자료분석, 구역분석, 문제 인식, 의사소통, 이슈설정 기술 등이 활용된다.

(3) 주민조직의 결성

범주가 설정되면 참여할 주민들을 발굴하고 주민조직을 결성하는 단계이다. 먼저, 지역문제를 해결하는 데 참여할 의사가 있는 주민들을 다양한 방법으로 홍보하여 모집하고, 수차례의 예비모임을 통해 주민들 간 그리고 주민과 시설 담당자 간 원만한 파트너십 관계를 형성한다. 그리고 이 모임에서 주민들을 중심으로 주민조직의 방향과 목적에 대해 합의하고 주민조직을 이끌어 갈 지도력을 구축하며 운영규칙을 설정한다. 필요하다면 주민들에 대한 교육훈련을 실시할 수도 있다. 이 단계에서는 의사소통, 관계 형성 촉진, 연대의식 강화, 대인관계 기술, 회의 진행, 갈등조정, 문서작성 기술 등이 활용된다.

(4) 주민조직의 활동

주민조직이 구축되면 주민회의를 개최하여 해결하여야 할 지역의제를 설정하고, 인적 · 물적 자원을 연결하는 다양한 네트워크를 형성, 주민주도 활동을 통한 역량 강화 등을 지원하며 지역활동과 민주적 주민모임을 촉진한다. 그리고 운영 과정을 통하여 나타나는 문제점을 중심으로 주민조직의 방향성, 목적, 활동 등을 점검하고 조직의 자립가능성을 확인하여 주민조직의 지속성을 촉진하도록 한다. 주민조직의 소통과 연대를 구축하고 주민조직이 주민협동공동체가 될 수 있도록 유도한다.

〈표 11-3〉 **주민 조직화 과정**

활동단위	활동단계	활동단위 요소
1. 조직화 준비	준비 단계	지역의 일반현황 파악
		주민 조직화 선행사례 탐색
	지역탐색 단계	자원탐색
		지역욕구와 문제 파악
		토착지도자 파악
		지역정서 파악
2. 범주 설정	조직화 범주 설정 단계	지역 설정
		대상 설정
		활동영역 설정
3. 조직의 결성	주민발굴 단계	주민모집
		관계형성 활동
	주민조직 결성 단계	조직의 방향성 · 목적 합의
		주민 리더십 세우기
		주민조직 운영규칙 설정
4. 조직활동 과정	주민조직 운영 단계	주민교육(활동방법)
		주민역량 강화
		지역활동
		주민모임
	주민조직 유지관리 단계	방향성 · 목적 · 활동 점검
		자립가능성 점검

〈표 11-4〉 지역사회 주민 조직화 사례: 사회복지공동모금회, 영구임대아파트 주민 역량 강화 사업

〈목적〉
저소득 영구임대아파트 지역주민의 임파워먼트를 위한 지역주민 조직화 사업은 빈곤, 슬럼화현상, 지역주민 갈등 등 영구임대아파트 주민들이 겪게 되는 지역의 문제 해결을 위해 '지역사회발전센터'를 구성 · 운영함으로써 궁극적으로는 지역주민의 역량 강화를 도모하기 위해 실시한 사업이다.

〈주요 사업〉
전국 공공임대아파트 주민의 날, 신규세입자 교육, 주민지도자 양성, 주민의식 개선 교양강좌, 주민교사 양성, 환경 가꾸기 등 각종 소모임 운영, 지역주민 축제, 가족캠프, 지역 홈페이지 운영, 주민상담, 복지이동센터 등을 통해 주민들이 관계의 벽을 허물고 주민들이 만나서 상호작용할 수 있는 기회를 제공한다.

〈효과〉
주민 조직화 사업이 폐쇄적이고 단절적이었던 인간관계의 벽을 허무는 등 긍정적인 영향을 미친 것으로 나타났다.

〈한계〉
일회용 이벤트성 사업이 주가 되고 있으며 주민자치조직 구성을 위한 사업진행이 원활하지 못한 점 등이다.

〈향후과제〉
주민 조직화 사업에 대한 주민들의 역량은 어느 정도 수준에 이른 것을 감안할 때 센터공동연대 등 사업의 지속성을 유지하며, 사업에서 얻어진 결과를 향후 어떻게 활용하고 현실에 적용할 것인지에 대한 구체적인 추진계획을 수립해야 할 것이다.

2. 사회복지시설과 지역주민의 협력활동

1) 협력활동의 유형

지역사회가 갖는 문제 해결에 복지시설의 역할이 필요하다는 공감대가 확산되어 있다. 복지시설과 지역사회의 협력 증진을 지속적이고 체계적으로 추진하기 위해서는 제도화, 즉 파트너십을 구축할 필요가 있다. 지역 파트너십협의회를 구성하여 운영함으로써 지역주민의 현장이야기를 들은 후 프로그램을 개발하고, 지역주민이 참여하게 하면 책임감을 가지고 참여하게 될 것이다.

복지시설과 지역주민의 협력활동은 크게 세 가지 유형으로 이루어진다.

첫째, 시설 자원의 활용과 관련하여 시설공간을 개방하여 각종 활동들을 지원한다.

둘째, 인적 자원의 활용과 관련하여 문화 및 교육프로그램 운영, 주민교육, 지역기업과 연대, 지역프로그램 개발과 운영 등을 시행한다.

셋째, 경제적 협력과 관련하여 저소득층 등 도움을 필요로 하는 대상에 대한 경제적 지원, 창업 지원 등을 수행할 수 있다.

〈표 11-5〉 **사회복지시설과 주민의 협력활동 형태**

협력 유형	협력프로그램	
시설 자원 활용	· 시설 개방(공간 활용) - 다른 유형의 협력활동을 위한 공간 및 시설을 지원	
인적 자원 활용	문화 및 교육프로그램	· 지역주민의 역량 강화 · 교육환경 개선 · 공동체 형성에 기여 · 주민 간 유대감 상승 · 지역사회의 당면문제 해결
	주민교육	
	지역기업과 연대	
	지역프로그램(마을 만들기 등)	
경제적 협력	· 저소득층 등 도움을 필요로 하는 대상에 대한 경제적 지원 · 창업 지원 등	

2) 협력활동으로서의 마을 만들기 사업

앞에서 살펴본 바와 같이, 지역주민들과의 다양한 협력활동이 가능하다. 그중 대표적으로 인적 자원을 활용한 지역프로그램인 마을 만들기 사업을 통해 활동의 전반을 살펴본다.

마을 만들기 사업은 대체로 지역주민들의 주도로 이루어진다. 따라서 다음과 같은 단계로 활동들이 전개된다. 가장 먼저 주민파트너십을 구축하고 이를 바탕으로 마을분석과 비전을 설정한다. 비전이 설정되면 이를 효과적으로 달성할 과제들을 선정하고 실행전략을 수립한다. 이러한 전략들은 실무조직들에 의해 실행되며 실행된 결과를 평가하고 환류하는 과정으로 이루어진다. 이상의 일련의 과정들은 주민들이 주체가 되며, 그 구체적인 세부활동 내용은 다음과 같다.

〈표 11-6〉 마을 만들기 사업의 단계와 세부활동내용

단계	세부 활동내용
1. 파트너십 구축	· 촉발집단(trigger group) 형성 · 마을 만들기 주민의식 및 공감대 형성 · 마을 만들기 아카데미 운영으로 마을리더 양성 · 주요 주체들의 관심사 지도그리기(mapping) · 조직의 결성 · 확대된 파트너십 형성
2. 마을 분석	· 마을 환경분석 · 자원 및 자산의 분석 · 마을의 욕구 및 문제의 사정
3. 마을비전 설정	· 마을비전 창출을 위한 논의 · 마을비전 창출 주민모임 운영
4. 과제 선정	· 과제의 열거 및 우선순위 결정 · 목표집단의 확인과 장기적 성과목표 정의 · 실행방법의 검토 · 정부 및 민간 지원 프로그램의 활용
5. 실행전략 수립	· 성과중심 실행전략 수립 · 파트너십 기구의 역할과 전략과의 연관성 확보 · 성과중심의 예산계획 수립 · 마을계획 수립 · 마을조례의 제정
6. 구체적 실행	· 실무조직의 구성 및 운영 · 자원의 배분 및 재형성 · 주민 및 네트워크와의 교류를 통한 추진 · 교육 및 연수 · 소식지 및 사업촉진 커뮤니케이션 활동 · 지역브랜드화와 마케팅
7. 평가와 환류	· 성과목표에 대한 사정 · 새로운 마을 만들기를 위한 환류

제3절 시설과 지역 행정기관과의 연계

1. 행정기관과의 관계

지역의 사회복지시설은 기관 운영과 관련하여 공공기관의 수탁을 받아 운영하거나, 특정 프로그램이나 사업의 보조금 등 행정기관과의 밀접한 관련하에 운영되고 있다.

각각의 행정기관들과 사회복지시설 사이에서 접수되는 공문을 근거로 이들의 관계가 어떻게 연계되는지 살펴본다.

1) 중앙행정기관 및 광역자치단체와의 관계

복지시설이 중앙행정부처와의 관계는 순수한 협력관계라기보다는 법령과 업무지침에 따른 지도감독 등을 받는 수직적 관계라 할 수 있다. 지역의 복지시설은 중앙행정기관에 대해 복지정책에 반영될 수 있는 현장의 목소리를 제공하는 정도이다. 상급 정책기능을 수행하는 중앙행정기관은 지역 복지시설에 대해 다음과 같은 업무를 수행한다.

첫째, 특정 정책을 수립하고 이를 집행하기 위한 가이드라인을 제시한다. 예컨대, 사업설명회를 개최하거나 교육하는 업무, 통일된 양식의 서식을 배포하고 보고받는 업무 등이다.

둘째, 전국적인 서비스 수준을 확보하고 정책목표 달성 여부를 확인하기 위한 시설평가 업무를 수행한다. 법령에 따르면 복지시설은 원칙적으로 3년마다 평가를 받게 되며 이를 중앙행정기관이 소관 혹은 위탁사업으로 수행하게 된다.

셋째, 특정 사업에 대해 중앙행정기관은 복지시설 운영을 위한 보조금을 지원하며, 복지시설은 이를 효율적으로 운영하여야 할 책무를 갖는다.

넷째, 전국적 통일을 요하는 사안에 대한 확인 및 고지 업무를 갖는다. 예컨대, 시설기준이나 종사자 보수기준 등이 여기에 해당한다.

반면, 시설에 대해 광역자치단체는 중앙행정기관의 정책적 사항을 구체적으로 지원하는 역할을 수행한다. 각종 연구와 교육, 수요 및 현황조사, 평가, 광역자치단체 지원사업 및 보조금 교부 등이 이에 해당한다.

〈표 11-7〉 사회복지시설과 광역행정기관과의 관계

광역행정기관	협조내용
시 · 도	지원사업 신청
	보조금 교부
	종사자교육
	시설평가 실시 및 결과 통보
	연구결과 설명회
	지원물품 소요량 파악
	후원금품 관리현황 제출
	지역조사 협조
	행사홍보 협조
	정보시스템 입력 협조
	대상자 수요조사
	이용자 현황조사
	인력현황 제출
	사업계획 변경 승인

2) 기초행정기관과의 관계

복지시설들이 현장에서 가장 많이 접촉하는 행정기관이 시 · 군 · 구청과 동 주민센터이다. 기초행정기관으로서 시 · 군 · 구청은 중앙행정기관 및 광역자치단체의 행정적 지시사항을 복지시설에 직접 적용하는 주체이면서 해당지역에 요구되는 사항들을 추가적으로 실행하게 된다. 따라서 복지시설은 시 · 군 · 구청의 담당부서나 담당자들과 긴밀하게 협조하여야 한다.

기초자치단체는 시설에 대해 시설운영관련, 예산관련, 운영위원회 및 인사관련, 기타 지도감독과 사회복무요원, 안전점검 등에 대한 지원과 감시, 감독 기능을 갖는다.

첫째, 시설운영과 관련하여 시설은 사업계획을 수립할 때 자치단체 주무과의 의견을 수렴하도록 하며, 지역사회보장협의체에 참여하여 활동하고 기타 행정기관과 연계를 갖는다. 또한 자치단체장에게 관리운영 규정, 사업 수행결과, 생활시설 입소자 및 서비스 이용대상자를 보고하는 등의 책무를 갖는다.

둘째, 예산과 관련하여 지방자치단체는 차년도 예산 편성 지침을 통보하고, 시설은 확정된 예산을 자치단체장에게 보고하면 이를 자치단체 홈페이지 등에 공고한다. 또한 시설은 사회복지정보시스템으로 자치단체장에게 보조금을 신청하고 정산 내역을 보고하며, 결산이나 전용, 후원금과 관련하여 보고한다.

셋째, 시설운영위원회 위원은 자치단체장이 위촉하며, 시설은 운영위원회 회의록을 자치단체장에게 제출한다. 자치단체장은 인사와 관련해서도 종사자의 입퇴사 시 보고를 받고 매월 승급을 보고받는다.

넷째, 자치단체는 기타 정기 지도감독, 특별감사를 실시하며, 사회복무요원 신청과 보수지급, 정기 및 수시 안전점검, 합동 안전점검 등을 실시한다.

〈표 11-8〉 사회복지시설에 대한 기초자치단체의 시설운영관련 업무

범주	협조내용	일정	비고
사업계획의 수립	• 해당 자치단체 복지 주무부서의 의견을 수렴하여 매년도의 사업계획 수립 시 반영	매년 사업계획 수립 시	
행정기관 연계	• 자치단체는 시설이 지역사회보장협의체에 참여하고 동 주민센터 등 기관들과 연계할 수 있도록 협조	발생 시	
관리운영 규정	• 조직 · 인사 · 복무 · 보수 · 회계 · 물품 · 문서 등 시설의 관리운영에 관하여 필요한 규정을 정하여 시행하고 관련 규정은 자치단체장에게 보고	발생 시	
사업 수행 실적 보고	• 보조사업을 완료하였을 때 또는 회계연도가 끝났을 때 실적보고서를 작성하여 자치단체장에게 제출	사유 발생일로부터 2개월 이내	
생활시설 입소자 보고	• 생활시설에서는 입퇴소자에 대한 변경사항을 온라인으로 즉시 보고하고 자치단체에서 확정 • 자치단체에서는 생계비 산정 및 정산 시 기준 정보로 활용	발생 시	사회서비스 정보시스템 (희망이음)
민간 서비스 연계 및 이용대상자 보고	• 지역사회 민관 협력 강화를 위해 복지서비스 대상자 및 자원 정보를 지자체와 온라인으로 공유 • 연계된 정보를 활용하여 복지 대상자의 서비스 연계 및 자원 배분에 활용	발생 시	

〈표 11-9〉 사회복지시설에 대한 기초자치단체의 예산관련 업무

범주	협조내용	일정	비고
예산 편성	• 자치단체에서 예산 편성 지침을 정하여 매 회계연도 개시 2월 전까지 시설에 통보 가능 • 시설에서는 「사회복지법인 및 사회복지 시설 재무 · 회계규칙」 제10조에 의거 확정한 예산을 자치단체장에게 제출 • 제출받은 예산을 20일 이내 자치단체의 게시판과 홈페이지에 20일 이상 공고 • 보조금 신청 및 정산의 기준 정보로 활용	매 회계연도 개시 5일 전	사회서비스 정보시스템 (희망이음)
보조금 교부신청	• 운영비, 생계비, 사업비 등 교부신청을 자치단체장에게 사회서비스정보시스템(희망이음)으로 신청하고 지방자치단체는 이 정보를 기준으로 보조금 신청 교부 처리	매 분기/월 개시 전 단체장이 정하는 시기	
보조금 정산 보고	• 보조사업이 완성 또는 사업 연도가 종료되었을 때는 정산 내역을 온라인으로 보고, 보고된 정보를 자치단체에서 확정	매 분기/월	
추가경정 예산의 편성	• 성립된 예산에 변경을 가할 필요가 있을 때에는 예산 편성절차에 준하여 추가경정예산을 편성하고, 확정된 날로부터 7일 이내 자치단체에 제출 • 자치단체는 제출받은 예산을 20일 이내 게시판과 홈페이지에 20일 이상 공고	추가경정예산 편성이 확정된 날로부터 7일 이내	
예산의 전용	• 「사회복지법인 및 사회복지 시설 재무 · 회계규칙」 제16조에 의거 관 · 항 간 예산을 전용한 경우에는 결산보고서 제출 시 과목전용조서를 첨부	결산보고서 제출 시	
결산	• 「사회복지법인 및 사회복지 시설 재무 · 회계규칙」 제19조에 의거 자치단체에게 제출 • 자치단체는 제출받은 결산보고서를 20일 이내에 자치단체의 게시판과 홈페이지에 20일 이상 공고	다음 연도 3월 31일까지	
후원금의 수입 · 사용결과 보고	• 「사회복지법인 및 사회복지 시설 재무 · 회계규칙」 제41조의 6에 의거 결산보고서를 제출할 때 후원금수입 및 사용결과 보고서(전산파일 포함)를 자치단체에 제출 • 자치단체는 제출받은 보고서를 제출받은 날로부터 20일 이내에 인터넷 등을 통하여 3개월 동안 공개	결산보고서 제출 시	

〈표 11-10〉 사회복지시설에 대한 기초자치단체의 위원회 및 인사 등 관련 업무

<table>
<tr><th colspan="2">범주</th><th>협조내용</th><th>일정</th><th>비고</th></tr>
<tr><td rowspan="3">운영위원회</td><td>위원 임명 또는 위촉</td><td>•「사회복지사업법」 제36조 제2항 및 같은 법 시행규칙 제24조 제1항에 의거, 위원을 추천
• 자치단체는 추천받은 자에 한해 규정에 의거 심사 후 자치단체장이 임명 또는 위촉</td><td>발생 시</td><td></td></tr>
<tr><td>위원회 활동</td><td>• 사회복지업무를 담당하는 공무원이 분기별 1회 이상 정기회의에 참석, 「사회복지사업법」 제36조 제1항에 관한 사항 심의</td><td>매 분기</td><td></td></tr>
<tr><td>회의록 작성 및 보고</td><td>• 매년 1회 정기 및 수시회의 결과와 정책건의가 필요한 사항을 자치단체장에게 제출</td><td>매년 1회 (12월 1일 이내)</td><td></td></tr>
<tr><td rowspan="2">인사</td><td>종사자 보고</td><td>• 종사자에 대한 입퇴사 발생 시 온라인으로 보고하고 이를 자치단체에서 확정
• 자치단체에서는 인건비 산정 및 정산 시 기준 정보로 활용</td><td>발생 시</td><td rowspan="2">사회서비스 정보시스템 (희망이음)</td></tr>
<tr><td>승급</td><td>• 매월 1일자로 승급을 시행하고 이를 자치단체에 온라인으로 보고
• 자치단체에서는 인건비 산정 및 정산 시 기준 정보로 활용</td><td>발생 시</td></tr>
</table>

〈표 11-11〉 사회복지시설에 대한 기초자치단체의 지도감독, 감사, 안전점검 등 관련 업무

<table>
<tr><th colspan="2">범주</th><th>협조내용</th><th>일정</th><th>비고</th></tr>
<tr><td rowspan="2">지도감독</td><td>정기 지도감독</td><td>• 자치단체장은 사회복지사업을 운영하는 자의 소관 업무에 관하여 지도감독 등의 업무를 수행
• 시설은 관련 제반 시설과 서류 제출하여 실질적인 감사가 이루어질 수 있도록 협조</td><td>연 1회 이상</td><td></td></tr>
<tr><td>특별감사</td><td>• 시설의 부정 및 비리 등에 대한 진정, 고발, 건의사항 등과 기타 언론보도 및 사회적 이슈 사항에 대한 처리를 위하여 실시</td><td>발생 시</td><td></td></tr>
<tr><td rowspan="2">사회복무요원</td><td>신청 및 배정</td><td>• 시설은 차기 연도의 필요 인원을 자치단체장에게 요청하고, 자치단체장은 지방병무청에 배정을 요청</td><td>매년 2월 말일까지</td><td></td></tr>
<tr><td>인력경비 지급</td><td>• 시설에서 사회복무요원의 복무상황부를 월 1회 제출, 자치단체장은 보수 지급</td><td>매월 말일</td><td></td></tr>
</table>

범주		협조내용	일정	비고
안전점검	정기 안전점검	• 매 반기별 시설에 대해 자체 정기안전점검을 실시하고 그 결과를 자치단체에 제출 • 자치단체는 예산의 범위 내에서 안전점검, 시설의 보완 및 개보수에 소요되는 비용의 전부 또는 일부를 보조하고 안전점검 이력관리 수행	매 반기	
	수시 안전점검	• 정기안전점검 결과, 해당시설의 구조 · 설비의 안전도가 취약하여 위해 우려가 있는 때에 안전점검기관에 수시안전점검을 의뢰하여 그 결과를 자치단체에 제출	발생 시	
	합동 안전점검	• 안전취약시기(하동절기, 태풍발생 시 등)에 시설물 안전관리실태, 매뉴얼 준수여부, 안전의식, 교육훈련 등의 종합점검 실시 • 자치단체에서는 안전점검 계획에 따라 종사자 대상 교육훈련 및 안전점검표에 따른 현지 점검 실시 후 그 결과를 보건복지부에 보고 • 필요한 경우 시설 운영자로 하여금 시설의 보완 또는 개보수 등을 요구하고 그 사항을 모니터링	취약시기 전	

한편, 동 주민센터는 행정기관의 최일선으로서 지역의 사회복지시설과 현장에서의 실질적 협력관계를 맺게 된다. 시설 이용자들에 대한 정보의 교류와 자원을 공유함으로써 통합사례관리 등 대상자들에게 보다 나은 서비스를 제공할 수 있게 된다.

최근 동 주민센터의 복지 허브화 및 찾아가는 동주민센터 등의 사업추진을 통하여, 복지담당 업무와 인력을 대폭 확대하는 동시에 접근성 제고를 위하여 방문복지와 보건의 비중을 높이고 통합사례관리를 강화하며, 수급자 발굴과 자원개발 등과 관련하여 주민들 참여를 강조하는 추세에 있다.

3) 기타 행정기관과의 관계

업무적으로 복지와 연관을 갖는, 즉 광의의 복지의 영역으로 간주할 수 있는 것으로 교육과 보건, 고용 등이 있다.

먼저, 사회복지시설이 지역 교육서비스를 연계할 때 협력할 수 있는 기관으로 교육청과 각급 학교들이 있다. 학교단위에서는 이미 교육복지사업의 일환으로 각 학교마다 학교사회복지사가 상주하거나 몇 개 학교를 단위로 사업을 추진하는 경우가 많다. 따라서 시설에서는 이들 교육복지사업과 연계하여 통합사례관리 등 다양한 활동들을 협력할 수 있을 것이다.

다음으로, 사회복지시설이 지역에서 의료서비스를 연계할 때 가장 쉽게 이용할 수 있는 기관으로는 보건소가 있다. 보건소에서 진행되는 다양한 보건 및 의료서비스 사업들 중에는 복지시설과 연계하여 진행하는 사업들이 많다. 방문간호사업이나 지역 순회진료 등은 복지사업과 함께할 때 그 효과가 배가될 수 있다.

또한 복지시설이 지역에서 고용관련 서비스를 연계할 때 이용할 수 있는 기관으로는 고용노동부 고용복지센터 등이 있다. 일자리와 복지의 원스톱 서비스를 제공하기 위해 고용관련 기관들과 사회복지기관들이 서로 협력 · 연계하여 주민들에게 다양한 서비스를 제공할 수 있다.

2. 지역사회 차원의 민관 거버넌스

1) 민관 거버넌스의 의의

민간의 복지시설은 지방정부와 긴밀한 상호 관련성을 지니며 지역 발전을 위한 활동에 중추적 역할을 한다. 그런 점에서 최근 민간과 공공 영역은 다양한 협력을 추진하고 있다. 이를 민관 거버넌스라 일컫는다.

대체로 공공부문은 지역발전을 위한 종합계획의 수립 및 집행을 담당하고, 민간부문은 주민의견의 수렴과 지역현안에 대한 공감대 형성을 위해 기여하도록 요구하고 있다. 민과 관이 이러한 역할을 분담하고 추진하는 데에는 상호 이해의 증진과 신뢰 구축이 중요하다.

이를 효과적으로 달성하기 위해서 공공부문은 민간이 필요로 하는 각종 정보를 보다 적극적으로 제공하고 지역 현안에 대한 지역사회 주체들의 의견을 다양한 형태로 수렴함으로써 지원할 수 있다. 이러한 상호관계 형성을 통해 지역사회 주체들로 하여금 정부의 입장과 행정을 이해할 수 있도록 하고 또한 정책결정 과정에 참여할 수 있도록 지원할 수 있다.

2) 민관 거버넌스 실제(사례)

ㅇㅇ구에서 실시한 민관 거버넌스를 통한 1인 가구 관리시스템 구축에 관한 사례를 통해 현장에서 민관 거버넌스가 어떻게 구현되는지를 살펴보도록 한다.

① 사업명 : ㅇㅇ구 민간 거버넌스를 통한 1인 가구 관리시스템 구축 사업

② 사업목적 : 민-관의 거버넌스를 통해 1인 가구의 건강한 일상생활 유지 도모

③ 사업목표 :

- 민 · 관 협력 1인 가구 발굴 및 연계 관리 체계 구축
- 권역별 전문 프로그램 운영을 통해 1인 가구 개인역량 강화
- 1인 가구 간 유기적 관계 형성을 위해 나눔을 통한 지역 내 인적자원체계 역할 마련

④ 거버넌스 주체(참가자)

- 행정부서 : 구청 주무부서(복지정책과), 구내 ㅇㅇ개 전체 동주민센터
- 민간부문 : 구내 ㅇ개 종합사회복지관, 구 건강가정지원센터

⑤ 사업내용 및 역할 분담

<table>
<tr><th colspan="3" rowspan="2">사업내용</th><th colspan="2">역할분담</th></tr>
<tr><th>주체</th><th>역할</th></tr>
<tr><td rowspan="3">권역별 전문 프로그램 운영</td><td colspan="2" rowspan="3">- 협약식
- 기획회의
- 지역 평가회
- 실무자교육
- 간담회
- 1인 가구 발굴
- 3개 권역 정기 프로그램</td><td>구청 주무부서</td><td>- 행정 지원(홍보, 사업지원 등)
- 실무자 간담회 및 평가회 운영 총괄</td></tr>
<tr><td>동주민센터</td><td>- 1인 가구 발굴 및 지역 홍보</td></tr>
<tr><td>종합사회복지관</td><td>- 권역별 사업계획서 작성 총괄
- 1인 가구 전문 프로그램 운영</td></tr>
<tr><td rowspan="2">당사자 역량강화 프로그램 운영</td><td>심리정서지원 강화 프로그램</td><td>- 대상자 모집
- 개인상담
- 그룹상담
- 프로그램 운영</td><td rowspan="2">구청 주무부서

건강가정지원센터</td><td rowspan="2">- 행정 지원(홍보, 사업지원 등)
- 실무자 간담회 및 평가회 운영 총괄
- 홍보
- 1인 가구 심리정서 지원 프로그램 운영
- 금융경제 교육 및 실습 진행 총괄</td></tr>
<tr><td>금융교육</td><td>- 대상자 모집
- 프로그램 운영</td></tr>
</table>

3) 민관 거버넌스 성공전략

민과 관이 거버넌스를 통해 성공적으로 협력하기 위해서는, 즉 복지시설과 지방행정기관이 성공적으로 협력하기 위해서는 다음과 같은 전략을 구축할 필요가 있다.

(1) 명확한 공동목표 설정

복지시설과 지방행정기관은 상호 협력의 기대를 반영한 명확한 공동목표가 합의 · 설정되어야 한다. 협력의 산물이 얼마나 중요한지, 그 산물을 함께 나눌 수 있는지, 산물이 투입된 비용을 초과하는지를 검토한다. 이를 통해 각 주체들의 이해관계를 조율하고 공동의 가치를 공유할 수 있을 때 거버넌스는 정당화될 수 있다.

(2) 상호 신뢰 구축

지속적이고 투명한 정보공유를 통해 상호 신뢰를 확보하여야 한다. 신뢰는 협력의 기반이 되며 위기 상황에서도 지속가능한 협력을 이끌어 내게 된다. 또한 신뢰를 바탕으로 협력은 상황에 따라 조정될 수 있으며, 그 운영 원칙과 지침도 융통성 있게 설정된다.

(3) 역할과 책임의 명확화

민관 거버넌스가 유기적으로 작동하기 위해서는 복지시설과 지방행정기관의 역할들이 명확히 규정되어야 한다. 각자 역할의 혼선이나 중복을 방지하고 효율성을 높이기 위한 조직체계, 구조를 마련한다.

(4) 참여와 소통의 구조화

민관 거버넌스의 핵심은 사실상 공공부문에 대한 민간의 참여라 할 수 있다. Arnstein(1969)은 지역주민 '참여의 사다리'라는 개념을 통해 민간의 행정 참여의 다양한 수준을 보여 주고 있다. 가장 낮은 수준의 참여로 비참여는 행정기관이 시키는 대로 하거나 민간이 일방적 서비스를 받는 단계이며, 형식적(명목적) 참여는 행정기관이 정보를 제공하거나 역으로 민간의 의견 수렴을 위한 상담, 자문, 위원회 참여가 이루어지지만 최종적 결정은 행정기관에서 이루어지는 단계이다. 마지막으로 실질적(적극적) 참여는 주민과 행정기관이 권력을 공유하며 협력이나 권한 위임, 혹은 기획과 집행과 평가를 민간이 직접 수행하는 최고 수준의 참여 단계로 구분한다.

(5) 제도적 기반 마련

일단 형성된 민관 거버넌스를 지속시키기 위해 법적·제도적 틀을 마련한다. 예산을 지원하고, 운영기구를 설립하며 규칙을 제정하는 등의 조치들이 필요하다.

그 밖에도 협력의 결과에 대해 평가시스템을 구축하고, 갈등 조정과 협의 촉진을 위한 중립적인 기구(예: 시민위원회, 공익중재자)를 설립한다.

〈표 11-12〉 참여의 단계

구분	참여 단계	참여 내용
비참여	1단계: 조작 · 조정	공무원에 의한 일방적 교육 혹은 설득. 주민동원
	2단계: 치료	주민 불만을 사업에 분출시켜 치료. 일방적 행정지도(주민교육, 설득, 계몽)
형식적(명목적) 참여	3단계: 정보 제공	행정이 주민에 일방적 정보 제공. 환류는 없음
	4단계: 상담 · 자문	조사, 집회, 공청회 등을 통한 참여. 참여를 유도하지만 형식적 수준
	5단계: 회유	위원회 등에 참여. 최종 판단은 행정기관이 담당
실질적(적극적) 참여	6단계: 협력	행정기관이 최종 결정하지만, 필요한 경우 주민을 협상으로 유도
	7단계: 권한위임	주민들이 특정 계획에 관한 결정권 행사. 집행단계에도 권한행사
	8단계: 주민자치 · 통제	주민 스스로 입안, 결정, 집행, 평가하는 주민통제

출처: Arnstein, S. R.(1969). A Ladder of Citizen Participation. JAIP, 35(4), pp. 216-224.

제4절 지역복지 네트워크

1. 지역복지 네트워크의 의의

복지시설이 지역사회기관들과 협조하는 경로는 다양하다. 개별 시설차원에서 사업별로 기관들과 연계하여 협력할 수 있으나, 전반적으로 지역사회복지협의회 및 지역사회보장협의체 등을 통해 적극적으로 관계를 맺고 연계할 수도 있다.

지역사회기관과의 연계는 지역복지 네트워크를 통해 수행될 수 있다. 지역복지 네트워크란 지역사회복지 수요자의 복지 증진을 위해 사회서비스 공급 주체간 정보공유, 서비스 연결 등 지역사회복지기관 및 기타 관련기관 간 지속적이고 체계적인 연계를 의미한다. 다시 말해, 복지와 관련된 자원이나 기술, 사회관계, 지식 및 신뢰 등을 공유하고 이를 체계적이고 협력적으로 묶어 주는 관계망이라 할 수 있다. 이러한 점에서 지역복지 네트워크에는 자율적 참여, 목표의 공유, 수평적 분권체계, 상호의존성과 호혜성 등의 요소들이 강조된다.

이러한 지역복지 네트워크는 지역사회 중심의 사회복지가 확대되고 개별화에 따른 서비스 다양화가 활발해짐에 따라 단일의 시설이나 기관에서 제공하는 서비스가 갖는 한계가 나타나면서 보다 적극적으로 요청되고 있다. 또한 자원을 보유 및 제공하는 기관들이 상호 협력을 통한 효과적인 개입을 요청하고 사회복지기관 내부의 혁신 요구, 혹은 지역사회 중심의 자기결정권과 자주관리의 강조 등 분권화의 요구도 네트워크 도입에 일조하고 있다.

이러한 점에서 지역복지 네트워크는 다음과 같은 의의를 갖는다.

첫째, 지역복지기관 간 서비스의 연계와 조정의 역할을 수행한다. 네트워크에 참여하는 기관들이 각자의 특성화된 역할을 기반으로 공동으로 연계프로그램을 개발하고 각자의 역할 분담 등을 협의 · 조정한다. 나아가 네트워크 참여 기관 간의 협의를 통하여 서비스의 중복을 방지할 수 있으며, 보다 적합한 기관으로 대상자를 의뢰하는 역할을 하게 된다.

둘째, 지역사회의 복지자원을 동원하는 역할을 수행한다. 네트워크 참여기관이 필요로 하는 지역 내의 민간자원들을 발굴하고 자원봉사자들을 효율적으로 활용할 수 있다. 이를 위해 네트워크는 자원봉사자의 주요 공급처인 대학이나 기업체, 종교기관 등과 수요처인 복지기관들을 대상으로 체계적인 협의를 한다.

셋째, 지역욕구조사와 지역사회보장계획의 수립을 담당한다. 네트워크 참여기관들이 공동으로 지역사회의 복지욕구조사를 실시하고 이를 토대로 지역사회보장계획의 수립에 적극적으로 참여할 수 있다. 지역사회보장계획은 해당 지방자치단체와 더불어 지역의 민간기관들의 참여를 제도적으로 보장하고 있다.

2. 지역복지 네트워크 구축전략

1) 네트워크 구축의 유형

구조를 기준으로 한 네트워크 유형은 모든 기관들이 수평적으로 연결되는 사슬형(원형), 특정기관을 중심으로 집중적으로 연결되는 스타형(선형), 각 기관들이 상호 연결되는 상호연계형이 있다. 사슬형은 핵심기관이 없이 연쇄적인 사슬모양의 구조를 갖는 것으로 분산적이어서 의사결정을 집약하거나 통합할 여지가 적은 문제점이 있다. 스타형은 하나의 기관을 중심으로 여러 기관들이 1:1의 관계를 갖는 구조로 지나치게 집중적이어서 중심기관의 역량에 지나치게 의존하는 문제가 있다. 상호연계형은 특정 핵심기관을 중심으로 연결되지만 각 기관들 간에도 연계성을 동시에 지니는 구조로서 모든 참가기관들이 직접적으로 접근할 수 있으며 핵심기관의 영향력을 제어할 수 있어 힘의 균형을 유지할 수 있다.

그 밖에도 네트워크는 기능을 기준으로 연락형, 제휴형, 조정형, 협력형, 통합형으로 유형화하기도 한다. 연락형은 각 기관들의 정보 등을 공유하기 위해 연락기능을 중심으로 연결되며, 제휴형은 특정 사업에 대해 상호 일정한 역할을 분담하여 연결되는 것이다. 조정형은 각자가 수행하는 분업적 활동을 공동의 목표 달성을 위해 한 방향으로의 행동 통일을 기하고, 협력형은 상호 이익을 전제로 힘을 모으는 것이며, 통합형은 다양한 기능을 하나로 묶어 단일의 집합체로 전환하는 것이다.

2) 네트워크 구축의 원칙

네트워크가 지향하는 목적을 효과적으로 달성하기 위해서는 일정한 구축원칙이 있어야 한다. 네트워크 구축에 필요한 기본원칙으로는 자발성, 민주성, 포괄성, 책임성, 실용성, 다양성 등이 있다.

〈표 11-13〉 네트워크 구축의 원칙

구축 원칙	원칙 내용
자발성 원칙	네트워크 참여는 강제성을 배제하고 자발성을 전제
민주성 원칙	참여자는 동등한 자격과 의사소통 개방성, 수평적 관계를 형성
포괄성 원칙	같은 분야, 같은 종류의 기관에 국한되지 않고 다양한 영역의 기관들이 네트워크 구성 범주로 포함
책임성 원칙	네트워크에 참여하는 모든 주체들이 권한에 걸맞는 책임성 가짐
실용성 원칙	형식성을 탈피하고 내실을 기하기 위해 실무자 중심으로 운영
다양성 원칙	네트워크 구성단위별로 활동내용이나 영역에서 특수성을 반영

3) 네트워크 구축의 절차

네트워크를 구축하는 과정은 크게 준비단계, 구성단계, 실행단계, 그리고 관리단계로 이루어진다. 구체적인 절차는 다음과 같다.

〈표 11-14〉 네트워크 구축의 절차

<table>
<tr><td rowspan="2">1. 준비단계</td><td>적합성 검토하기</td><td>· 당면한 문제의 확인
· 네트워킹의 목적 규명
· 네트워킹의 비용 · 편익 분석</td></tr>
<tr><td>승인받기</td><td>· 네트워킹에 대한 조직 내 공감대 형성
· 기존 네트워킹으로부터의 학습
· 과업환경 내 조직의 실태분석</td></tr>
<tr><td rowspan="2">2. 구성단계</td><td>대상조직 찾기</td><td>· 잠재적 네트워킹 필요조직의 목록 작성(행정 · 공공기관, 서비스기관, 자원제공기관, 주민단체 등)
· 정보수집: 2차 자료 및 초기면담
· 참여 가능 조직의 목록 재구성
· 네트워크 규모 및 조직의 참여방식 검토(구조, 기능, 유형)</td></tr>
<tr><td>접촉하기</td><td>· 목적, 기획을 기초로 참여대상 조직을 접촉
· 각 조직의 이해관계 파악
· 신뢰의 형성
· 참여조직 전체의 호혜성 확보 방안 검토
· 계약 맺기</td></tr>
<tr><td>3. 실행단계</td><td>네트워크 영역 구축하기</td><td>· 네트워킹의 주요사업 합의 도출
· 네트워킹의 유형 결정
· 협력 담당자의 설정
· 인프라 형성: 정보공유 체계와 사무실</td></tr>
</table>

3. 실행단계	실행하기	· 실행계획 수립 · 참여기관의 지위 결정(중심 · 주변조직) · 관리운영체계 형성(운영위원회, 실무위원회, 주관센터 등) · 여러 조직이 참여하는 교육 실시
4. 관리단계	갈등 관리하기	· 네트워크의 상태분석 및 확인 · 소외조직 확인 · 자원분배, 지위구조 변화 주기 · 의사소통 구조의 내실화
	네트워크 유지하기	· 응집력 유지: 산출의 공유 · 신뢰의 제고 및 유지 · 네트워크 해체의 준비

준비단계에서는 네트워크를 구축함이 적합한지를 검토하고, 네트워크 구축의 필요성을 조직 내 구성원들에게 설명하고 공감대를 형성하는 과정이다. 이 과정에서 네트워크에 대한 각종 분석을 실시한다.2) 민관 거버넌스 성공전략

구성단계에서는 네트워크에 참여할 조직들의 목록을 작성하고 참여 방식을 검토하는 동시에, 이들 조직과 접촉하여 신뢰를 형성하고 네트워크로 인한 호혜성 확보 방안을 검토한 후 최종적으로 계약을 하게 된다.

실행단계에서는 네트워크를 수행할 주요 사업에 대한 합의를 도출하고 네트워크 유형을 결정하여 담당자 및 각종 인프라를 형성한다. 또한 구체적인 실행계획을 수립하고 관리운영체계를 형성한다.

관리단계에서는 실행 중인 네트워크의 상태를 수시로 체크하고 갈등관리를 통하여 의사소통 구조를 내실화하며, 나아가 산출의 공유와 신뢰 유지를 통하여 네트워크 유지에 힘을 집중하는 단계이다. 당초 네트워크 목적이 달성되거나 달성이 불가능하다고 판단되면 네트워크의 해체를 준비한다.

4) 네트워크의 평가

네트워크를 구축하여 실행한 결과, 당초에 기대했던 효과를 어느 정도나 달성하였는지를 분석하여 파악하는 평가는 지속성 여부를 판단하는 중요한 과정이다.

네트워크 평가는 무엇을 평가하느냐에 따라 대상자평가와 자원평가, 서비스체계 연결 평가, 정보 제공 평가로 구분할 수 있다.

〈표 11-15〉 **네트워크의 평가**

평가유형	평가내용
대상자 평가	· 대상자들의 만족도 평가체계 · 대상자의 욕구와 능력, 지식과 기술
자원 평가	· 다양한 자원에서의 접근 · 제공되는 서비스의 조건, 비용, 전문성 · 서비스 전달체계
서비스체계 연결 평가	· 관련기관 및 전문가와의 의사소통 · 기관 상호 간 정보교환, 조정에의 참여
정보 제공 평가	· 다양한 정보 제공 · 서비스 욕구 집단에게 정확한 정보 제공

대상자 평가는 네트워크를 통하여 이용자 또는 대상자들의 만족도가 얼마나 향상되었는가를 평가하는 것이고, 자원평가는 네트워크 수행을 통하여 다양한 자원에 접근할 수 있었는지, 서비스의 조건과 비용, 전문성 정도를 판단하는 것이다. 서비스체계 연결평가는 네트워크에서의 의사소통이 원활하였는지, 실제 정보교환의 양과 조정에의 참여 정도를 판단하는 것이다. 그리고 정보 제공 평가는 네트워크 참여자들에게 다양한 정보가 제공되었는지 서비스 이용자들에게 정확한 정보가 되었는지 여부를 판단하는 것이다.

이러한 평가를 효과적으로 수행하기 위하여 사회연결망 분석, 설문조사 및 인터뷰, 사례연구 및 워크숍 등의 평가도구들을 활용한다.

사회연결망 분석은 네트워크 참여자들의 관계를 시각화하고 중심성, 밀도, 연결구조 등을 수치화하는 방법이다. 설문조사 및 인터뷰는 구조화된 질문과 대면 대화를 통해 참여자들의 인식 등을 평가하는 방법이다. 사례연구 및 워크숍은 심층적인 질적 분석으로 개별사례 및 집단적 의견 수렴을 통한 평가방법이다.

제12장

프로그램 프로포절 작성 실무

제1절 사회복지 프로그램 개발을 위한 프로포절

1. 사회복지 프로포절(proposal)

대부분의 사회복지기관의 궁극적인 목적은 클라이언트의 욕구나 사회문제 해결을 통해 삶의 질을 향상시키는 것이다. 이러한 사회복지기관의 목표를 달성하기 위한 활동이 바로 프로그램이며, 프로그램의 재원 마련 전략으로 사회복지기관이 가장 쉽게 접근할 수 있는 방법 중 하나가 프로포절 작성이다.

프로포절이란 기관이 수행하고자 하는 프로그램의 내용을 기부자에게 설명하는 일종의 사업제안서라 할 수 있다. 최근 프로포절은 재원 마련에 중요한 수단이 되고 있다.

특히, 기업 및 재정지원 단체를 대상으로 하는 재원 마련은 일반적으로 불특정 다수의 개인을 대상으로 하는 것보다 한 번에 고액을 마련할 수 있다는 장점이 있다. 하지만 이러한 기업 및 단체 대상의 재원 마련은 개인을 대상으로 하는 것에 비해 상대적으로 복잡한 과정과 전문성을 요구하기 때문에 이에 맞는 사회복지사의 지식과 능력이 프로포절의 성패를 좌우하기도 한다. 따라서 사회복지사에게 요구되는 것이 사회복지 프로그램을 기획하여 프로포절을 작성하고 이를 통해 확보된 자원을 활용하여 사회복지 프로그램을 실천할 수 있는 역량이다(신덕상 외, 2014).

2. 프로포절 작성에 있어서 논리모델

최근 비영리 부문의 재원 마련은 증가하는 NPO들로 인해 사실상 무한경쟁시대로 돌입했다고 해도 과언이 아니다. 경쟁력 높은 프로포절이란 기부자를 대상으로 사업의 필요성을 호소력 있게 전달하고 기존의 프로그램에 있어서 경쟁상대가 될 다른 프로그램에 비해 차별성을 적극 강조하는 프로포절을 의미한다. 높은 호

소력과 차별성을 확보하기 위해서는 먼저 프로그램의 필요성에 대해 적극적으로 설득한다. 특히, 프로그램의 사회적 결과인 지역사회 및 삶의 변화에 대한 체계적인 예측이 선행되어야 하는데 이를 위해 많은 사회복지기관들은 프로포절을 작성하기 위해 논리모델을 활용하고 있다.

1) 논리모델의 개념

논리모델은 프로그램 구성요소들 간의 논리적 관계로서, 프로그램 과정과 성과를 간결하게 표현하고 프로그램이 어떻게 작동할 것인지를 설명하는 합리적인 모형이다.

다시 말해, 논리모델은 프로그램 과정과 성과를 보여 줌으로써 프로그램이 다루게 될 특정 상황과 연관된 활동들, 그 활동들의 예상 결과를 논리적으로 나타낼 수 있다는 것이다.

2) 논리모델의 구성요소

논리모델은 상황, 투입, 활동, 산출, 성과라는 요소들로 구성된다.

(1) 상황(situations) 혹은 문제 정의

상황요인은 프로그램의 성공과 실패에 영향을 미칠 수 있으며, 프로그램 설계와 실행에 영향을 미치는 핵심적인 요소라고 할 수 있다. 이렇듯 문제를 정확하게 진단하고 정의하는 것이 문제 해결의 출발점이 되며, 이때 우선순위가 설정될 수 있다.

(2) 투입(input)

투입이란 목표 달성을 위해 프로그램에서 사용되는 모든 종류의 자원을 말한다. 자원의 유형에는 인적 자원(기관인력, 자원봉사자, 파트너, 지역사회 주민 등), 재정 자원(정부 보조금, 민간기업이나 재단의 지원금, 후원금 등), 공간(기관의 공간, 장비, 시설 등), 지역사회 자원을 포함한다. 프로그램의 성격에 따라 개입에 필요한 전문적인 기술, 지식들이 투입되기도 한다.

(3) 활동(action)

활동은 프로그램에 투입된 자원들을 가지고 실질적으로 수행하는 것이다. 프로그램을 실행하는 데 있어 필요한 활동들로서 서비스의 제공, 교육, 훈련, 서비스 전달, 상담 제공, 홍보 등을 포함한다.

(4) 산출(output)

산출이란 프로그램의 활동으로 얻어진 직접적이고 가시적인 결과물이다. 산출 자체가 프로그램을 통해 기대했던 변화의 결과는 아니지만, 프로그램을 얼마나 잘 수행했는지에 대한 사정을 가능하게 해 준다. 또한 산출은 제공된 프로그램 또는 서비스의 크기나 범위로 표현되며, 양적인 것을 반영한다. 주로 프로그램 참가 및 이수자 수, 개발된 생산물, 참여자 만족도 등으로 표현된다.

(5) 성과(outcome)

성과란 프로그램 활동의 결과로 나타나는 태도, 행동, 지식, 기술, 지위, 기능 수준의 구체적 변화이다. 활동과 산출물들로부터 나오는 편익이나 사람들의 변화를 기술하는 것이다. 성과는 그 효과의 지속성에 따라 단기, 중기, 장기성과로 구분된다. 단기성과는 주로 학습에 의해 이루어지는 인식, 지식, 기술, 태도, 열망, 동기 등의 변화를 의미한다. 중기성과는 행동의 변화를 의미하며, 행위와 실행, 결정, 정책, 사회적 행동 등의 변화가 있다. 장기성과는 영향(impact)으로 표현되며, 프로그램 활동의 결과로 나타나는 조직적, 지역사회 또는 체계적 차원의 변화로써 상황개선, 역량 강화 또는 정책의 변화 등을 포함한다.

다음은 '프로그램 활동과 논리모형의 일반적 흐름도'이다.

상황		투입		산출			성과
프로그램 개입이 필요한 조건 혹은 기회	➡	프로그램 효과를 얻을 수 있게 하는 자원과 기여물	➡	프로그램 활동의 직접적인 재화와 서비스		➡	프로그램 활동 이후에 나타나는 변화
				활동	참여		
· 이슈화된 지역사회 문제 · 해결되지 않은 개인 욕구		· 인적 · 재정적 · 조직 · 지역사회자원		· 프로그램이 목표한 성과와 궁극적 목적 달성을 위해 투입된 자원들(상담)	· 프로그램의 활동으로 얻어진 직접적인 결과물(상담 서비스 횟수)		· 단기(인지, 기술, 동기) · 중기(행동) · 장기(조건, 환경)

3) 프로그램 기획 절차

(1) 1단계: 정보수집

프로그램을 새로이 개발하거나 수정하기 위해 다양한 원천으로부터 정보를 수집하는 것이 필수적이다. 정보를 수집할 때는 서베이, 인터뷰, 주요 정보 제공자들과의 만남, 문헌 검토 등 다양한 방법을 동원한다.

(2) 2단계: 문제 규정

프로그램은 문제와 욕구를 이해하는 데서 출발한다. 문제를 명확히 규정하는 것은 프로그램이 장기목적을 달성하기 위해 무엇을 해야 할지, 프로그램의 수행목표가 무엇인지, 그것을 이루기 위해서 어떤 내 · 외부 자원들이 필요한지를 알려 준다.

(3) 3단계: 논리모델의 요소 규정

투입, 산출, 성과의 논리적인 추정이 이루어지는 단계로, 앞서 수집된 정보를 근거로 프로그램 실행모델을 세우는 것이다.

(4) 4단계: 논리모델 제작

상황, 투입, 활동, 산출, 성과의 순으로 기술한다. 이때 의도된 표적이나 이슈에 대한 성과들을 확인하고, 성과달성을 가능하게 하는 활동과 산출물을 확인한다. 그리고 활동에 필요한 자원들을 확인한다.

(5) 5단계: 검증하기

'if=then'의 문장형태로 검증한다. '만약에 상황적 요인들이 존재하고 프로그램이 이러한 활동과 자원들을 가지고 실행된다면, 그때 규정한 성과들이 제공될 것인가'를 자체적으로 검증한다.

제2절 사회복지 프로포절의 작성

1. 프로포절 작성의 실제

1) 사전 검토

(1) 재정지원 단체의 관심과 목적에 부합되는 아이템의 선정

먼저 대상이 되는 기업 및 재정지원 단체가 어떠한 종류의 사업에 관심이 있는지 알아보고 그 단체가 기존에 진행했던 사업들을 파악함으로써 무엇을 어필하는 것이 가장 효과적인 것인지를 찾아나가는 작업이다.

그리고 기업 및 단체의 심사기준을 미리 파악하는 것도 중요하다. 재정지원 단체에 따라 다소 차이가 있으나 대체로 단체들의 심사기준은 다음과 같다.

〈표 12-1〉 프로포절 심사 항목

영역	세부항목
신청기관에 대한 평가	기관의 신뢰성
	기관의 능력
신청사업에 대한 평가	사업의 필요성
	사업의 창의성
	사업의 실현 가능성
수행수단에 대한 평가	인력의 측면
	예산 편성의 측면
	의도된 성과의 달성

출처: 박경수(2009). '나눔을 넘어 변화로', 도서관 기부 활성화 세미나 자료집(2009 .4. 23.).

(2) 지원기관의 신청 양식 확인

사회복지현장에서 프로포절을 작성하는 경우 기업 및 재정지원 단체는 심사과정상의 편의를 위해 대부분 정형화된 형식의 제안서를 채택하고 있다. 제안서마다 공통적으로 포함하는 항목으로는 신청기관의 소개, 프로그램 문제와 프로그램 대상자에 대한 설명, 프로그램의 목적과 목표, 프로그램의 내용과 일정, 프로그램의 예산, 프로그램의 평가 등이다.

2) 프로포절 작성의 실제[1)]

(1) 프로그램명 선정

- 제목은 프로그램(사업)의 핵심을 압축적으로 표현한다.
- 제목은 주제(主題)와 부제(副題)로 구분하여 핵심 정체성을 표현한다.
- 제목에는 대상, 목적, 방법이 표현되어야 한다.

1) 삼성복지재단 작은나눔 큰사랑 프로그램 기획 매뉴얼(2015)에서 재구성함.

'누구에게, 어떤 관점으로, 무엇을 지향하는 프로그램(사업)인지'에 대한 정보가 반드시 담겨야 한다.

〈Bad 샘플〉 **제목이 불명확한 사례**

- 제목이 너무 일반적이어서 핵심사업의 특징을 알기 어려운 사례
  예 다문화 복지 향상 프로그램, 청소년 자립 지원 프로그램, 취약계층 어린이 영양급식 사업
- 사업 취지를 은유적으로 표현하였으나 제목을 통해 정확한 정보 전달에는 못 미치는 수준
  예 통합보육, 희망으로 크는 나무
- 호기심을 자극하지만 부제가 없으면 정보 전달 미흡
  예 소리로 보는 영화 세상

〈Good 샘플〉 **제목이 명확한 사례**

- 지역사회 직업 훈련기관 네트워크에 기반하여 지역주민이 함께 만들어가는 성인 지적장애인들의 일자리 실습 복합 공간
  예 함께 만들어 가는 행복한 북카페
- 미취학 자녀를 둔 다문화 가족의 학교 생활 적응을 위한 교육 지원 프로그램
  예 다문화 가족의 꿈꾸는 무지개 스쿨
- 지역사회 기반의 독서 문화활동을 통한 문화 공동체 만들기
  예 책과 함께 성장하는 우리 마을
- 자살 시도 후 생존 또는 사망한 청소년의 학교 공동체를 중심으로 한 위기 관리 및 정상화 프로그램
  예 우리의 생명 소중하게 가꾸기

(2) 프로그램의 필요성(상황)

- 사회복지적 개입이 필요한 사회문제(욕구)의 상황, 원인, 조건을 기술한다.
- 문제 상황은 원인 도출을 하기 위한 분석단계이다. 따라서 사업(또는 프로그램)을 기획해야 할 이유로 지역사회의 문제나 욕구를 파악하는 데 목표가 있다.

프로그램 상황 작성법

① 개입 이슈 규정

- 개입이슈는 크게 지역사회 문제와 발생원인, 대상자의 욕구로 구분한다. 즉, 프로그램이 해결하거나 대처하고자 하는 문제를 규정하는 것이다.

② 지역사회 문제

- 지역사회 문제는 바람직하지 못한 조건이나 상황으로, 이것이 해결되지 않을 경우에 추가적인 문제발생이 우려되는 것을 의미한다.
- 단순 병리현상(이혼율 증가, 이주여성 증가)은 문제가 아니다.

③ 문제 발생 원인

- 문제발생 원인은 지역사회 문제를 발생시키게 되는 영향요인을 의미한다.
- 또한 발생하게 된 원인뿐만 아니라 변화에 영향을 줄 것이라고 생각하는 영향 요인들, 예컨대 우호적 또는 위험요인, 기존의 정책환경, 기타 요인 등을 열거한다.
- 원인은 다양하게 존재할 수 있으며, 직접적 원인 중심으로 기술한다.
- 영향요인은 문제 해결을 위한 개입방법을 결정하게 된다.
- 어떤 영향요인을 선택하느냐에 따라 동일한 문제이지만 다른 전략들이 채택될 수 있다.

④ 문제로 어려움을 겪고 있는 대상자의 욕구: 지역사회 욕구

- 대상자의 욕구는 지역사회 내 바람직하지 못한 상황이나 조건으로 인해서 고통을 겪고 있는 개인, 가족, 집단, 지역사회의 필요와 어려움을 제시한다. 즉, 개입이 필요한 대상자에 대한 어려움, 필요정도를 의미한다.
- 실제적이고 구체적으로 제시해야 한다.
- 규범적 차원에서의 제시: 추상적이여서 성과개념 구축이 어렵다(예: 가족기능 약화, 정서적 외로움, 아동의 심리적 불안).

⑤ 전략

- 전략=프로그램
- 만일 프로그램이 실행된다면 단기 · 장기적으로 달성하고자 하는 것을 서술함으로써 희망하는 결과 혹은 장래의 비전을 표시한다.
- 프로그램 실행 입장에서 현실가능한 전략만 선택하고, 프로그램이 약속하는 종류의 결과를 달성하도록 도와주리라고 연구조사된 일반적인 성공전략 또는 최적업무를 나열한다.

(3) 목적 설정

① 사업이 예방 · 소거(掃去) · 개선하려는 문제를 다루면서 기대되는 성과를 진술한 것으로 사업을 의도한 바대로 원활하게 진행해서 설정된 목표를 달성함으로써 궁극적으로 도달하고자 하는 바를 의미한다.

② 대상, 추진수단, 무엇을 달성할 것인지, 그리고 그를 통해 지향하는 바를 명확하게 표현되어야 한다.

〈Good 샘플〉 **목적 진술이 명확한 사례**

▶ 지역사회 내 사회적 배제를 경험하고 있는 주민들을 대상으로(대상) 역량 강화 프로그램을 실시하여(추진수단) 참가자들의 내적 역량 및 사회적 관계망을 향상시키고, 주도적으로 지역사회 문제를 해결하는 실천 경험을 함으로써(무엇을 달성할 것인지), 지속적인 주민 참여 활동의 기반을 마련하는 것(그를 통해 지향하는 바)을 목적으로 한다.

〈Bad 샘플〉 **목적 진술이 불명확한 사례**

▶ 당사자의 역량 강화 및 인권 증진 및 사회적 낙인 감소

→ ① 대상 진술 불명확, ② 추진 수단 생략, ③ 역량 강화 및 사회적 낙인 감소는 인권 증진의 수단이거나 과정인데 동일하게 나열

▶ 알코올 의존자 가족들의 단계별 욕구 및 특성(배우자, 자녀)에 기반한 효과적인 치료 · 재활 프로그램을 개발 및 운영하여 알코올 의존의 세대 간 전수를 단절하고 알코올 의존과 치료 과정에 대한 인식 증진, 위기 해소 기술 증진, 가족 관계 증진, 정신건강, 삶의 질을 증진시키고 공동 의존으로부터 벗어나 독립적인 생활을 할 수 있도록 도움과 동시에 향후 자조모임을 시작으로 하여 사회적 알코올 인식 개선 사업에 적극적으로 활동할 수 있는 NGO단체로 자립할 수 있도록 하는 데 목적이 있다.

→ ① 프로그램을 개발하는 것이 아니라 개발된 프로그램을 변형하는 것이라면 진술이 부정확하고, ② 알코올 의존의 세대 간 전수를 단절하는 것이 수단이라면 그것의 달성 여부를 측정할 수 있을 것인지, 단절인지 단절수준 제고인지도 불명확하고, ③ 종국적인 목적이(사업명이 ㅇㅇ놀이 활동을 통한 알코올 의존자 자녀 개입 프로그램임에도) NGO단체로 자립하는 것이 목적이라고 하여 목적 달성 대상이 알코올 의존자인지, 단체인지 혼란 가중

(4) 목표 설정

① 목적을 달성하기 위한 프로그램의 활동방법에 초점을 두어 목적에 비해 더욱 구체적으로, 측정 가능하도록 제시한다.

② 성과목표: 문제 분석이나 욕구사정에는 문제의 조건이나 상황, 문제의 대상, 문제의 지역, 문제의 범위, 정도(degree)가 포함되는데 이러한 문제의 성격

에 따라 프로그램 성과목표를 설정한다. 지역사회 문제나 욕구를 가지고 있는 대상자에게 나타나는 가장 궁극적인 변화, 중기성과, 서비스 개입으로 나타나는 즉시적인 변화인 단기성과로 구분하여 기술한다.

③ 산출목표: 성과를 이루기 위해 어떤 활동들이 필요한지, 문제나 욕구의 성격에 따라 어떠한 서비스를 제공할지, 서비스 대상자 수, 서비스 제공 횟수 등이 설정된다.

올바른 목표 작성법(조성우, 2014)

① 문제 상황과 산출목표, 성과목표 설정의 일치

프로그램의 목표 설정은 문제 분석이나 욕구 사정 단계에서 파악된 문제나 욕구의 대상, 내용, 원인 등을 바탕으로 이루어진다. 문제 분석이나 욕구 사정이 잘 이루어지지 않는다면 프로그램의 목표 역시 제대로 설정되기 어려우며, 문제 분석을 제대로 했어도 그 내용과 설정된 목표가 일치되지 않거나 관련이 없다면 이 또한 프로그램의 효과성과 효율성을 저해하는 요소로 작용할 수 있다(이봉주 · 김기덕, 2014).

② 산출목표와 성과목표 간의 관계

산출목표와 성과목표는 분리된 목표가 아닌 서로 연관된 목표로서 두 목표가 과연 타당성이 있도록 설정되었는지 살펴볼 필요가 있다. 이때 중요한 것은 누구를 위한 타당성인가를 고려해야 한다는 것이다.

잘못 작성하는 대표적인 사례는 '~을 도모한다/시도한다/추진한다/노력한다/추구한다/유도한다' 등 애매하게 표현하는 것이다.

③ 바른 목표문 작성법

*목표문의 기본구조는: [대상/주체]+[활동/서비스]+[변화내용]+[방향동사]를 갖추어야 한다.

- 대상: 클라이언트 혹은 변화의 대상자
- 활동 · 서비스: 전체 프로그램 혹은 세부 서비스
- 변화내용: 클라이언트의 행동, 지위, 상태, 기능 등
- 방향동사: '+' 혹은 '−' 방향으로 표현되는 동사

〈예시문〉

- 일반청소년이(대상) 장애아동과 함께 가는 통합캠프를 통해(활동 · 서비스) 장애인에 대해 갖고 있는 편견을(변화) 줄인다(방향).
- 지역사회복지관기관들이(대상) 협의체회의를 통해(활동 · 서비스) 빈곤아동을 지원하기 위한 네트워크를(변화) 구축한다(방향).

*변화의 종류, 목표=변화(변화의 대상과 내용 그리고 키워드)

- 상태의 변화: 몸이 아픈 노인이 건강해짐
- 지위의 변화: 공부를 못하는 학생이(대상) 학업성적이(키워드) 우수한 학생(변화내용)이 됨
- 행동의 변화: 정신장애인이 지역사회에서 물건을 구입함
- 기능의 변화: 지적장애인이 작업장에서 제품을 생산함

- 태도의 변화: ADHD아동이 수업에 점차 집중하게 됨
- 정서의 변화: 소외된 노인의 고독감이 감소함
- 인식의 변화: 다문화 가정 아동에 대한 편견을 줄이게 됨
- 역량(지식, 기술)의 변화: 미혼모 여성의 구직능력이 향상됨
- 환경의 변화: 장애인이 취업할 수 있는 회사가 많아짐

④ 목표를 논리적으로 설정하기

대부분의 사업계획서에는 목표를 두세 가지 정도 설정한다. 때문에 목표는 인과적으로 설정되어야 한다.

- 단기성과: 클라이언트의 인식변화(태도, 지식, 기술, 능력, 정서)
- 중기성과: 클라이언트의 행동 변화
- 장기성과: 클라이언트의 지위와 상태(환경) 변화

〈예시문〉

- 산출목표: 학교부적응 청소년 15명에게 학습멘토링 서비스를 제공한다.
- 단기성과목표: 주도적이고 계획적으로 공부하는 방법을 알게 된다(인식 변화).
- 중기성과목표: 스스로 공부하는 시간이 증가하고 수업태도가 좋아진다(행동변화).
- 장기성과목표: 부적응 문제가 감소하고 성적이 향상된다(지위변화).

⑤ SMART 기준에 의한 목표 점검하기

목표를 SMART 기준에 따라 점검한다.

- SMART: Specific(명확할 것), Measurable(측정가능할 것), Action-oriented(행동지향적일 것), Reliable(신뢰성이 있을 것), Timely(성과측정 시기와 맞을 것)

(5) 대상자 범위 및 선정방법

① 대상자 범위는 프로그램에 직접 참여하여 종결 시까지 함께할 서비스 이용 대상자의 개념적 경계를 뜻한다. 즉, '누구를 대상으로 이 사업을 전개할 것인지'를 결정하는 것이다.

② 대상자 선정 기준을 제시하는 것과 그 대상을 어떻게 모을 것인지에 대한 전략을 제시한다. 그 기준이 무엇인지, 기준이 명확한지를 살펴보고 대상자 모집 홍보방법을 기술하여야 한다.

〈예시문〉 청소년의 우울 예방 및 극복과 지원체계 구축을 위한 지역사회 중심의 정신건강 증진 프로그램

① 일반대상: 서울시 중 · 고등학교 및 재학생 683개교(723,913명)
- 대상집단이 속한 모집단으로 기관이 서비스를 제공하는 행정 관할구역 내의 일반인들을 포함한다.

② 위기대상: 중학교 및 재학생 374개교(355,838명)
- 일반 집단 중에서 문제에 노출되었거나 문제를 겪은 경험이 있는 사람들로 구성된다(위험에 노출되어 있는 집단).

③ 표적대상: 지역 내 중학교 및 재학생 12개교(11,408명)
- 위기대상 중 프로그램 제공을 통해 문제 해결의 대상으로 삼는 인구 집단을 의미한다. 위기대상으로부터 표적대상을 추출할 때는 기준을 정하여 문제의 심각성이 높은 집단을 선정하되, 기관이 접근할 수 있는 지리적 경계 내에 있는 사람들로 한정하여야 한다.

④ 클라이언트 수: 지역 내 정신건강에 대한 잠재적 위험이 있는 중학교 재학생 1,000명
- 표본대상 중 제공될 프로그램에 직접 참여하게 되는 사람들을 의미한다. 사회복지 프로그램에의 참여는 가능한 클라이언트의 자발성이 강조되어야 한다.

〈Tip〉 대상자 선정 관련 참고해야 할 사항

① 홍보전략: 사업설명회 개최, 홍보물 제작 및 배포, 지역 언론사와 기획회의
② 신청자 접수 · 면담: 내방 또는 방문, 초빙 교육 시 접수, 사업안내서 준비
③ 참여자 선정 기준: 기준 제시법(조사지), 선착순 마감, 프로그램 단위별 별도의 기준이 필요한지 점검
④ 애로사항 발생 시 대처 방안: 마감기한 최대 연장 시기, 홍보전략 재검토, 기존 기관 이용자 및 관계 기간 협조 가동

(6) 프로그램의 내용 작성

① 성과목표로부터 도출되는 세부 프로그램
- 프로그램이 의도하는 성과를 달성하기 위해 필요한 자원과 활동을 파악하게 해 주는 단계로, 프로그램이 실행하게 될 세부적인 활동을 작성한다.
- 제시되는 세부 프로그램이 어떤 성과목표를 달성하기 위한 것인지를 보여주어야 한다.

② 프로그램의 효과성, 효율성을 극대화하기 위한 것으로써 참가자의 욕구와 실천가의 의도와 활동상황이 결합되어 구성되는 하나의 행동체계로 투입(프로그램명, 수행방법, 시행시기, 수행인력), 산출근거(참여인원, 시행횟수 및 시간)로 구분된다.

(7) 평가방법

① 산출목표와 성과목표가 실제 달성되었는지를 살펴보는 것으로, 평가계획에는 목표별 성과지표, 측정도구, 평가방법 등이 구체적으로 제시되어야 한다.

② 성과지표는 성과목표가 추구하는 목적 달성 여부를 측정하는 도구로 명확하고 구체적인 개념과 측정방법으로 표현되어야 한다. 성과지표는 투입→과정→산출→결과 단계를 거쳐 최종적으로 성과목표에 부합되는 성과지표를 개발 제시해야 한다.

③ 측정도구는 지표상의 변화를 제대로 측정할 수 있는지 여부를 알기 위해서 표준화된 척도 및 비표준화된 척도를 제시한다.

④ 평가방법은 성과를 제대로 평가하기 위해 적합한 조사설계방법을 사용한다.

성과지표 개발 및 관리

① 성과지표 개발 원칙
- 성과목표와 부합하는 투입, 과정, 산출, 결과지표를 도출→SMART 점검→최종지표 선택

② 성과지표 측정방법
- 목표치는 달성 정도를 객관적으로 측정할 수 있는 산식 또는 방법을 상세히 표현

③ 평가방식
- 성과목표와 부합하는 기존에 개발되어 있는 표준화된 측정도구 또는 실무자 스스로가 측정도구를 개발하거나, 관찰이나 인터뷰 등의 질적 조사방법을 실시

④ 산출지표는 대부분 각종 실적치로서 인원수와 횟수가 대표적이며, 성과지표는 주로 서비스 대상의 변화를 말함

〈예시문〉 성과목표에 대한 평가계획

성과목표	목표에 대한 평가방법			
	성과지표	자료원	자료수집방법	자료수집시기
무엇을 원하는가?	어떻게 알 것인가?	누가 정보를 가지고 있는가?	어떻게 얻을 수 있는가?	정보는 언제 수집하는가?
성과목표 1	사회성 검사 점수 대인관계 변화		심리검사실시 참가자 집단 심층면접	종결 후

성과목표		목표에 대한 평가방법			
		성과지표	자료원	자료수집방법	자료수집시기
예: 재가 만성질환자를 위한 건강관리 프로그램					
투입	계획한 대상자가 모집되었는가?	신청 건수	프로그램 신청서	프로그램 신청서 검토	모집기간 후
	건강관리 가이드북은 제작되었는가?	제작 여부	가이드북	가이드북 확인	프로그램 준비기간 3주차
	강사는 섭외되었는가?	섭외 여부	강사계약서	계약서 검토	강사 계약체결 후
활동 · 산출	대상자가 교육에 참여하였는가?	출석률	출석부	출석부 검토	매 교육회기마다
	혈당체크하는 방법을 잘 익혔는가?	습득률	프로그램 일지	프로그램 일지 검토	3회기 프로그램 후
	방문간호사가 처방한 운동을 하였는가?	운동 여부	배우자	배우자 인터뷰	주 3회
성과	개별로 처방받은 운동량과 방법을 기억하고 있는가?	기억률	시험지	테스트	6회기 프로그램 후
	자가 혈당체크를 할 수 있게 되었는가?	혈당체크 여부	건강체크리스트	건강체크리스트 검토	주 1회
	질병이 더 이상 악화되지 않았는가?	병원진료 횟수	의료보험카드	의료보험카드	월 1회

(8) 예산 편성

① 예산은 기획한 사업을 실제 집행할 수 있도록 뒷받침하는 역할을 수행한다. 즉, 사업내용을 재무적인 관점으로 표현한 것으로 사업내용에 없는 예산이 구성되어서는 아니된다.

② 사업에 직접 투입되는 비용만 예산계획에 기입하고, 불필요한 예산을 과다하게 책정하지 않아야 하며, 편성예산과 집행의 차이를 줄이도록 구체적으로 작성해 예산계획의 신뢰도를 높이는 것이 필요하다.

③ 산출근거는 구체적으로 어떠한 내역으로 예산이 지출될 것인지 실제 수량, 횟수, 인원수, 단가 등을 아주 구체적으로 기록해야 한다.

2. 프로포절 사례(예시)[2)]

1. 사업명
디지털 활용에 어려움이 있는 취약계층의 사회적 관계 형성을 위한 디지털 역량 강화 교육 프로그램 "동(洞)동(同)아띠"

2. 사업 필요성
- 코로나19의 장기화로 비대면화 · 디지털화 확산에 따른 사회적 고립감 증대

> "코로나19가 생기기 전에는 경로식당에도 가고 거기서 같이 밥 먹는 사람들이랑 사는 이야기하고, 밥 먹고 나서 앉아서 또 이야기하고 다녔지. 지금은 뭐 이야기 할 사람도 없고, 자식한테는 위험하니까 집에 오지 말라고 했어. 얘기할 사람이 없는 게 제일 힘들지..."
> "예전에는 서울숲 산책이라도 조금 다녔는데 혹시 사람들 많은데 갔다가 코로나 걸릴까봐 거의 집에만 있어."
>
> ㅇㅇ종합사회복지관 이용 어르신 인터뷰 내용

코로나19에 대한 치료제가 없는 상황에서 사회적 거리두기는 효과적인 대응방안으로 제시되었다. 특히 노인은 젊은 연령대에 비해 상대적으로 코로나19에 취약한 집단으로 더 강도 있는 사회적 고립이 나타났다. 사회적 거리두기로 인한 이동 및 신체활동을 비롯한 개인적인 일상적 활동과 제약뿐 아니라, 가족생활과 종교 활동이 제한되는 사회적 교류의 제약을 경험하고 있다.
나아가 가까운 가족이나 친구가 없어 자원봉사활동이나 사회적 돌봄과 같은 지지와 관계망에 의존한 노인들은 사회적 소외로 인한 우울과 불안 등의 위험에 처할 수 있다.[3)]

복지관에서 2020년에 실시한 코로나19 이후 달라진 ㅇㅇ권역 생활실태 조사 결과에 따르면, 001가1동과 1가2동 모두 코로나19로 인한 사회적 고립감을 매우 심하게 느꼈다와 고립감을 느꼈지만 심하지는 않았다라고 응답한 비율이 높은 편으로 나왔으며, 특히 60세 이상 연령층에서 높게 나타났다. 이에 001가동에 거주하는 중장년 및 어르신의 사회적 고립감을 확인하기 위해 4.19(월)~4.23(금) 5일간 2020년 복지관 이용자 중 중장년 및 어르신 10명을 대상으로 설문조사를 하였다. 그 결과에 따르면, 코로나19 이전에 비해 이웃과 연락 및 만남의 횟수가 줄었다고 응답한 응답자는 전체의 80%이고, 코로나19 이후 주관적 외로움은 4점 척도를 기준으로 '외로운 편이다' 50%, '매우 외롭다' 20%로 나타났다. 이는 상당한 비율의 주민이 코로나19 이후 사회적 관계가 단절되었으며 그로 인해 외로움, 고립감과 같은 부정적 정서를 야기하는 것을 유추할 수 있다.

---

2) 정민지 사회복지사(성수종합사회복지관, 2021)

3) 신혜리 외 3명. "코로나 팬더믹 사태의 고령자 일상생활 변화에 관한 탐색적 연구 - 기술 사용과 노인복지관 참여 제한을 중심으로 -." 노인복지연구 75.4 (2020): 207-232.

코로나19 이후 사회적 거리두기 방침으로 인해 생활의 상당 부분이 비대면 · 디지털 방식으로 전환되었다. 이 같은 변화에 빠르게 적응할 수 있는 노인은 많지 않다. 최근 패스트푸드점을 방문했다가 키오스크 사용에 어려움을 느껴 20분간 기계와 씨름했지만 결국 빈손으로 집으로 돌아와 눈물을 흘린 한 중년 여성의 이야기가 인터넷을 뜨겁게 달궜다. 이에 온라인 커뮤니티 등을 중심으로 '키오스크 실패담'이 공유되고 있다. 편리함을 위해 제작된 비대면 서비스이지만 고령층에겐 삶의 질을 떨어뜨리는 장벽이 되고 있다.[4] 익숙지 않은 계층은 위축되어 아예 서비스 이용을 포기해버리고, 다양한 활동에 대한 두려움이 생겨 생활 활동 영역에 제한이 생길 수 있음을 확인할 수 있다.

또한 한국정보화진흥원이 조사한 「2019년 디지털 정보격차 실태조사」에 따르면 고령층의 디지털 정보 접근수준은 일반 국민의 90.6%로 상대적으로 격차가 크지 않으나 디지털 정보 역량은 51.6%, 디지털 정보 활용은 63.9%로 그 격차가 상당히 차이가 있는 것으로 나타난다. 이 같은 상황에서 디지털 이주민이라 불리는 고령층에게 지금의 디지털 전환은 디지털 정보의 배제로 인한 사회적 소외를 초래하여 사회적 고립감을 형성할 수 있다.[5]

■ 디지털 정보 활용을 통한 사회적 지지망 형성의 필요성

> "동네 복지관도 닫히고 주민센터도 닫혀 아무 곳도 갈 곳이 없다. 아내 없이 홀로 살다 보니 여기라도 오지 않으면 말을 꺼낼 장소가 없다"
> 주택가에서 5인 이상의 '불법 모임'을 갖는 노인들도 비슷한 목소리를 낸다. 고령층이 코로나19에 감염될 경우 치명적이지만 이들에게 더한 두려움은 홀로 남겨져 있다는 것이다. 전화나 SNS 등 연락 수단을 사용하는 것이 상대적으로 어렵다보니 바깥에 모이지 않으면 친구들을 만나기 어렵다.
> 한 노인단체 관계자는 "노인들은 청년들과 다르게 전자기기에 익숙하지 않아 똑같이 집에 머무르더라도 외부와 단절됐다는 느낌을 더욱 강하게 받는다"고 했다.
>
> \- 머니투데이(2021.04.10.) "코로나보다 혼자가 더 두렵다..불법모임 갖는 노인들"

사회적 거리두기 등으로 인해 디지털 중심으로 생활양식이 변화되었지만, 기술 활용이 미숙한 노인들은 사회적 관계 단절을 두려움으로 느끼고 있다. 코로나19로 인해 고령층 디지털 연결은 비교적 증가한 것으로 확인되나 자발적 비이용자의 불가피한 이용으로 인해 전환된 것으로 비자발적 비이용자는 정보 및 기술의 격차로 인해 더 큰 불편을 받게 됨으로써 결과에서의 정보격차는 심화되었다. 이를 해소하기 위해 디지털 사회적 지지망 구축이 필요하다.[6]

---

4) 국민일보, 전성필(2021.03.27.). "비대면 시대 쉽고 편한 e세상…누군가에겐 힘든 세상"
5) 김유나, 변은지. "고령층 디지털 정보 역량과 디지털 정보 활용 영향요인에 관한 연구." 디지털융복합연구 19.3 (2021): 89-97.
6) 고정현(한국정보화진흥원 수석연구원). "2020년 한국노년교육학회 추계학술대회"

고령층은 경제 활동에서의 은퇴로 인한 오프라인 사회 활동의 위축과 동시에 온라인 관계 형성의 축소라는 이중적 고립을 경험하게 된다. 사회에서 역할을 상실하고, 신체적, 심리적 한계로 인한 사회적 관계형성이 감소하면서 사회 자본이 약화되는 고령층에게 온라인 활동은 사회 자본을 회복하고 유지할 수 있는 중요한 수단이다. 고령층에게 사회자본은 생활만족도를 높여주고, 삶의 질에 긍정적인 영향을 미치며, 성공적인 노화에 정적 영향을 미친다.

특히 친구나 외부 전문인력 등 외부 디지털 조력자는 고령층 디지털 정보 활용에 긍정적인 영향을 미친다. 디지털 기기 이용시 모르거나 문제가 생겼을 경우 도움을 줄 수 있는 친구나 외부 전문인력 등이 주위에 존재하는 고령층인 경우 디지털 정보 활용이 더 활발해질 수 있음을 확인할 수 있다.[7)]

ㅇㅇ구에서는 기초생활수급자와 차상위 계층 등 복지대상자를 대상으로 '코로나19 이후 ㅇㅇ구 복지대상자 욕구조사'를 진행하였다. 그 결과에 따르면 코로나19로 인해 여가 및 문화 활동에 많은 제약이 생기면서 비대면 온라인 방식이나 소규모 대면 등의 다양한 방식으로 예전의 생활을 지속해 나가기를 바라고 있는 것을 알 수 있다. 또한 코로나19 이후 온라인이나 SNS를 통한 교류를 통해 사회생활을 지속해 나가기를 원하는 대상들이 많음을 알 수 있다.[8)] 해당 결과를 통해 복지대상자들이 디지털을 통한 관계 형성과 사회활동에 대한 욕구가 있다는 것이 확인했다. 코로나19로 인해 갑작스럽게 다가온 초연결사회에 적응하기 위해 취약계층에의 디지털 기반 사회적 지지망 형성이 불가피한 상황이다.

■ **동(洞) 단위 맞춤형 디지털 역량 강화 교육 운영**

현재 ㅇㅇ시에서는 224개의 디지털 배움터를 운영하고, ㅇㅇ구 내 32개의 교육장을 운영하고 있으나 그 중 29개가 경로당을 중심으로 운영되어 코로나19 확산이후 경로당 이용 제한으로 인해 교육이 원활히 진행되지 않고 있다. ㅇㅇ구 동네배움터에서 진행하는 '일상이 편해지는 스마트폰 활용', ㅇㅇ노인종합사회복지관 '스마트폰 및 키오스크 활용 교육', ㅇㅇ장애인자립생활센터 '스마트폰 활용 교육' 등이 있으나 ㅇㅇ구 및 ㅇㅇ권역의 고령층이 해당 교육을 통해 디지털 역량 강화를 도모하는 것에 한계가 있다.

디지털 격차를 해소하기 위해 고령층의 디지털 활용 수준에 맞는 교육을 실시할 필요가 있다. 활용 수준 및 욕구를 파악하고 단계에 따른 디지털 활용 역량을 강화하기 위한 실질적인 접근이 이뤄져야 한다. 고령층은 정규교육과정도 이미 오래 전에 끝이 났다. 정보화교육을 수료하더라도 인지적 능력의 퇴화로 인해 지속적인 반복교육을 위한 주변의 도움이 매우 중요하다.

7) 김봉섭, 고정현. "고령층 디지털 사회 자본에 대한 디지털 조력자 영향 연구: 디지털 정보 활용의 매개효과를 중심으로." 사회과학 담론과 정책 13.2 (2020): 27-57.

8) 장연진 외. "코로나19 이후 성동구 복지대상자 욕구조사" (2021)

디지털 정보활용 역량이 뛰어난 고령자들로 구성된 고령층 디지털 조력자 집단의 확대운영이 필요하다. 동년배 중심으로 진행되는 노노(老老) 정보화교육 모델은 교육 수혜자의 디지털 이용 동기를 고취하고, 디지털 정보 활용역량을 제고함으로써 정보격차를 완화하고, 교육 제공자에게는 새로운 사회참여의 기회를 제공한다. 나아가 고령층에게 활동적인 삶을 부여하고 고령층의 사회 참여를 증진시킴으로써 사회 전체의 활력을 높이는 촉매제로써의 역할을 할 수 있다.[9]

코로나19의 장기화로 인해 적절한 거리두기와 대면적 일상의 영위가 가능한 '신뢰 기반의 지역 인적안정망' 중심의 교육을 진행하고자 한다. 교육의 형태는 대규모가 아닌 소규모 단위로, 한 곳이 아닌 여러 곳에서, 일시 진행이 아닌 분산 진행 방식을 도입하는 로컬택트로 전환하고, SNS 및 단체문자방을 활용한 비대면 교류활동을 병행하고자 한다. 현재 성동구에서는 스마트폰 클렌징 서비스 및 기초활용법을 1:1로 교육하는 '스마트 디지털 봉사단'을 운영하고 있다. 이는 로컬택트에 부합하는 사례로 볼 수 있다. 현재 여러 기관 및 단체에서 교육을 실시하고 있으나 대체로 집합 형식이며 소그룹으로 진행할 경우에도 관계보다는 리얼 역량 강화에 초점이 맞춰져 있다. 본 사업은 디지털화로 인해 정보와 사회적 관계로부터 더욱 취약한 환경에 놓일 수 있는 복지대상자의 오프라인 관계 중심에서 온 · 오프라인의 경계를 넘는 관계 확장을 지향하고자 한다.

본 기관은 2020년에 마을미디어 활동가양성 프로그램 '성수톡톡'을 수행하여 디지털 기기의 기본 이용을 넘어 디지털 역량 강화 교육을 통해 주체적인 활동이 가능할 수 있도록 하였다. 이러한 경험을 바탕으로 '동동아띠'는 동(洞) 생활권을 중심으로 동년배들과 함께 소그룹 형태의 스마트폰 교육을 진행하여 디지털 활용 능력을 증진하고, 사회적 관계 형성을 지원함으로써 사회적 고립감을 해소하고자 한다.

3. 사업 목표

성과목표 1. 디지털 활용에 어려움이 있는 지역주민이 소그룹형태의 디지털 역량 강화 교육을 통해 비대면 소통 역량을 향상한다.
- 산출목표 1-1. 디지털 취약계층 30명 참여
- 산출목표 1-2. 디지털 역량 강화 소그룹 공통 교육 3회×30명
- 산출목표 1-3. 디지털 역량 강화 소그룹 활동 교육 2회×30명

성과목표 2. 코로나 19의 장기화로 관계가 단절된 지역주민이 그룹별 관계형성 활동을 통해 지역 내 인적 네트워크를 구축한다.
- 산출목표 2-1. 비대면 소통 창구 운영 및 활용
- 산출목표 2-2. 온택트 모니터링 4회×10그룹
- 산출목표 2-3. 활동 후기 공모전 1회×10그룹

9) 김봉섭, 고정현. "고령층 디지털 사회 자본에 대한 디지털 조력자 영향 연구: 디지털 정보 활용의 매개효과를 중심으로." 사회과학 담론과 정책 13.2 (2020): 27-57.

4. 사업 내용 및 추진방법

1) 사업 참여자 및 인원

(1) 참여 대상 및 인원

핵심 참여자	· 취약계층 중 디지털 활용에 어려움이 있는 중장년 및 어르신 30명 · 재능 강사 및 주민 활동가 10명
주변 참여자	· ㅇㅇ구 지역 내 디지털 교육 관련 기관 · 단체 · 디지털 역량 강화 교육 전문 강사

(2) 참여자 선정 기준

- 지역주민
  ① 1순위: 관내 취약계층 중 스마트폰으로 관계 형성하는 방법을 배우고자 하는 지역주민
  ② 2순위: 스마트폰으로 관계 형성하는 방법을 배우고자하는 지역주민
- 주민 활동가
  ① 001가동 및 인근 지역에 거주하며 지역사회 참여에 관심이 있는 지역주민 (중장년 이상, 지속적 · 적극적인 활동 의사가 있는 지역주민 우선 선발)

2) 사업내용 및 방법

세부 사업명	활동 내용(수행방법)	산출 목표
동동아띠 활동가 양성	ㅇ 홍보 및 모집 - 기간: 2021. 06. - 장소: ㅇㅇ복지관 - 대상: 재능 강사 및 주민 활동가 10명 - 내용: ㅇㅇ권역 활동가 모집을 위한 유관기간 및 지역 내 홍보 진행, 참여자 접수	- 활동가 양성 10명×1회 =10명
	ㅇ 디지털 활동가 양성 교육 - 기간: 2021. 06. ~ 07. - 장소: ㅇㅇ복지관 - 대상: 재능 강사 및 주민 활동가 10명 - 방법: 집합 교육 및 실습 / 5회 - 내용: 스마트폰 활용 및 강의 활용 기술 학습, 지역 내 현장 실습	

<table>
<tr><th>세부 사업명</th><th>활동 내용(수행방법)</th><th>산출 목표</th></tr>
<tr><td rowspan="2">동동아띠
활동가
양성</td><td>- 교육내용
<table><tr><th>회차</th><th>구분</th><th>주제</th></tr><tr><td>1</td><td>교육</td><td>스마트폰 기본 기능 및 교수법</td></tr><tr><td>2</td><td>교육</td><td>앱 활용(카카오톡, 밴드 기본) 및 교수법</td></tr><tr><td>3</td><td>교육</td><td>앱 활용(카카오톡, 밴드 응용) 및 교수법</td></tr><tr><td>4</td><td>실습</td><td>화상통화(페이스톡 등) 실습</td></tr><tr><td>5</td><td>실습</td><td>키오스크(무인시스템) 활용 및 교육 실습</td></tr></table>※ 지역주민 · 활동가의 역량에 따라 교육 내용이 변경될 수 있음.
※ 방역물품 지원 및 방역수칙을 준수하여 진행</td><td rowspan="2">- 활동가 양성
10명×1회
=10명</td></tr>
<tr><td>ㅇ 활동가 간담회
- 기간: 2021. 09.
- 장소: 001가동 지역(비대면)
- 대상: 재능 강사 및 지역주민 활동가 10명
- 내용: 스마트폰 교육 활동 진행 사항 점검, 활동 고충 및 노하우 공유, 향후 계획 공유</td></tr>
<tr><td rowspan="2">동동아띠
지역주민
역량강화</td><td>ㅇ 홍보 및 모집
- 기간: 2021. 06.~ 07.
- 장소: ㅇㅇ복지관
- 대상: 001가동 중장년 및 어르신 30명
- 내용: 001가1동, 001가2동 주민센터 및 지역 내 홍보 진행</td><td rowspan="2">- 디지털 역량 강화 교육
30명×5회
=150명</td></tr>
<tr><td>ㅇ 디지털 역량 강화 교육
- 기간: 2021. 08. ~ 11.
- 장소: 001가동 지역(그룹별 희망 장소)
- 대상: 001가동 중장년 및 어르신 30명, 재능 강사 및 주민 활동가 10명
- 방법: 활동가 1명과 지역주민 3명 이내로 그룹을 결성하여 그룹별 교육 진행 / 10그룹, 그룹별 5회
- 내용: 그룹별 스마트폰 교육, 응용 및 실습형 그룹 활동 진행, 활동 내용은 '동동아띠' 네이버 밴드에 공유(동동아띠 전체 참여자 가입)</td></tr>
</table>

<table>
<tr><th>세부 사업명</th><th>활동 내용(수행방법)</th><th>산출 목표</th></tr>
<tr><td>동동아띠
지역주민
역량강화</td><td>- 교육내용
<table><tr><th>회차</th><th>구분</th><th>주제</th></tr><tr><td>1</td><td>교육</td><td>스마트폰 기본 기능</td></tr><tr><td>2</td><td>교육</td><td>앱 활용하기(카카오톡, 밴드)</td></tr><tr><td>3</td><td>교육</td><td>앱 활용하기(카카오스토리 등)</td></tr><tr><td>4</td><td>그룹 활동</td><td>화상통화(페이스톡 등) 실습</td></tr><tr><td>5</td><td>그룹 활동</td><td>키오스크 및 무인 발급기 실습</td></tr></table>※ 지역주민의 역량에 따라 교육 내용이 변경될 수 있음.</td><td>- 디지털 역량 강화 교육 30명×5회 =150명</td></tr>
<tr><td>동동아띠
온택트
모니터링</td><td>○ 온택트 모니터링
- 기간: 2021. 08. ~ 11.
- 장소: 001가동 지역(비대면)
- 대상: 001가동 중장년 및 어르신 30명, 재능 강사 및 주민 활동가 10명
- 방법: 그룹별 단체문자방을 활용
- 내용: 일상적 안부확인 및 스마트폰 활용관련 문의 등의 소통 진행</td><td>- 온택트 모니터링 10그룹×4회 =40회</td></tr>
<tr><td>활동후기
공모전</td><td>○ 활동후기 공모전
- 기간: 2021. 11.
- 장소: 001가동 지역(비대면)
- 대상: 001가동 중장년 및 어르신 30명, 재능 강사 및 주민 활동가 10명
- 방법: 밴드 커뮤니티를 통해 활동내용 확인, 결과 공유
- 내용: 그룹별 활동 관련 사진, 후기 글을 밴드에 게시함. 그룹별 활동 성실성, 후기 내용 등을 종합하여 우수활동그룹 시상</td><td>- 활동 후기 공모전 10그룹×1회 =10회</td></tr>
</table>

※코로나19 확산시 진행방법이 변경될 수 있음.

5. 평가방법

성과목표	평가지표	자료원 및 자료수집방법	자료수집 시기
목표 1. 디지털 활용에 어려움이 있는 지역주민이 소그룹형태의 디지털 역량 강화 교육을 통해 비대면 소통 역량을 향상한다.	성과지표 프로그램 참여 후 문자 및 SNS를 활용하여 이웃과 소통할 수 있는 참여자의 비율(참여자의 50% 이상)	디지털 활용 능력 체크리스트 / 체크리스트 사전□사후 검토	프로그램 모집시, 종결후
	산출지표 ① 디지털 취약계층 참여자 수 - 목표대비 80% 이상 참여 (24명/30명)	참여자 명단 / 참여자 명단 검토	모집 후
	② 디지털 역량 강화 소그룹 공통 교육 참여자의 수 - 목표대비 80% 이상 참여 (72명/90명)	활동일지 / 활동일지 검토	매 교육 회기별
	③ 디지털 역량 강화 소그룹 활동 교육 참여자의 수 - 목표대비 80% 이상 참여 (48명/60명)	활동일지 / 활동일지 검토	매 교육 회기별
목표 2. 코로나19의 장기화로 관계가 단절된 지역주민이 그룹별 관계형성 활동을 통해 지역 내 인적 네트워크를 구축한다.	성과지표 프로그램 참여를 통한 지역 내 사회적 관계망 형성 사전대비 사후검사 평균 점수 10% 향상	사회적 관계망 관련 설문조사 / 설문조사 사전 · 사후 검토	프로그램 모집시, 종결후
	산출지표 ① 비대면 소통 창구 운영 및 활용 여부	동동아띠 밴드 활동 게시물 / 게시물 확인	월1회
	② 온택트 모니터링 활동횟수 - 목표대비 80% 이상 진행 (32회/40회)	온택트 모니터링 활동 기록물(화면 캡처본) / 기록물 확인	월1회
	③ 활동 후기 공모전 참여 그룹 수 - 목표대비 80% 이상 참여(8그룹/10그룹)	활동 후기 공모전 참여 게시물 / 게시물 확인	공모전 진행시

6. 예산편성

(단위 : 원)

목	세목	세세목	계	산출근거	예산조달 계획				
					신청금액	비율(%)	자부담	비율(%)	자부담 재원
총 계			5,000,000		5,000,000	100	0	0	-
사업비	동동아띠 활동가 양성	홍보 및 모집	150,000	홍보물(현수막) 50,000X3개=150,000	150,000	3	0	0	-
		활동가 양성교육	1,360,000	교육강사비(2시간, 3급강사) 270,000X3회=810,000 실습 활동비 10,000X10명X2회=200,000 교육도서 구입비 15,000X10명=150,000 방역용품 구입비 20,000X10명=200,000	1,360,000	27	0	0	-
	동동아띠 지역주민 역량강화	디지털 역량 강화교육	3,140,000	휴대용 와이파이 이용료 30,000X10그룹X4월=1,200,000 활동가 활동비(교통카드) 10,000X10명X5회=500,000 그룹 활동비 15,000X40명X2회=1,200,000 교육자료 인쇄비 6,000X40명X1회=240,000	3,140,000	63	0	0	-
	활동후기 공모전	활동후기 공모전	350,000	우수활동그룹 시상비 50,000X3그룹X1회=150,000 활동후기 공모전 물품 구입비 20,000X10그룹=200,000	350,000	7	0	0	-
	소 계		5,000,000		5,000,000	100	0	0	-

제13장

사회복지시설 평가와 지도점검

제1절 사회복지시설 평가

1. 시설평가의 의의

1) 시설평가의 필요성

사회복지시설은 지역사회 주민의 욕구에 부합하는 프로그램 개발과 서비스의 제공이라는 사명을 사회로부터 위임받아, 전문적인 서비스를 제공한다. 따라서 사업을 집행하는 데 필요한 재원을 정부로부터 보조를 받거나 자체수입으로 충당하여 운영하고 있다. 이러한 사업에는 책임성의 검증과 전문성의 제고를 위한 노력이 반드시 수반되어야 한다. 이러한 복지시설의 노력들은 사업 평가를 통해 확인할 수 있다(이중섭 외, 2012).

사회복지시설 평가는 1998년 「사회복지사업법」의 개정으로 실시되었다. 1998년 당시는 IMF라는 국가적 경제위기하에서 사회복지분야에 대한 재정 지출이 확장되었으며, 이 과정에서 사회복지분야에서도 시설의 운영 개선을 통한 운영의 합리화와 투명화, 서비스의 질의 향상, 사회복지재원 사용에 대한 효율성 등에 대한 요청이 제기되었다. 이와 더불어 공급자 중심의 복지에서 수요자 중심의 복지로 전환되고, 인권을 중시하는 사회복지 패러다임의 변화가 전개됨에 따라 사회복지시설에 대한 평가는 법 개정 이듬해인 1999년부터 전면적으로 실시되었다(한국사회복지협의회 사회복지시설평가원, 2012).

2) 시설평가의 목적

사회복지시설 평가의 목적은 크게 장기적 목적과 단기적 목적으로 나눌 수 있다. 사회복지시설평가의 장기적 목적은 다음과 같다.

첫째, 사회복지시설의 투명성과 서비스의 질 향상을 통해 이용자와 국민의 복지수준 향상에 기여한다.

둘째, 평가결과를 반영한 예산집행의 효율성과 합리성을 유도하고 사회복지시설 운영의 선진화를 지향함으로써 시설의 상향평준화에 기여한다.

셋째, 사회복지시설의 정보를 복지대상자 및 일반국민에게 정확하게 제공하여 국민들에게 시설에 대한 정보와 시설 선택에 관한 기초자료로 활용하게 한다.

넷째, 전국적인 사회복지시설 평가를 통하여 사회복지시설 운영수준에 대한 지역 및 시설종별 차이를 파악하여, 사회복지시설의 균형적인 발전에 기여하고자 한다(한국사회복지협의회 사회복지시설평가원, 2012).

한편 사회복지시설 평가의 단기적인 목적은 다음과 같다.

첫째, 입소 및 이용시설에 대한 평가를 통하여 시설 간 선의의 경쟁을 유도한다.

둘째, 시설 입소 및 이용자의 인권이 보호되고 지역사회와의 긴밀한 연계 속에서 사회복지시설의 운영이 합리적으로 이루어질 수 있는 기반을 마련한다.

셋째, 사회복지시설 실태 파악을 통하여 국가 지원 수준에 대한 과학적인 근거자료를 제공한다.

2. 사회복지시설 평가 규정 및 절차

1) 법적 근거

사회복지시설 평가는 「사회복지사업법」 제43조의 2 제1항 및 같은 법 시행규칙 제27조의 2 제1항의 규정에 근거하여 이루어지고 있다. 「사회복지사업법」 제43조에서 보건복지부장관과 시 · 도지사는 보건복지부령으로 정하는 바에 따라 시설을 정기적으로 평가하고, 그 결과를 공표하거나 시설의 감독 · 지원 등에 반영할 수 있으며 시설거주자를 다른 시설로 보내는 등의 조치를 할 수 있도록 하고 있다. 시설에서 제공하는 서비스는 보건복지부장관이 마련한 서비스 최저기준에 의해 이루어져야 한다. 실제 사회복지시설 평가는 이용자 혹은 입소자들에게 양질의 사회복지서비스를 제공하기 위한 질적인 기준 요건들을 마련하고 유용한 정보 활용을 하는 것에 초점을 맞추어져 있다. 그리고 「사회복지사업법 시행령」 제25조 제4항 2호에 이러한 사회복지시설 평가는 전문기관에 위탁 실시할 수 있도록 하고 있다(전주대학교 산학협력단, 2016).

2) 평가주기

사회복지시설 평가는 3년에 1회 이상 실시하여야 한다.

3) 평가대상

「사회복지사업법」에 의해 운영되는 모든 사회복지시설은 평가대상이며, 그동안 제1기(1999년~2001년)부터 제7기(2017년~2019년)에 걸쳐 평가가 실시되었고 현재 제9기(2023년~2025년)에 들어서 있다.

현재 제9기(2023년~2025년) 평가대상 시설은 사회서비스정보시스템에 평가대상 시설유형으로 등록되고 정상 운영 중인 시설로서, 시설 설치 이후 3년이 경과한 시설이다.

〈표 13-1〉 **제9기(2023~2025년) 평가대상 시설**

평가연도		평가대상 시설
9기	2023	장애인복지관, 정신요양시설, 정신재활시설, 노숙인생활시설 [소규모] 아동 · 장애인 · 정신재활 공동생활가정
	2024	사회복지관, 노인복지관, 양로시설
	2025	아동생활시설, 장애인거주시설, 장애인직업재활시설 [소규모] 장애인단기거주시설

(1) 평가대상시설 선정 방법

대상시설 확인 요청(보건복지부)→대상시설 확인 통보(지방자치단체)→대상시설 확정(보건복지부)→대상시설 통보(지방자치단체)

(2) 평가제외 신청 방법

평가대상시설의 폐지, 휴지, 천재지변 등의 사유로 평가가 불가능한 경우 소관 시 · 도에서 보건복지부로 제외 요청의 공문을 발송(증빙첨부)한다.

4) 평가의 책임주체

보건복지부는 평가의 책임주체로서 평가관련 전반적인 사항에 대해 총괄 및 지원과 원활한 사업추진을 위해 행정적 협조를 담당한다. 따라서 평가 방향성 제시 및 기본적으로 소요되는 재정 등을 담당한다. 시 · 도는 평가대상시설 및 현장평가위원 선정, 평가팀 구성 및 현장평가 실시, 원활한 사업추진을 위한 행정협조, 그리고 평가위원에게 지급되는 비용 등을 부담한다(전주대학교 산학협력단, 2016).

5) 평가실행조직

사회복지시설 평가지표는 그동안 보건복지부가 한국사회복지협의회에 3년 단위 위탁업무 계약을 체결하여 평가지표를 개발하였다. 한국사회복지협의회는 조직 내부에 사회복지시설평가원을 부설로 설치하여 평가업무를 수행해 왔으나, 2022년부터는 중앙사회서비스원으로 그 업무가 이관되었다.

현재 평가업무는 지표개발과 평가를 위해서 먼저, 각 분과별 전문가로 구성된 사회복지시설 평가단이 구성되며, 평가단 내 총괄위원회와 각 분과위원회를 세부적으로 구성하고 있다. 총괄위원회는 사회복지시설 평가 시행을 위해 평가 전반에 대한 기획 · 조정 · 총괄 업무를 담당하고 있으며, 여기에는 학계 전문가, 관련시설협회, 그리고 관계 공무원들이 참여하고 있다. 그리고 분과위원회는 각 평가대상 평가지표의 타당도와 완성도를 높이기 위해 평가대상시설 종별로 각각 분과위원회를 구성하고 있다. 여기에는 학계전문가, 관련시설협회, 평가대상시설 대표, 관계 공무원 등으로 구성된다. 현장평가위원은 시 · 도에서 추천받은 학계전문가, 현장실무자, 공무원으로 3인 1팀을 구성하여 평가를 수행한다.

6) 평가지표 기준

사회복지시설 평가지표의 구조는 평가의 시기와 사회복지시설의 유형별로 다소의 차이가 있지만 보건복지부에서는 「사회복지사업법 시행규칙」 제27조(시설의 서비스 최저기준)를 평가지표 개발의 기준으로 사용하고 있다. 서비스 최저기준은 다음과 같다.

① 시설 이용자의 인권
② 시설의 환경
③ 시설의 운영
④ 시설의 안전관리
⑤ 시설의 인력관리
⑥ 지역사회 연계
⑦ 서비스의 과정 및 결과
⑧ 그 밖에 서비스 최저기준 유지에 필요한 사항

사회복지시설 평가는 시설의 유형과 규모에 따라 4~5개의 평가영역으로 구성된다. 2024년도 평가대상인 사회복지관의 경우, 평가영역은 다음과 같다.

A. 시설 및 환경
B. 재정 및 조직 운영
C. 프로그램 및 서비스
D. 이용자의 권리
E. 시설 운영 전반

각 영역별 평가지표는 〈표 13-2〉에 제시되어 있다.

〈표 13-2〉 2024년도 사회복지관 평가지표

평가영역		평가항목
A. 시설 및 환경	A1	시설 이용의 안전성
	A2	시설 이용의 편리성
	A3	시설 이용의 쾌적성
B. 재정 및 조직 운영	B1	후원금
	B2	사업비
	B3	직원 충원율
	B4	직원 근속률
	B5	직원교육 활동비 및 내외부교육 참여 시간
	B6	외부자원개발
	B7	직원 채용의 공정성
	B8	시설장 및 최고중간관리자의 전문성
	B9	직원교육
	B10	직원복지
	B11	직원의 인권 및 안전보장
	B12	사회복지관 직원의 급여(보수) 수준 향상을 위한 노력
C. 프로그램 및 서비스	C1-1	사례관리 실행체계
	C1-2	사례관리 인력의 전문성
	C1-3	사례관리 수행의 전문성
	C1-4	사례관리 협력 연계
	C2-1	프로그램 기획의 전문성
	C2-2	프로그램 수행과정
	C2-3	프로그램 평가
	C3-1	지역조직화 실행체계
	C3-2	지역조직화 수행의 전문성
	C3-3	지역사회 네트워크
D. 이용자의 권리	D1	비밀보장
	D2	학대예방 및 인권보장
	D3	고충처리
	D4	이용자의 자기결정권

평가영역		평가항목
E. 시설 운영 전반	E1	시설 운영의 전반적 수준
	E2	서비스 질적 수준
	E3	자체평가의 정확성
	E4	시설의 정보화 수준

자료 : 중앙사회서비스원 사회서비스시설평가부(2022). 2024년도 사회복지시설평가 사회복지관 평가지표.

(1) 평가방법 및 절차

평가방법은 우선 각 기관에서 작성한 자체평가서를 평가기관에서 수령한 후 이를 토대로 평가위원이 현장평가를 실시한다. 현장평가 실시 이전에 기관에 이해를 돕고자 평가 설명회를 실시하여 전반적인 평가개요와 일정 등을 소개하고, 원활한 현장평가가 이루어질 수 있도록 평가과정에 따른 준비사항 및 평가지표를 교육한다. 2024년 서울시 사회복지관 평가의 경우 다음과 같은 평가일정에 의해 이루어졌다.

평가준비				평가수행		평가완료			
계획 수립 ▶	평가 운영 위원회 ▶	설명회 개최 ▶	현장 평가단 확정 ▶	자체 평가 ▶	현장 평가·모니터링 ▶	평가 결과(안) 안내·이의 신청 ▶	현장 평가 결과 공유회 ▶	행정 처분 반영·평가 결과 안내 ▶	사후 컨설팅
2월	3~12월	4월	5월	4~5월	6~8월	10월	12월	12월	2025년~

[그림 13-1] 서울시 사회복지관 평가 일정

(2) 평가 인센티브제도

평가결과는 절대평가 방식에 의해 A~F 등급까지 나누어지게 되며, 우수시설에 인센티브를 지원하여 동기를 부여하고, 운영개선이 필요한 시설에 대하여 컨설팅 지원 등 사후관리를 통해 시설의 품질수준을 제고할 수 있도록 지원이 이루어진다.

3. 사회복지시설 평가 준비

1) 시설 서비스 최저기준으로 상시 자체점검

시설평가에서 평가의 기준과 영역의 설정은 그것이 어떻게 설정되는가에 따라 시설의 운영 모습이 달라지기 때문에 매우 중요하다.

시설의 평가기준은 「사회복지사업법」 제43조 제1항에 따른 서비스 최저기준을 고려하여 보건복지부장관이 정하도록 되어 있다.

시설평가 과정에서 평가에 대한 논란이 존재하고 있는 것이 사실이지만, 시설평가 준비가 평가 직전에 이루어지기 어렵고 이루어져서도 안 된다는 점에서 볼 때 평상시의 안정적인 시설 운영이 시설평가에서 가장 중요하다. 그러므로 시설 운영에 있어 서비스 최저기준에 근거한 서비스를 제공할 수 있어야 할 것이다.

서비스 최저기준은 그동안 축적된 사회복지시설 평가결과를 근거로 한 사회복지시설 기준의 선언적 지침이며(한국사회복지협의회, 2010), 시설평가의 내실화 및 평가결과의 공표, 행정상 감독, 지원에의 반영으로 서비스 최저기준의 준수를 유도하고자 하기 때문이다(참여연대 사회복지위원회, 2012).

현재 복지시설 평가는 서비스의 최저 기준을 기반으로, 시설의 유형과 규모에 따라 4~5개의 평가영역을 설정하고, 각 영역별로 세부 평가기준을 마련하고 있다. 〈표 13-3〉은 보건복지부가 2025년도 평가대상 시설(아동생활시설, 장애인직업재활시설, 장애인거주시설 및 장애인단기거주시설)을 대상으로 마련한 평가영역을 제시한 것이다.

〈표 13-3〉 보건복지부 2025년도 시설유형 및 규모에 따른 평가영역

구분	A영역	B영역	C영역	D영역	E영역
일반 시설 및 장애인단지거주시설	시설 및 환경	재정 및 조직 운영	프로그램 및 서비스	이용자의 권리	시설 운영 전반
공동생활가정	시설환경 및 운영	이용자의 권리	프로그램 및 서비스	시설 운영 전반	-

2) 자체평가서 준비 및 자체점검 실시

평가지표가 발표되면, 각 시설에서는 평가지표를 토대로 우수한 영역과 미흡한 영역을 파악하여 개선방안을 마련하고 실천해 가는 과정이 필요하다. 이러한 과정을 통하여 사회복지시설은 서비스와 운영의 질적 수준을 향상시키게 된다.

(1) 자체점검 준비

자체점검을 성공적으로 진행하기 위해서는 시설평가를 함께 준비하게 되는 전 직원들에게 회의 · 워크숍 등을 통해 먼저 안내하여 시설평가의 참여 동기를 부여하고 직원 간의 협력을 잘 이끌어 낼 수 있도록 하는 것이 중요하다.

(2) 자체점검위원회 구성

객관적인 자체점검을 실시하기 위하여 시설장, 부서장, 직원 등을 포함하여 3~7인 이내로 자체점검위원회를 구성한다. 자체점검위원회에서는 성공적인 자체점검을 위해 평가체계 및 평가지표에 대한 정확한 이해와 서비스 및 운영의 질적 수준 향상에 대한 긍정적 사고, 직원 간의 효율적인 협력과 원활한 의사소통, 자발적으로 참여하려는 의지를 향상시킬 수 있도록 전략적으로 접근해야 한다.

(3) 평가지표 숙지

자체점검위원회가 구성되면 제일 먼저 평가지표를 숙지해야 한다. 평가지표는 서비스의 질을 나타내는 항목들이며, 시설의 운영과 서비스의 질을 평가하는 기준이 되므로 반드시 평가지표를 숙지하고 그에 따라 준비해야 한다.

	자체점검위원 모임 일정 협의	지표 내용 숙지	지표 숙지 방법 계획
사례	· 자체점검위원 워크숍 일정 정하기 · 지표 숙지하기 · 자체점검 일정 정하기	· 모임 일정 정하기 · 직원들이 하나씩 영역을 정해 미리 공부해 오기 · 지표 워크숍 일정 정하기 · 자체 워크숍, 설명회 교육 참석하기 · 교육 후 토의하기	· 모임 일정 및 계획 정하기 · 지표를 읽어 온 후 이해가 안 되는 부분에 대해 서로 질문하고 토의하기 · 다음 모임 계획 논의하기

또한 이전 평가지표와 중앙사회서비스원 시설평가자료실(www.kcpass.or.kr) 등을 활용해 평가지표와 관련된 정보를 수집하여 참고한다면 훨씬 수월하게 자체점검을 진행할 수 있으며, 평가지표 내용을 숙지하는 데에 많은 도움이 된다.

(4) 자체점검 실시

영역별 평가지표별 담당자 업무를 분장하고 평가지표를 토대로 모든 영역을 객관적으로 자체점검을 실시한다. 평가지표에서 실행 여부 확인 등을 위해 평가지표에서 요구되는 문서들을 확인하는 방법으로 점검한다. 3년 단위로 이루어지는 항목의 경우 3년간의 문서를 확인하여야 한다.

평가지표별 점검이 모두 끝나면 서로 비교해 보고, 우수한 영역과 미흡한 영역이 무엇인지 확인한다. 잘하고 있는 점과 좀 더 보완해야 할 부분에 대해 토의하며 앞으로 어떻게 보완하고 개선할 것인지 구체적으로 개선계획을 세워 본다.

〈참고〉 **자체점검표: A. 시설 및 환경 영역(예시)**

평가지표	평가내용	평가방법			
		확인	확인자료	담당자	점검자
A3. 응급상황에 대한 안전체계 구축	① 이용자를 위한 응급대처 매뉴얼이 있다.	○	응급대처 매뉴얼	○○○	○○○
	② 지역사회 내 유관기관과 연계체계를 구축하고 있다.	○	유관기관과의 협력 체결 서류	○○○	○○○
	③ 이용자의 응급상황 시 개입을 위한 시설 내 비상연락망 및 응급조치반을 편성 · 운영하고 있다.	○	연락망 및 응급조치반 편성 관련 서류	○○○	○○○
	④ 직원 및 이용자를 대상으로 예방교육을 연 1회 이상 실시하고 있다.	○	교육계획서 및 결과 보고서	○○○	○○○
	⑤ 연 2회 이상 화재 등 안전사고에 대비한 자체 모의훈련을 실시하고 있다.	○	모의훈련 관련 사진, 계획서, 결과 보고서	○○○	○○○

(5) 개선계획과 실행

평가지표에 따라 자체점검을 실시한 결과를 바탕으로 개선 사항에 대한 계획을 세우고 수정 · 보완하는 과정이 필요하다. 개선 계획 시 시간이 많이 소요되는 항목과 단기간에 수정 가능한 항목 그리고 공통 업무로 효과적인 항목과 개별 업무로 효과적인 항목 등의 부분을 파악하여 계획을 세운다면 효율적인 개선결과를 기대할 수 있다.

계획에 따라 개선 사항을 수정 · 보완하고 이러한 과정을 반복함으로써 지속적인 개선이 이루어지도록 하여야 한다. 이때 개선계획과 실행은 각 시설의 상황에 따라 여러 번 반복이 가능하다.

3) 자체평가서 작성

영역별로 최종 점검을 마치고 중앙사회서비스원 사회복지시설평가실에서 안내하고 있는 기간 내에 사회서비스정보시스템 평가관리 매뉴얼을 통해 자체평가서를 작성한다. 작성된 자체평가 결과는 현장평가 시 평가위원에게 제공하여 현장

평가 기초자료로 활용된다.

4) 현장평가 관련 준비사항

대상 시설의 현장평가일은 각 현장평가팀에서 방문 7일 전 유선으로 연락한다. 일정이 통보되면 시설에서는 현장평가를 받을 수 있도록 시설에서는 다음 사항을 준비하여 협조한다.

① 평가장 마련
② 자체평가서 3부(평가위원용)
③ 평가영역별 근거서류
④ 필기도구

이외에 사무국장(부장)과 각 부서장이 현장평가 수검에 대한 주요 역할을 수행토록 한다. 특히 각 지표별 담당부서장과 담당자는 평가단 요구자료 등에 대한 내용을 숙지하고 증빙자료를 철저히 준비하여, 당일 평가단이 요구하는 자료를 신속히 제공하는 것이 필요하다.

제2절 사회복지시설 지도점검

1. 사회복지시설 지도점검 개요

사회복지시설은 지역사회 주민의 욕구에 부합하는 서비스 프로그램 개발과 서비스의 제공이라는 사명을 사회로부터 위임받아, 전문적인 서비스를 제공하는 것으로 인식된다. 따라서 시설은 적법하고 투명하게, 효과적이고 효율적으로 운영해야 하는 책무성을 요구받고 있다(서울시장애인복지관협회, 2016).

1) 사회복지시설 지도점검의 근거

「사회복지사업법」 제51조 제1항의 규정을 보면 "보건복지부장관, 시 · 도지사 또는 시 · 군 · 구청장은 사회복지사업을 운영하는 자의 소관 업무에 관하여 지도 감독을 하며, 필요한 경우 그 업무에 관하여 보고 또는 관계 서류 제출을 명하거나, 소속 공무원으로 하여금 사회복지시설에 출입하여 검사 또는 질문을 하게 할 수 있다."고 명시하고 있다. 이러한 법적 근거에 따라 지방자치단체에서 정기적으로 지도점검을 실시하고 있다.

한편, 보건복지부 '사회복지시설 관리안내'에서는 사회복지시설에 대한 지도감독의 내실화를 기하도록 국가청렴위원회 권고사항(2006. 12.)으로 각 지방자치단체의 정기감사 또는 수시점검 시 반영토록 명시하고 있다.

각 시설에서는 지도점검과 관련하여 「사회복지사업법」, 「사회복지법인 및 사회복지시설 재무 · 회계 규칙」, 보건복지부의 「사회복지시설 관리안내」 등 관련 법령 및 지침을 파악하고 있어야 할 것이다.

2) 지도 · 점검의 절차와 방법

보건복지부장관, 시 · 도지사 또는 시 · 군 · 구청장은 「사회복지사업법」 제51조의 규정에 따라 관계 공무원으로 하여금 관할 지역 내 시설을 대상으로 운영 전반에 대하여 지도 · 점검할 수 있다.

(1) 정기 지도 · 점검

정기점검은 시 · 군 · 구의 자체 계획에 의해 점검대상 시설을 선정하여 점검일정을 통보한다. 일정이 통보되면 시설에서는 지도 · 점검을 받을 수 있도록 서류를 준비하여 시설 현황 점검표와 체크리스트에 의해 자체점검을 실시한 후 자체점검표를 지방자치단체에 제출하여야 한다.

또한 현장점검 시 점검장 마련 및 서류 비치, 현장 점검 시 점검 진행방향에 따른 시설안내 등이 필요할 것이다.

점검 결과 위반 사항이 있는 경우, 각 법령에 의한 행정조치(시정명령 등)를 받을 수 있으며, 행정처분이 부당하다고 판단될 경우 관련 법령에 따라 행정심판 등을 청구할 수 있다.

(2) 수시 지도 · 점검

수시점검은 민원 제보나 언론보도 등을 통하여 물의를 빚은 경우 실시되는 점검을 말한다. 수시 지도 · 점검의 경우 사전 통보 없이 실시된다. 이 때 담당공무원이 시설 입구에서 점검의 목적을 밝힐 때 이에 대해 시설에서는 점검에 협조하여야 한다. 점검 결과 위반사항이 있는 경우, 각 법령에 의한 행정조치를 받게 된다.

(3) 특별(기획) 지도 · 점검

보건복지부, 시 · 도 및 시 · 군 · 구에서는 사회복지시설 현장의 여건에 따라 특정부문(부정수급, 급식, 위생, 안전 분야 등)을 대상으로 지도점검 계획을 수립하고 모니터링 등을 통하여 대상 시설을 선정 후 실시하는 것을 말한다.

특별(기획) 지도 · 점검의 경우 점검 분야(착안사항) 및 전체적인 일정이 언론 등을 통해 공지되며, 점검 결과 위반 사항이 있는 경우, 각 법령에 의한 행정조치를 받게 된다.

2. 지도 · 점검 준비

각 지방자치단체의 지도점검을 보다 철저히 준비하고 확실히 대응할 수 있도록 지방자치단체의 사회복지시설 지도 · 점검 안내서(서울시장애인복지관협회, 2016)의 현장 실무 및 사례를 중심으로 체크한다. 각 주요 점검사항과 관련규정 등에 근거하여 사전에 업무수행이 이루어져야 할 것이다.

1) 상시 준비–공통 점검 영역

(1) 제 규정

영역	세부점검사항	관련규정
제 규정	· 조직, 인사, 복무, 보수, 회계, 물품, 문서 등 운영 규정 제정 · 시행 여부 · 운영 규정 작성 및 보고 여부 · 운영 규정집 확인	· 「사회복지시설 관리안내」

(2) 위원회 구성 및 운영

영역	세부점검사항	관련규정
위원회 구성 및 운영	· 시설운영위원회 위촉 · 운영 여부(회의록 비치, 결과 보고, 운영위원 자격 및 정기 위 · 해촉 여부) · 운영위원 구청장 위촉 여부 · 운영위원회 위원장 호선 선출 여부 · 위원회 관련 및 운영 적정 유무(수당지급 등) · 운영위원회 구성의 내부규정 유무	· 「사회복지사업법」 제36조(운영위원회) 및 시행규칙 제24조(운영위원회의 설치 및 운영 등)

(3) 인사 및 복무

영역	세부점검사항	관련규정
시설장	· 시설장의 타 직종 겸직 의무 위반 여부(영리행위 금지) · 시설장이 상근의무 준수 여부	· 「사회복지사업법」 제35조(시설의 장) · 「사회복지시설 관리안내」
인사관련 규정	· 취업규칙 유무 · 제 규정 제정 시행 및 승인 여부 · 운영 규정에 따라 종사자 연가 적정 지급 여부 · 복무 규정 적정 여부 · 인사위원회 구성 여부 · 종사자 징계(해고) 관련 적정 여부 · 기타 시설운영의 민주성 등	· 「근로기준법」 제17조(근로조건의 명시) 및 제92조(취업규칙의 작성, 신고) · 「사회복지시설 관리안내」
채용	· 홈페이지 등의 공개모집 및 공고기간 준수 여부 · 결격자 조회 및 결격자 임용 여부 · 자격기준 미달자 채용 여부 · 자격을 요하는 직종의 유자격 여부 · 신규 임용직원 경력 및 자격 조회 여부 · 종사자의 호봉획정 적정 여부 · 종사자의 유사경력 인정 여부 · 근로계약 체결 및 적정 여부	· 「사회복지사업법」 제35조의 2(종사자) · 「근로기준법」 제17조(근로조건의 명시) · 「사회복지시설 관리안내」

영역	세부점검사항	관련규정
인사서류	· 시설장과 종사자 명부 관리 · 인사서류(이력서, 자격 또는 면허증 사본, 근로계약서, 기타 수당관련 서류, 범죄경력조회, 인사발령대장) 비치 · 제증명발급대장	·「사회복지사업법」 제35조의 2 ·「사회복지시설 관리안내」
종사자 관리 및 교육	· 건강진단 실시 및 관계 서류 보관 · 근무상황부 비치 및 관리 · 기간제근로자 관리 적정성(고용노력 등) · 직종별 인원 관리 여부 · 업무분장 유무(대직자 지정 유무 등) · 업무일지 관리 · 출장명령부 비치 여부 · 종사자 입퇴사자 보고 유무 · 호봉획정 사항 보고 여부 · 종사자 보직 적정성 · 보수교육 유무	·「산업안전보건법」 제43조(건강진단) 및 같은 법 시행규칙 제107조(건강진단 결과의 보존) ·「사회복지사업법 시행규칙」 제5조(사회복지사보수교육 등) ·「사회복지시설 관리안내」
승진 및 승급	· 승급 적정 여부(승급 제한자 승급 여부) · 승진 시 최저소요 연수 도래 및 위원회 구성 여부	·「사회복지시설 관리안내」
시간 외 근무	· 시간 외 근무자에 대한 명령확인 및 수당지급 실태 · 야간 및 공휴일 근무편성 운영	·「사회복지시설 관리안내」 ·「지방공무원 보수업무 등 처리지침」

(4) 급여

영역	세부점검사항	관련규정
급여	· 신규임용직원의 채용 시 경력인정범위(유사경력) 확인 · 급여 지급조서와 실제 수령한 금액 확인 · 인건비 지급 시 계좌 지급 여부 · 가족수당 중복수령 여부 확인 · 급여지급기준 준수 및 호봉산정 적정 여부 · 급여지급 시 공제하는 소득세 및 사회보험 등 예수금 관리 적정 여부 · 정원 외 직원 급여와 퇴직적립금을 자부담이 아닌 보조금 예산 지급 여부 · 종사자 퇴직 당시 보수지급 적정 여부 및 반납 여부 · 지침 외 수당 신설 및 재정충당 적정 여부 · 사회보험부담금의 산정 및 적정 납부 여부 · 급여의 원천 징수세액 세무서 납부 여부 및 타용도 사용 여부	·「고용보험 및 산업재해보상보험의 보험료징수 등에 관한 법률」 제16조의3(월별보험료의 산정) ·「국민건강보험법」 제69조(보험료) 및 제70조(보수월액) ·「국민연금법」 제88조(연금보험료의 부과징수 등)

(5) 예 · 결산

영역	세부점검사항	관련규정
사업계획	· 사업계획 및 예산 수립 보고 유무 · 사업계획 적정 시행 여부 · 사업계획에 의한 예산 편성 및 집행 여부	· 「사회복지시설 관리안내」
예산	· 예산 총계주의 준수 여부(카드수수료, 퇴직적립금 수입 이자 처리 등) · 예산 편성 및 결정 절차 적정 여부(이사회 의결을 거쳐 확정 여부) · 기부금, 일시차입금, 잡수입 예산 편성 여부 · 모든 수입금 입금 후 지출 여부 · 세입 · 세출예산 편성의 적정(과목준수, 세입세출예산 편성 후 집행 여부) · 관간 전용 및 동일 관내 항간 전용 시 적정 절차 이행 여부 · 사업변경 시 추경 예산 편성 사용 여부 및 구청 보고 여부 · 예산총칙에서 전용 제한하거나 이사회에서 삭감한 관항목으로 전용 여부 · 추경 예산 편성 절차 적정 및 구청 제출 여부 · 예산 미성립 시 준예산 편성하여 집행 여부 · 법인전입금 부담계획 이행 여부 · 이월금 적정성 여부 · 전년도 이월금의 해당 연도 세입편성 여부	· 「사회복지법인 및 사회복지시설 재무 · 회계 규칙」 제8조(예산총계주의 원칙) 및 제10조(예산의 편성 및 결정절차), 제12조(준예산), 제13조(추가경정예산), 제16조(예산의 전용) · 「사회복지시설 관리안내」
결산	· 결산서(후원금 포함) 익년도 3월 31일까지 제출 및 20일 이상 공고 여부(게시판 및 홈페이지)	· 「사회복지법인 및 사회복지시설 재무 · 회계 규칙」 제19조(결산서의 작성 제출), 제20조(결산보고서에 첨부하여야 할 서류) · 사회복지시설 관리안내

(6) 회계

영역	세부점검사항	관련규정
과목별 수입 및 지출	· 세입세출예산 과목 편성 적정 여부 · 과목별로 수입 · 지출 여부 · 사업별(기능보강 · 이용료 · 퇴직적립금 · 수입사업 · 신용카드예수금) 통장 구분 여부 · 항목별 잔액과 통장잔액 일치 여부 · 법인회계, 시설회계, 수익사업회계 등 구분 여부	· 「사회복지법인 및 사회복지시설 재무 · 회계 규칙」 제6조(회계의 구분) 및 제25조(수입금의 수납) · 사회복지시설 관리안내

영역	세부점검사항	관련규정
기능보강	· 기능보강사업 공사 시 과다 산출 및 이중 지출 여부 · 기능보강사업비 집행의 적정성 및 목적대로 활용 여부 · 기능보강사업 시 (법인)자부담 분담률 적정 이행 여부 · 기능보강사업비 집행 관련 예산 과목 적정 편성 여부 · 공사물량 정산 미실시로 공사대가 과다 지급 여부 · 발주 주체별 업무처리 적정 여부	·「건설공사 도급계약서 공사계약 일반조건」 제14조 및 제18조 · 사회복지시설 기능보강사업 공통업무 처리 기준
내부통제	· 인장관리 등 내부통제시스템 구축 여부 · 인터넷 뱅킹 등 내부통제시스템 구축 여부 · 회계상 적절한 내부통제절차 여부	·「국가재정법」 제98조(내부통제) · 사회복지시설 관리안내
보조금 집행	· 보조금 목적 외 사용 여부 · 보조금 집행잔액 및 이자 반납 내역 · 보조금 반환의 적정성 및 기일 준수 여부 · 보조금으로 비정규직 및 유급자원봉사자 인건비 지출 여부 · 보조금 입 · 출금 내역 통장 확인 · 보조금 입 · 출금 전용통장 개설 여부 · 보조금 전용카드 사용 여부 · 보조금 전용카드 사용목표액 달성 여부 · 보조금으로 직책수당, 직책보조비의 전용카드 사용 여부 · 보조금으로 연체료, 가산금, 벌과금 등으로 집행 여부 · 보조금 지출 적정성(지출원의 지출유무, 예금통장 또는 전자거래를 통해 지출 여부) · 보조금 중 인건비와 운영비 분리 집행 및 정산 반납 여부	·「사회복지법인 및 사회복지시설 재무 · 회계 규칙」 제15조(예산의 목적 외 사용금지) · 사회복지시설 관리안내
신용카드 사용	· 물품구입 시 불법카드활용(카드깡) 여부 등 허위지출 및 유흥업소 사용 여부 · 1만 원 이상 지출 시 신용카드 및 현금영수증 사용 여부 · 개인신용카드 사용 여부 · 신용카드 결제계좌의 관리 상태 · 법인카드 발급 및 사용대장 관리 실태 · 카드사용내역서와 결제 통장 일치 여부	
사업수입	· 수익사업의 경우 비용수납 신고 및 승인여부 · 사업수입 관리 적정(누락 및 목적 외 사용 여부) · 사업수입 지출 적정 여부(인건비, 각종수당, 업무추진비 지출) · 사업수입 사용규정에 따른 적정 사용 여부 · 사업수입을 법인에 송금한 사실 여부 · 사업수입을 수입 · 지출 결의 후 집행 여부 · 시설 내 자판기 등의 수익금 관리 상태 · 유료 프로그램 수입의 누락 계상 여부 및 영수증 발급의 적정성 · 사업수입을 세입예산에 적정 편성 여부	·「사회복지법인 및 사회복지시설 재무 · 회계 규칙」 제7조(세입 · 세출의 정의), 제8조(예산총계주의원칙), 제15조(예산의 목적 외 사용금지) · 사회복지시설 관리안내

영역	세부점검사항	관련규정
적격 지출 및 증빙	· 적격 증빙서류(세금계산서, 현금영수증 등) 구비 여부 · 정당한 채주에게 지급되었는지 여부 · 간이세금계산서 과다 첨부 여부 · 강사료 지급 내역 및 원천징수 여부 · 경조사비 적정 지급 내역 · 공동사용시설회계단위별 공통비(수도 · 전기 · 가스 등) 배분 여부 · 도시가스 감면 신청 및 감면 여부 · 지출건별 지출결의 여부 · 화재보험 및 각종 보험료, 협회비 등 지급내역 · 법인전입금 중 후원금 지출 적정 여부 · 시설 위 · 수탁 계약내용과 사업계획 등에 따라 법인전입금 부담 계획이 있을 시 시행 여부 · 연말정산 환급금 지급 내역	
이용료 수납	· 기초생활보장수급권자 등 무료이용자 20% 내외 확보 여부 · 기초수급자 이용 수납 실태(무료 또는 실비 납부) · 이용료 산정의 적정 여부(이용자의 경제적 부담을 고려한 최소부담의 원칙) · 이용료를 징수하여 프로그램에 사용 여부 · 이용요금 부적정 수납 여부(시설 이용규정에 명시된 이용요금을 정당한 절차 없이 부정적 변경 · 수납 등)	·「사회복지사업법」 제44조(비용의 징수) ·「사회복지사업법 시행령」 제21조(비용의 징수) · 사회복지시설 관리안내
회계관계 직원	· 회계책임자 지정 여부 · 회계관련 직원 보증보험 가입 여부 · 수입원과 지출원 별도 지정 여부 · 재무원과 지출원 겸직 여부	·「사회복지법인 및 사회복지시설 재무 · 회계 규칙」 제22조(수입과 지출의 집행기관) · 사회복지시설 관리안내
회계장부	· 예산 계정별 총계정원장, 현금출납부 등 작성 및 정리 상태 · 일일결산 기재 누락 등 장부정리 확인 · 수입결의서 및 지출결의서 작성 여부	·「사회복지법인 및 사회복지시설 재무·회계 규칙」 제24조(장부의 종류) · 사회복지시설 관리안내

(7) 계약

영역	세부점검사항	관련규정
계약	· 수의계약 적정 및 타당성 여부 확인 · 산출기초조사서에 의한 시장가격 및 가격 정보 정확 여부 · 계약 체결 시 일반경쟁입찰이 원칙이며 부당한 수의계약 또는 지명경쟁계약 여부 · 공사 1억 원(전기공사 등은 8천만 원) · 물품 5천만 원 이상 시 수의계약 체결 여부 · 분할 수의계약 사례 여부 확인 · 협상에 의한 계약 적정 여부 · 입찰참가자격(실적제한) 적정 여부	· 「국가를 당사자로 하는 계약에 관한 법률 시행령」 제68조(공사의 분할 계약 금지) · 「지방자치단체를 당사자로 하는 계약에 관한 법률 시행령」 제20조(제한입찰에 의한 계약사항과 제한사항) · 「지방자치단체를 당사자로 하는 계약에 관한 법률 시행령」 제25조(수의계약에 의할 수 있는 경우), 제43조(협상에 의한 계약체결) · 「지방자치단체 입찰 시 낙찰자 결정기준」 제5장(협상에 의한 계약체결 기준) · 「지방자치단체 입찰 및 계약집행기준」 제5장 수의계약 운영요령(행정자치부 예규 제23호) · 「사회복지법인 및 사회복지시설 재무 · 회계 규칙」 제30조의 2(계약의 원칙)
계약업무의 적정성	· 계약관련 필수 서류 구비 여부 · 계약서 작성 시 계약의 적정성, 목적, 금액, 계약보증금, 지체상금 등의 기재사항이 적정한지 여부 · 예산교부 이전에 선공사 여부 · 선급금 지급의 적정성 여부	· 「지방자치단체를 당사자로 하는 계약에 관한 법률」 제14조(계약서의 작성 및 계약의 성립) · 「사회복지법인 및 사회복지시설 재무 · 회계 규칙」 제28조(지출의 원칙) · 같은 법 제30조(지출의 특례)
입찰공고	· 입찰공고 시 공고문 정보 처리장치(조달청 나라장터) 공고 여부	· 「지방자치단체를 당사자로 하는 계약에 관한 법률 시행령」 제33조(입찰공고) · 지방자치단체 입찰 및 계약 집행기준 제5장 수의계약 운영요령(행정자치부 예규 제23호)

영역	세부점검사항	관련규정
집행 증빙서류	· 계약금액과 실제 지급금액 상위 여부 확인(영수증, 금융기관 송금 시 송금내역 확인) · 10만 원 이상 수의계약 시 2인 이상 견적서 징구, 품의산출기초조사, 수의계약사유서, 물품검수조서 구비 여부 · 계약 이후 물품검수(현물보관 여부 확인) 및 준공공사 이행 여부 · 대금청구 및 지급 시 제반 관계 서류 징구 및 지급절차의 적정 여부 · 선금, 기성금 지급 시 지급 보증증권 수치 여부 · 하자담보책임기간 내 하자검사 실시 여부 · 하자보수보증보험증권 수취 여부	· 「지방자치단체를 당사자로 하는 계약에 관한 법률 시행령」 제67조(대가의 지급) · 「지방자치단체를 당사자로 하는 계약에 관한 법률 시행령」 제64조(검사), 제69조(담보책임의 존속기간), 제71조(하자보수보증금)

(8) 문서관리

영역	세부점검사항	관련규정
사회서비스 정보시스템 (희망이음)	· 사회서비스정보시스템(희망이음) 활용 실태 · 사회서비스정보시스템(희망이음) 활용 보조금 신청 및 정산 보고 여부 · 사회서비스정보시스템(희망이음) 활용 서비스관리 · 사회서비스정보시스템(희망이음) 활용 회계 관리	· 사회복지시설 관리안내 사회복지시설 업무의 전자화 시책
문서관리 관련 대장 비치	· 사회복지시설 신고증, 시설 건축물관리대장 등 문서관리 · 시설연혁에 관한 기록부, 시설운영일지 등 문서관리 · 사업에 관한 장부 비치(이용자 관계 서류, 개별 상담 등 관계철, 재활프로그램 관리대장, 교육훈련 관계 서류) · 재무회계에 관한 장부 비치(총계정원장 및 수입지출보조부, 금전출납부 및 그 증빙서류, 예산서 및 결산서, 비품수불대장, 재산대장, 재산목록과 그 소유권에 관한 증명서류, 이용료 부담비용 관련 서류, 기타 각종 증명서류) · 시설관리에 필요한 장부 비치(직원관계철, 회의록철, 사업일지, 문서철, 문서접수 및 발송대장, 차량운행일지 등)	· 「사회복지사업법 시행규칙」 제25조(시설의 서류비치)

영역	세부점검사항	관련규정
문서접수 및 결재 보관	· 문서 결재(선람, 전결 등) 등 누락 여부 · 문서 시행방법 적정 여부 · 문서 접수 · 발송 대장 작성 여부 · 개인정보관련 문서보관 및 관리 적정 여부 · 문서편철 및 보존기간 지정 보관 여부	·「개인정보 보호법 시행령」 제30조(개인정보의 안전성 확보 조치) ·「공공기록물 관리에 관한 법률」 ·「행정업무의 효율적 운영에 관한 규정」
사무인수인계	· 회계직원 사무 인수인계 여부	·「사회복지법인 및 사회복지시설 재무 · 회계 규칙」 제43조(사무의 인계 · 인수)

(9) 물품관리

영역	세부점검사항	관련규정
정기재물조사	· 정기적(연 1회) 재물조사 실시 및 현물관리 · 재물조사 시 조사표 부착 여부	·「사회복지법인 및 사회복지시설 재무 · 회계 규칙」 제40조의 2(재물조사) · 지방자치단체 정기재물조사 지침(행정안전부 공기업과) ·「물품관리보고서 작성지침」(조달청)
물품관리대장	· 물품관리대장(구입물품 · 후원물품) 비치 및 수불사항 정리상태 · 소모품대장 비치 및 수불사항 정리상태 · 연도별 물품수급계획 수립 · 물품의 청소상태 · 재산대장 비치 및 작성 여부 · 차량운행일지상 일시, 장소, 운전자, 목적지, 주유 여부 등 기록관리 적정 여부 · 기능보강 구매 차량의 명의가 법인명이 아닌 시설명일 것	·「물품관리법」 제15조(물품수급관리계획), 제23조(물품의 정비) ·「사회복지법인 및 사회복지시설 재무 · 회계 규칙」 제4장 물품 ·「사회복지사업법 시행규칙」 제25조(시설의 서류비치)
불용물품	· 불용물품 처리 시 불용결정 절차 준수 여부 · 불용품 매각대금 세입 편입 여부 · 불용물품 현황	·「물품관리법」 제35조(불용의 결정 등) ·「사회복지법인 및 사회복지시설 재무 · 회계 규칙」 제41조(불용품의 처리) ·「불용품 처분지침」
물품관리 책임자	· 물품관리자 · 출납원 지정 여부	·「사회복지법인 및 사회복지시설 재무 · 회계 규칙」 제38조(물품의 관리자와 출납원)

(10) 시설물관리

영역	세부점검사항	관련규정
안전대책	· 내장재 불연화 여부, 보안 및 방화관리자 임명 여부 · 소방안전관리자 선임 지정 상태, 안전관리자 교육 이수 여부 · 배상책임보험(대인 · 대물) 가입 여부 · 1인당 배상책임보험액의 적정 여부 · 화재보험 및 가스안전보험 가입 여부 · 안전관리에 대한 일일점검일지 작성 · 시설점검, 정비 기록 및 작성 여부 · 시설자체 안전점검 실시 및 결과 보고 여부 · 화재예방 안전점검(연 1회)	· 「사회복지사업법」 제34조의 4(시설의 안전점검 등) · 「사회복지사업법」 제34조의 3(보험가입 의무) · 「사회복지시설 관리안내」 · 「사회복지시설 화재안전관리 매뉴얼」 · 「사회복지시설 화재안전교육 표준 매뉴얼」
비상대책	· 사고발생 대비 종사자 업무분장표 작성 · 비상연락체계 구축 여부(구청 및 유관기관) · 사고발생 시 대처요령, 피난방법 및 장소 등의 안전 관련 계획 수립 여부 · 재난대비 적정 매뉴얼 비치 여부	
시설설비	· 가스밸브의 작동 및 배관시설 상태 등 · 소화 및 경보설비의 정상작동 여부(소화기구, 옥내 · 외소화전, 비상벨, 누전차단기 등) · 피난계단, 피난문 작동 상태 및 완강기 설치 여부 · 피난시설의 정상작동 여부(미끄럼대, 피난사다리, 유도등, 비상조명 등) · 건축물, 석축, 옹벽, 담장 등 균열 및 붕괴위험 여부	
급식위생	· 식단표 작성 및 비치 여부 · 취사장 및 식당(조리기구 등) 위생상태 확인 · 위생관련 교육 여부 · 위생관련 점검일지 여부 · 급식관계 대장 유무	

(11) 후원금

영역	세부점검사항	관련규정
후원금	· 법인후원금과 시설후원금 구분의 적정성 · 비지정 후원금 사용제한 준수 여부 · 비지정 후원금의 업무추진비 초과 사용 여부 · 후원금 수입 및 사용내역 보고 · 공개 적정 여부 · 후원금 수입 및 사용내역을 후원자에게 연 1회 이상 통보 여부 · 후원금 수입 및 지출의 예산 편성 후 사용 여부 · 시설후원금 전용계좌 개설 및 통장명의 적정 여부 · 후원금 관리계좌의 예금이자 세입처리 여부 · 후원금 전용계좌 입 · 출금상태와 회계 처리 일치 여부 · 후원금 통장에 시설명 및 시설장 성명 병기 · 지정 후원금의 목적 외 사용 여부 · 지정 후원금 용도별 지출 여부 · 기부금 영수증 발행 여부 · 기부금품 관련대장(수입 · 지출부, 기부금 영수증, 기부금 수입명세서, 기부금 수입 및 사용결과 보고서) 비치 및 정리 여부 · 개인별 후원금 입 · 출금 내역 기록 여부 · 후원금 항목별 잔액과 통장잔액 일치 여부 · 후원물품 처분 적정 여부 · 후원물품대장과 실제 사용내역의 일치 여부	· 「사회복지법인 및 사회복지시설 재무 · 회계 규칙」 제41조의 4(후원금의 영수증 발급 등) · 같은 법 제41조의 5(후원금의 수입 및 사용내용 통보) · 같은 법 제41조의 6(후원금의 수입 · 사용결과 보고 및 공개) · 「사회복지시설 관리안내」

2) 지도점검 당일 준비사항

대상 시설의 지도점검일은 해당 지방자치단체에서 지도 · 점검 실시 전에 전체 점검기간을 대상 시설에 미리 안내한다. 일정이 통보되면 시설에서는 지도점검 수검을 받을 수 있도록 다음 사항을 준비하여 협조한다.

① 수검장 마련

② 지도점검 서류(지도점검 항목별 즉, 운영일반, 재무회계, 직원관리, 안전관리 등 항목별로 진열하는 것이 좋다)

③ 필기도구

주요 점검사항에 관하여 관계 공무원이 점검하는 것을 원칙으로 하고 있다. 다만, 전문성과 객관성을 제고하기 위하여 관계인으로 점검단을 구성하거나, 합동 또는 교차점검으로도 실시하기도 한다.

또한 지도 · 점검 시 전년도 지적사항의 이행여부를 확인하니 이행 결과를 반드시 사전에 확인하는 것이 필요하다.

3) 지도 · 점검 결과의 보고와 처리

지방자치단체는 지도 · 점검 결과, 시정 또는 변경이 필요한 때에는 시설에 시정 · 변경 명령 등을 요구한다. 이때에 그 요구를 받은 시설은 곧바로 시정 또는 변경 사항을 처리하고 그 결과를 지방자치단체장에게 문서로 보고하여야 한다.

4) 지도 · 점검 결과 조치

점검결과 법규 · 지침 미숙지, 서류미비 등의 경미한 사항은 현장지도 및 보완 · 시정요구를 받는다. 위법 · 부당한 사항 등 중대한 위반 사항이 있는 경우는 관계 법규에 따라 행정상 조치와 재정상의 조치를 받는다.

- 행정상 조치: 취소 또는 철회로 원상회복이 가능(→시정조치), 원상회복 불가, 시정함이 공익에 반하는 경우(→주의조치)
- 재정상 조치: 부적정하게 집행한 보조금의 시정 및 환수 · 지급 조치

제14장

사회복지현장실습 지도

제1절 사회복지현장실습

1. 사회복지현장실습의 목적

사회복지현장실습은 사회복지사 자격을 갖추기 위한 법정필수과목 중 하나로 사회복지를 전공하는 학생들이 학교에서 습득한 사회복지 실천지식, 기술, 가치를 실천현장 경험을 통해 통합하고, 사회복지 전문가로서의 자아인식발달을 돕고 자기성찰을 통한 사회복지사로서 교육 · 훈련하는 것을 기본 목적으로 한다.

1) 실습슈퍼비전의 내용

실습의 주요 범주	Kadushin의 범주
• 실습생이 일하는 과정과 내용을 숙고할 수 있도록 정기적인 자리 마련	교육적
• 업무에 대한 이해와 기술 발전	교육적
• 개인의 업무와 관련된 정보와 다른 관점의 수용	교육적/지지적
• 내용과 과정에 대한 피드백을 받음	교육적/지지적
• 개인으로서 그리고 사회복지사로서 지지받고 인정받음	지지적
• 개인으로서 그리고 사회복지사로서의 어려움, 문제와 계획을 공유하고 부담 완화	지지적
• 업무상 야기될 수 있는 개인적인 스트레스, 전이, 역전이를 확인하고 이를 표출하여 해소할 수 있도록 함	행정적/지지적
• 개인적인 그리고 전문적인 자원을 보다 더 잘 계획하고 활용함	행정적/지지적
• 업무에 반응하는 것이 아니라 선제적으로 대응할 수 있도록 함	행정적/지지적
• 업무의 질 보증	행정적

출처:Hawkins & Shohet(2000).

2) 사회복지현장실습 관련 기준

(1) 실습기관 기준

가) 법적 기준

- 사회복지사업을 수행하는 기관, 법인, 시설 또는 단체
- 실습지도자가 2명 이상 상근
- 보건복지부장관으로부터 선정

나) 실습기관

- 「사회복지사업법」에 따른 사회복지법인 · 사회복지시설
- 사회복지사업과 관련된 기관 및 단체
  - 법인: 관청의 허가를 받은 법인으로 사회복지사업을 목적으로 하는 비영리 단체
  - 공공기관: 지방자치단체, 자원봉사센터 등
- 사회서비스를 제공하는 병원, 상담소, 학교, 교정기관, 조사연구기관, 시민사회단체 등

(2) 실습지도자 기준

가) 법적 기준

- 1급 사회복지사 자격증을 취득한 이후 3년 이상의 사회복지사업 실무경험이 있거나 2급 사회복지사 자격증을 취득한 이후 5년 이상의 사회복지사업 실무경험이 있는 자
- 기관실습이 실시되는 연도의 전년도에 8시간 이상의 보수교육을 이수한 자

(3) 실습시간 기준

가) 사회복지현장실습 적용 기준

구분	실습시간	실습기관
2019년 12월 31일까지 사회복지현장실습을 이수하거나 수강하고 있는 경우	120시간	종전기준에 따른 실습기관
2019년 12월 31일까지 일부 교과목을 이수하였거나 수강하고 있고, 사회복지현장실습 교과목을 2020년 1월 1일 이후 수강하는 경우	120시간	보건복지부장관 선정기관
2020년 1월 1일 이후 모든 교과목을 수강하는 경우	160시간	보건복지부장관 선정기관

나) 실습시간

① 학기 중 실습

- 주당 8시간 실습기관에 출석하여 최소 160시간 이상(중간, 기말시험 기간 포함) 실습 시행
- 8시간×20주 = 총 160시간

② 방학 중 실습

- 1일 8시간 주 5회 실습기관에 출석하여 최소 160시간 이상 실습 시행

③ 실습지도(supervision) 시간

- 학기 중 실습: 주 1회 3시간 제공
- 방학 중 실습: 한 학기(15주)를 기준으로 45시간 제공

3) 보건복지부 사회복지사 자격관리 지침

(1) 실습지도자 1인당 실습지도 인원

1회기(1학기, 여름방학, 2학기, 겨울방학) 기준 5인 이내로 하며, 연간 20명을 초과할 수 없다.

(2) 실습비

- 실습생 1인당 10만 원 이내

※ 실습기관은 '후원금', '실습 이외의 교육' 등의 명목으로 실습생에게 추가비용을 요구해서는 안 된다.

(3) 실습생 기준

교육기관에서 지정하는 현장 실습 전 선수과목을 이수하되, 다음 과목 중심으로 4과목 이상 이수를 권장한다.

- 사회복지학개론, 사회복지법제와 실천, 인간행동과 사회환경, 사회복지실천

론, 사회복지실천기술론, 지역사회복지론, 사회복지정책론, 사회복지윤리와 철학, 사회복지조사론, 프로그램 개발과 평가 등

실습기관의 기준에 따라 다음 과목 중심으로 2과목 이상 이수를 권장한다.

- 노인복지론, 장애인복지론, 아동복지론, 청소년복지론, 가족복지론, 여성복지론, 학교사회복지론, 의료사회사업론, 정신건강사회복지론 등

4) 실습지도 내용

실습지도 내용은 일반주의 실천에 근거한 Fortune(1994)의 실습지도의 내용 및 기술모델과 실습지도의 체계적인 과정과 단계의 운영방법을 제시한 Caspi(1997)의 과제중심 실습지도 모델을 기반으로 우리나라의 상황을 고려하여 이시연(2001)이 제시한 실습지도 모델을 중심으로 살펴본다.

〈표 14-1〉 실습 지도 내용

구분	습득할 점	지도내용	비고
1) 전문적 발달 측면 기능: 교육적 · 지지적	· 필요한 지식과 기술의 습득 · 전문적 가치와 윤리 이해 · 자기인식과 통찰 · 전문적인 성장을 위한 노력	· 실습목표 작성 · 슈퍼비전(개별 · 집단 · 동료 집단) · 공통교육 및 과제 부여 · 사회복지 가치 및 윤리교육 · 자아인식 · 강점 및 약점 · 평가회	· 실습목표
2) 행정적 측면 기능: 행정적 · 교육적	· 기관사명, 역사성, 사업 이해 · 일정에 따른 업무수행 · 기관 규칙에 따른 실무수행 · 효율적인 시간관리 · 서류작성의 기한 엄수	· 기관 사명 이해 · 클라이언트에 대한 기관 이해 · 기관구조 및 사업관련 교육 · 기관 내의 기록서식에 대한 교육과 필요성 지도	· 실습일지 · 기관분석 · 중간, 종합 평가서
3) 정책적 측면 기능: 교육적	· 지역사회에 대한 이해	· 지역사회에 대한 지식	· 지역사회분석 보고서

구분	습득할 점	지도내용	비고
4) 기본적 대인관계 기술 기능: 지지적 · 교육적	· 적절한 자기표현, 의사소통 · 실습지도자, 직원, 동료와의 관계기술	· 실습생 집단과제(팀웍) · 실습생 간담회(동료집단)	· 직장예절교육 자료
5) 클라이언트체계 개입기술 기능: 교육적 · 지지적	· 클라이언트의 행동발달 및 심리 이해 · 클라이언트체계의 사정기술 · 프로그램계획서 작성법 · 집단프로그램 계획, 실행, 평가기술 · 사회복지기록 실습	· 집단 활동 계획, 실행, 평가(계획서, 기록) · 클라이언트 관찰 및 면담관찰(사례분석, 면담기록) · 사례회의 참관	· 계획서 · 기록

2. 사회복지현장실습과정

1) 실습생 모집 및 선발

(1) 실습생 모집

- 모집방법은 각 대학 및 대학원에 실습생 모집 공문 발송 및 학과 게시판과 기관 및 한국사회복지사협회 홈페이지에 공고한다.
- 모집 및 홍보기간은 최소 15일(2주) 이상을 권장한다.

(2) 실습생 선발

- 실습생 선발을 위한 인력 구성
- 실습지원서류 검토(실습신청서, 실습생 프로파일, 실습신청공문)
- 서류전형 합격자 공지
- 서류합격자에 대한 면접심사
- 면접심사 결과 최종 선정대상자 발표

(3) 실습생 선발에 따른 행정사항

- 실습생 및 실습학교에서 실습기관으로 실습의뢰 공문, 실습신청서, 실습생

프로파일을 발송한다.

- 실습기관에서는 실습계획서, 실습지도자 프로파일, 실습의뢰 확인서를 학교로 발송한다.
- 실습기관과 실습생 간에 실습계약서 및 실습서약서를 작성한다.

(4) 실습 사전 오리엔테이션 내용

- 실습기관과 지역사회에 대한 소개
- 실습일정과 실습의 주된 내용에 대한 안내
- 기관, 슈퍼바이저, 실습생의 의무사항과 실습계약사항 고지 및 계약 체결
- 실습목표의 명확화

2) 초기단계

(1) 실습목표 작성

- 사회복지윤리강령에 입각한 실습자세와 역할의 중요성을 이해
- 각종 보고와 양식의 중요성(일지 등) 이해(실습생 근태관리를 통한 모니터링)
- 기관 및 지역사회에 대한 이해와 사회복지 실천지식을 지도

(2) 기관소개

- 기관의 사명을 이해하고 실습기관이 속한 지역사회에 대한 이해
- 기관의 조직 및 운영체계 이해
- 기관의 여러 자원에 접근할 수 있는 방법 안내(시설, 업무절차 등)

(3) 부서교육 및 공통교육

- 부서별 대상층에 대한 이해를 돕기 위한 교육
- 부서별 주된 사업 및 핵심사업에 대한 안내
- 부서별 서비스 전달체계와 부서에서 요구되는 지식과 기술에 대한 교육

● 집단활동 또는 프로그램 계획, 진행, 평가를 통한 사회복지실천과정의 이해를 돕는 교육

〈표 14-2〉 **실습 공통교육**

회차	구분	소요시간	내용	담당	비고(과제)
1	전문적 발달 측면	2시간	· 사회복지실천의 가치와 이해 · 사회복지사 윤리강령 교육		
2	행정적 측면	2시간	· 실습기관의 이해		
3		1시간	· 운영지원팀 업무 및 행정 이해		
4		2시간	· ㅇㅇ사업의 이해		
5		2시간	· △△사업의 이해		
6		2시간	· ㅁㅁ사업의 이해		
7		1시간	· 사회복지 실습일지 작성 및 기록		
8	클라이언트 체계개입기술	2시간	· 프로그램 계획서 작성법		
9		2시간	· 사례관리 실천 기법		
10	기본적 대인 관계 기술	2시간	· 직장예절교육		
11	정책적 측면	2시간	· 지역사회 이해		

(4) 담당별 실습업무 실시

● 학습 동기부여와 체계적인 문서작성의 학습을 위해 주기적으로 과제를 부여

● 기관 분석 보고서, 지역사회(사정) 분석보고서, 지역사회 지도 그리기 등

3) 중간단계

(1) 담당 실습업무 점검

● 사회복지관의 경우 3개 기능사업(사례관리기능, 서비스 제공기능, 지역사회 조직화기능) 사업별로 사회복지사 직무 체험

● 실습영역 관련 사회이슈 분석과 프로그램 개발

- 영상으로 사회복지 이해하기(영화보고 토론)
- 홍보사업을 위한 사진촬영기법
- 선배 사회복지사와의 만남

(2) 중간평가

- 실습생이 작성하여 제출한 「실습중간평가서」의 내용을 토대로 진행
- 총괄 실습지도자와 영역별 실습지도자가 참석하여, 실습생 전원이 함께 실습중간평가회의를 진행
- 평가회의는 실습생이 본인의 실습중간평가서를 각자 발표하고, 발표 직후 각 실습지도자들이 발표한 내용을 토대로 슈퍼비전을 제시함

4) 종결 및 평가단계

실습기간 중 학습한 실천기법과 기술을 보다 정교히 하면서 확고히 하는 단계이다. 기관의 맥락과 문화, 지역사회, 대상에 대한 이해의 폭을 확장하면서 클라이언트나 집단과의 전문적 관계를 종료하는 연습을 통해 공적 · 사적관계에 대한 경계를 학습하는 단계이다. 또한 사회복지사로서 자신의 강점과 약점에 대한 인식을 통해 자신감을 확고히 하며 전문직에 대한 정체성을 형성하도록 지도해야 한다.

실습 종결 평가서 및 실습 총평가서 작성	➡	① 개별 평가진행 ② 집단(팀) 평가진행	➡	① 실습 종결 평가보고회 ② 실습만족도 평가서 작성 ③ 실습지도자 평가서 작성	➡	실습 총평가서 학교 제출

(1) 종합평가

실습의 종결시점에서 팀별로 실습생 업무와 관련된 직원이 참석하여 간략한 보고와 평가, 배운 점, 목표 성취 정도, 기관에 대한 제언 등에 대해 평가하는 시간을 가진다.

(2) 실습보고회

실습 종결 시점에서 실습생들이 미래의 사회복지사로서 용기와 비전을 가질 수 있도록 지지하고 격려하는 차원의 의식을 경험하도록 한다. 실습생과 실습지도자는 물론, 참여 가능한 전 직원이 참여하고 전체적인 준비는 실습생이 계획하고 준비 실행하도록 한다. 실습 경과 보고, 대표인사, 실습생 보고, 실습생 인사, 기관에 대한 제언, 기관장 총평, 기념촬영 및 다과회 등으로 진행한다.

(3) 실습평가서

실습생 개인에 대한 실습평가서는 실습 종결 후에 실습지도자가 작성하여 운영지원팀에서 취합, 학교 측에서 정하는 시한까지 발송한다.

(4) 실습지도 평가

가) 실습평가

효과적인 실습지도 프로그램 개발을 위해 실습생이 전체적인 실습에 대한 평가를 하며 평가 결과를 다음 실습지도 평가 계획에 반영한다.

나) 실습지도자 평가

실습지도의 질을 높이고 실습지도자의 성장을 위해 실습생들이 자신의 실습지도자에 대한 평가를 실시한다.

다) 실습지도자 평가회 실시

실습 종결 후 운영지원팀이 주관하여 실습지도자 평가회를 실시하며, 해당 실습지도자 및 그 책임자가 참여한다.

〈표 14-3〉 실습 단계(과정)

단계	절차	내용	관련서식(관리방법)
준비 단계	실습생 모집 및 접수	· 공문발송(교육기관 – 지역고려) · 홈페이지 공고(실습기관, 한국사회복지사협회 자격관리센터 홈페이지(www.lic.welfare.net) 실습기관정보 게시판 · 운영법인 홈페이지 공고 · 공문 및 신청서류 접수	① 실습생 모집 안내문 ② 실습 신청서 ③ 실습생 프로파일양식
	실습생 확정	· 실습생 프로파일 검토 · 홈페이지 공고	① 실습생 프로파일
	실습지도 계획	· 실습목적, 실습내용, 실습기간, 실습대상, 실습생의 책임 및 과제, 실습지도 방법, 실습일정 등	① 팀별 실습지도 계획서
	오리엔테이션	· 실습생 소개, 실습생의 자세, 실습의 목적, 실습과정 이해, 기관 견학	① 오리엔테이션 자료 ② 사회복지현장 실습생의 자세 ③ 기관분석 보고서
초기 단계	실습목표 작성	· 실습기간 및 시간, 실습에 대한 목적과 목표, 실습생과 실습지도자의 의무와 책임	① 실습목표
	기관소개	· 기관의 역사와 조직구조에 대한 이해	① 교육자료 ② 기관 브로슈어 ③ 홈페이지
	부서교육	· 각 부서별 사업에 대한 이해 · 클라이언트에 대한 이해 · 지역사회에 대한 이해	① 교육자료 ② 지역사회 분석 보고서
	담당 실습 업무 실시	· 집단프로그램 계획 및 진행, 평가 · 사례관찰 및 면담, 사례회의 참관 · 기타 프로그램 참관 · 행정업무 보조	① 집단프로그램 계획서 ② 사례관리 계획서
중간 단계	담당 실습 업무 점검	· 슈퍼비전(일지 점검, 기록 점검, 프로그램 계획서 평가)	① 실습일지 ② 사례관리 기록서 ③ 기록
	중간 평가	· 실습내용 및 역할 요약, 실습을 통해 배운 점 및 실습목표 성취도에 대한 평가, 어려운 점, 개선사항, 실습지도자에게 바라는 점	① 중간 평가서
종결 및 평가 단계	실습생 평가	· 실습과정에 대한 보고와 평가, 배운 점, 목표 성취 평가, 기관에 대한 제언	① 종합 평가서
	실습지도 평가	· 실습생이 실습지도와 실습지도자 평가	① 실습 평가 설문지 ② 실습지도자 평가표
	평가서 발송	· 작성한 실습평가서를 학교로 발송	① 실습 평가서 ② 현장실습 확인서

제2절 기관실습 실시기관

보건복지부장관으로부터 수행기관으로 선정된 한국사회복지사협회장은 실시기관의 선정을 위한 기준 및 선정취소 사유, 재선정 제한사유, 제출서류, 신청기한, 접수방법, 기관실습 운영방법 등에 관한 사항을 장관의 승인을 받아 연 1회 이상 공고하여야 한다.

1. 기관실습 실시기관의 선정

실시기관으로 선정받고자 하는 기관은 기관실습 실시기관 신청서와 다음 각 호의 구분에 따른 서류를 첨부하여 수행기관의 장에게 제출하여야 한다.

- 공통서류: 실습지도자 사회복지사업 실무경험 확인서, 전년도 보수교육 이수 확인서, 사업자등록증
- 사회복지사업 수행 사실을 확인할 수 있는 다음 각 목의 서류
  - 사회복지법인: 사회복지법인 설립허가증
  - 사회복지시설: 사회복지시설 신고증
  - 기타 비영리법인 또는 비영리민간단체 등: 별지 제3호의 서식의 사회복지사업 수행 사실 확인서, 비영리법인 설립허가증 또는 비영리민간단체등록증 등 설립근거 서류, 정관

2. 등록시스템 등록 기준

구분	등록시스템 등록 기준
대상	· 「사회복지사업법」 제2조 제1호에 따른 사회복지사업과 관련된 법인 · 시설, 기관 및 단체 등
방법	· 협회 홈페이지 기관회원 가입→등록신청→등록내용 검토 후 등록완료
등록기간	· 수시로 등록 가능
등록내용	· 실습기관 정보 - 기관정보(기관명, 소재지, 연락처, 기관유형, 작성자 등) - 총실습시간, 실습운영방식, 실습지도자 1인당 지도인원, 실습비, 실습계획서 등 · 실습지도자 정보 - 실습지도자 경력사항(근무지, 근무기간, 담당업무, 총 경력기간 등)
등록승인	· 실습등록제 관리운영위원회 검토 등(소요기간 7~10일) - 추후 등록현황에 따라 등록기간 및 소요기간 재검토

■ 기관실습 실시기관 선정 및 선정취소 등 사회복지현장실습 운영에 관한 고시 [별지 제1호서식]

기관실습 실시기관 선정 신청서

(1쪽)

<table>
<tr><td rowspan="5">신 청
기 관
개 요</td><td>기관명</td><td></td><td>설립일</td><td>년 월 일</td></tr>
<tr><td>대표자</td><td></td><td>사업자등록번호
(고유등록번호)</td><td></td></tr>
<tr><td>설립근거</td><td colspan="3">[ ] 사회복지법인
[ ] 사회복지시설(시설유형:______________)
[ ] 공공기관 [ ] 비영리민간단체
[ ] 기타(______________________________)</td></tr>
<tr><td>주소</td><td></td><td>전화번호</td><td></td></tr>
<tr><td>FAX</td><td></td><td>E-mail</td><td></td></tr>
<tr><td rowspan="2">실습정보</td><td>실습교육시간</td><td>________시간</td><td>실습운영방식</td><td>[ ] 주중실습
[ ] 주말실습
[ ] 야간실습</td></tr>
<tr><td>기관실습비</td><td>________만원</td><td>실습지도자 인원</td><td>________명</td></tr>
<tr><td rowspan="2">실습
지도자(1)</td><td>성명</td><td></td><td>생년월일</td><td></td></tr>
<tr><td>자격번호</td><td></td><td>자격취득일</td><td>년 월 일</td></tr>
<tr><td rowspan="2">실습
지도자(2)</td><td>성명</td><td></td><td>생년월일</td><td></td></tr>
<tr><td>자격번호</td><td></td><td>자격취득일</td><td>년 월 일</td></tr>
<tr><td>실습기관
선정이력</td><td>[ ] 신규
[ ] 재선정</td><td colspan="3">- 기존 관리번호 ( )
- 기존 실습기관 선정기간 (년 월 일부터 년 월 일까지)</td></tr>
</table>

상기와 같이 사회복지현장실습기관 선정을 신청하며, 기재된 내용 및 첨부서류가 사실과 다를 경우 신청의 무효, 선정의 취소 등에 대해 이의가 없음을 확약합니다.

20 년 월 일

대 표 자 : (서명 또는 인)

한국사회복지사협회장 귀하

첨부서류	1. 실습지도자 사회복지사업 실무경험확인서(별지 2호서식) 및 보수교육 이수확인서 각1부 2. 사업자등록증 또는 고유번호증 3. 기관실습 운영계획서 1부 4. 사회복지사업 수행 사실을 확인할 수 있는 서류 1부

210mm×297mm[백상지(80g/㎡) 또는 중질지(80g/㎡)]

(2쪽)

기관실습 운영계획서

<기관명: ____________________>

□ 실습 목적

○

□ 실습 목표

○

□ 실습 기관 정보

○ 실습운영방식: [ ] 주중실습 [ ] 주말실습 [ ] 야간실습

○ 실습지도자 인원: _____명, ○ 1회 실습인원: ______명

○ 기관실습비: _____만원

□ 실습 교육계획

○ 실습교육 시간: 총 _____시간

구분	실습내용	비고
○○일차		
………		
………		
○○일차		

□ 기타

○

(3쪽)

신청서 작성 체크리스트

구 분	신청기관 자체점검란	심사기관 확인란
가. 앞면 신청서의 기재사항이 충실히 기입되어 있을 것 * 신청기관장의 직인 날인 여부 및 뒷면 기관실습 운영계획서 작성 여부 확인	[ ] 여 [ ] 부	[ ] 충족 [ ] 보완
나. 별지 제2호 서식의 실습지도자 사회복지사업 실무경험 확인서	[ ] 여 [ ] 부	[ ] 충족 [ ] 보완
다. 전년도 보수교육 이수확인서(8시간 이상 보수교육 이수 확인)	[ ] 여 [ ] 부	[ ] 충족 [ ] 보완
라. 사업자등록증 또는 고유번호증	[ ] 여 [ ] 부	[ ] 충족 [ ] 보완
마. 사회복지법인 또는 비영리법인 설립허가증, 사회복지시설 신고증, 비영리민간단체등록증 등 설립근거 서류	[ ] 여 [ ] 부	[ ] 충족 [ ] 보완
바. 정관(사회복지법인 및 사회복지시설은 제외)	[ ] 여 [ ] 부	[ ] 충족 [ ] 보완
사. 별지 제3호 서식의 사회복지사업 수행 사실 확인서(사회복지법인 및 사회복지시설은 제외)	[ ] 여 [ ] 부	[ ] 충족 [ ] 보완

■ 기관실습 실시기관 선정 및 선정취소 등 사회복지현장실습 운영에 관한 고시 [별지 제2호서식]

실습지도자 사회복지사업 실무경험 확인서

개인정보	성명		생년월일	
	전화번호		휴대전화번호	
	주소			
기관정보	대표자		연락처	
	시설종류		설치신고법령	
	주소			

사회복지 실무경험	근무부서	직종	담당업무	경력기간
				~ (년 개월)
				~ (년 개월)
				~ (년 개월)

상기와 같이 사회복지 실무경험에 대한 사항을 제출하며, 기재된 내용 및 사실과 다를 경우 실습지도자의 요건 확인을 위한 사회복지사업 실무경험 인정 불가에 대한 이의가 없음을 확약합니다.

20 년 월 일

대 표 자 : (서명 또는 인)

한국사회복지사협회장 귀하

유의사항

1. 근무부서 및 직종, 담당업무를 구체적으로 구분하여 기재하여 주시기 바랍니다.
2. 시간제 근로자의 경우 근로조건을 기재하시기 바랍니다.(예시: 5시간/일 또는 30시간/주 등)
3. 이직 등으로 인한 2곳 이상의 기관의 경력합산이 필요한 경우 각 기관별 발급 후 제출하시기 바랍니다.
4. 심사 시 추가확인이 필요한 경우 관련 서류를 요청할 수 있습니다.
5. 허위사실 기재로 판명될 경우 관계기관에 의해 처벌받을 수 있습니다.

210mm×297mm[백상지(80g/㎡) 또는 중질지(80g/㎡)]

■ 기관실습 실시기관 선정 및 선정취소 등 사회복지현장실습 운영에 관한 고시 [별지 제3호서식]

사회복지사업 수행 사실 확인서

Ⅰ. 일반현황

○ 명 칭 : ____________

○ 종 류 : [ ] 사단법인, [ ] 재단법인, [ ] 비영리민간단체, [ ] 공공기관,
[ ] 기타(______________________)

○ 설립허가년월일 : ____________ (등기일 : ____________)

○ 설립목적 :

○ 주요사업: *정관에서 정한 전체 사업*

-

-

※ 정관사업과 현재 운영중인 사업을 구분해서 기재

○ 사회복지사업의 내용: *정관에서 정한 전체 사업 중 사회복지사업의 세부 내용*

-

-

○ 소재지(전화, FAX, e-mail, 홈페이지):

※ 담당자 연락처 기재

Ⅱ. 사회복지사업 수행내역

○ 최근 3년간 결산 내역

(단위 : 천원)

구분	연 도	예산액	집행액	집행잔액	비고
전체 사업					
사회복지 사업					

○ 최근 3년 결산내역에 해당하는 사회복지사업 주요내용 및 실적

- *구체적으로 작성*
-
-
-

○ 향후 사회복지사업 운영 계획

-
-
-
-

○ 최근 3년간 기관실습 운영 현황

실습 운영 기간	위탁 교육기관	실습 인원
~		
~		
~		
~		
~		

상기와 같이 사회복지현장실습기관 선정의 첨부서류로 제출하며, 기재된 내용이 사실과 다를 경우 선정의 무효 또는 취소 등에 대해 이의가 없음을 확약합니다.

20 년 월 일

대 표 자 : (서명 또는 인)

한국사회복지사협회장 귀하

210㎜×297㎜[백상지(80g/㎡) 또는 중질지(80g/㎡)]

■ 기관실습 실시기관 선정 및 선정취소 등 사회복지현장실습 운영에 관한 고시 [별지 제4호서식]

사회복지현장실습기관 선정 현황

관리번호	기관명	대표자	소재지	전화번호	선정유효기간	실습기관유형	실습비	실습지도자	비고

210mm×297mm[백상지(80g/㎡) 또는 중질지(80g/㎡)]

■ 기관실습 실시기관 선정 및 선정취소 등 사회복지현장실습 운영에 관한 고시 [별지 제5호서식]

관리번호 제 　　　　 호

사회복지현장실습기관 선정 확인서

1. 명 　　　 칭:

  * 사업자등록번호:

2. 대 　 표 　 자:

3. 소 　 재 　 지:

4. 실 습 지 도 자 :

5. 유 　 효 기 간 :

위 기관은 「사회복지사업법 시행규칙」 제3조제2항에 따라 사회복지현장실습의 기관실습 실시기관으로 선정되었음을 확인합니다.

년 　　 월 　　 일

한국사회복지사협회장 　 직인

210㎜×297㎜[백상지(150g/㎡)]

부록 1

찾아보기

찾아보기

ㅈ

ㅊ

ㅌ

ㅍ

ㅎ

부록 2

참고문헌

참고문헌

국내문헌

강창현(2006). 지역주거복지 전달체계의 통합, 조정, 네트워크. 한국행정논집, 18(2), 561-585.

김문근(2015). 사회복지시설 안전 관련 법률 및 규정에 관한 연구: 정신재활시설을 중심으로, 사회복지정책, 42(3), p. 145, 253.

김수진(2016). 서비스 질 향상을 위한 전략기획 수행활동에 관한 연구. 동국대학교 사회과학대학원.

김신복(1999). 발전기획론. 서울: 박영사.

김신열(2007). 비영리기관의 전략기획. 한국사회복지행정학회 학술대회 자료집, 1-19.

나태준·김성준(2003). 공공조직의 전략기획체제 구축방안. 서울시정개발연구원.

대구광역시(2012). 사회복지시설 운영 매뉴얼(회계분야).

민진(2003). 조직효과성에 관한 개념 정의의 분석 및 재개념화. 한국행정학회.

박경수(2009). 나눔을 넘어 변화로. 도서관 기부 활성화 세미나 자료집.

박영란·유태균(1996). 사회복지기관의 정보화 현황과 과제. 사회복지, 겨울호, 93-101. 한국사회복지협의회.

박영숙(2009). 사회복지서비스 전달체계의 현황과 과제.

박홍윤(2014). 공공조직을 위한 전략적 기획론, 26-27. 서울: 대영문화사.

보건복지부(2024). 사회복지시설 관리안내.

보건복지부(2024). 사회복지시설 안전관리 매뉴얼.

보건복지부(2024). 사회복지시설 안전관리지침.

보건복지부(2024). 사회복지시설 화재안전관리 매뉴얼.

보건복지부(2025a). 사회복지법인 관리안내.

보건복지부(2025b). 사회복지시설 관리안내.

보건복지부·서울특별시(2016). 2017년 장애인복지관 평가지표.

보건복지부·안전행정부(2013). 개인정보보호 가이드라인-사회복지시설.

보건복지부·한국사회복지사협회(2010). 사회복지현장실습 실태조사 및 지침서.

부산복지개발원(2008). 사회복지시설 운영규정 및 재무회계 매뉴얼의 인사관리.

부산복지개발원(2016). 사회복지시설운영규정매뉴얼.

사회복지시설정보 시스템(http://www.w4c.go.kr/intro/introSystemDiagram.do)

서울복지재단(2006). 복지관 경영매뉴얼.

서울시노인종합복지관협회(2011). 서울시노인종합복지관 운영매뉴얼.

서울시복지재단(2009). 사회복지시설 경영컨설팅사업 사례발표 자료집, p. 14.

서울시장애인복지관협회(2016). 서울시장애인복지관 지도점검 안내서.

성수종합사회복지관(2021). 업무자료.

신덕상·서문진희·권정언(2014). 사회복지프로그램 개발과 프로포절 작성의 실제. 서울: 동문사.

신복기·박경일·이명헌(2009). 사회복지행정론. 경기: 공동체.

신용보증기금(2004). 연간경영계획의 수립방법.

양옥경·최소연·이기연(2007). 사회복지 현장실습 슈퍼비전, 한국사회복지사협회, p. 17.

엄미선·최종복·전동일(2009). 사회복지 자원개발론. 경기: 대왕사.

여성가족부·한국청소년활동진흥원(2011). 시도 청소년활동진흥센터 운영관리매뉴얼,

이강준·권오영(2005). 특집: 재난방지와 안전의 심리과학 안전시스템 구축과 심리학의 적용. 한국심리학회지: 인지 및 생물, 17(3), 299-310.

이금룡·강은경·박준기·구재관·조봉실·이기백·이권일·박상욱(2009). 노인자원봉사실천론. 서울: 학지사.

이봉주·김기덕(2014). 사회복지 프로그램 개발과 평가. 서울: 신정.

이봉주·이선우·백종만(2012). 사회복지행정론. 경기: 나남.

이소정·이수형(2009). 우리나라 노인자살예방사업의 현황과 과제. 보건복지포럼, 156, 32-42. 한국보건사회연구원.

이시연(2001). 사회복지전공 학부생 실습지도 모델개발에 관한 연구. 서울여자대학교 박사학위논문.

이연희·정영철·송태민·이기호·진달래·안지영·이동(2016). IoT 중심의 사회복지시설 정보화 현안과 정책 과제. 세종: 한국보건사회연구원 연구보고서.

이중섭·이동기·박신규·송용호(2012). 전라북도 사회복지시설 평가지표 개발 연구. 전북: 전북발전연구원.

이지은·윤지현(2012). 청소년의 우울 예방 및 극복과 지원 체계 구축을 위한 지역사회 중심의 정신 건강 증진 프로그램. 2012 작은나눔 큰사랑 지원기관 우수사례집. 삼성복지재단.

전라남도사회복지협의회(2014). 2014 사회복지시설 종사자 전문교육.

전북발전연구원(2012). 전라북도 사회복지시설 평가지표 개발 연구.

전주대학교 산학협력단(2016). 사회복지시설평가 중앙-지방정부 역할분담 방안연구.

조달청(2005). 물품관리 혁신 매뉴얼.

조성우(2014). 조성우의 성과측정. 서울: 서울시복지재단. http://wish.welfare.seoul.kr/front/wsp/column/view/detailColumn.do?currentpage=7&colu_no=7120&user_id=jsw0522

진광규·한희필·고재수·주경중·김두종·안수균·추승엽·부산복지개발원 심사평가팀(2008). 사회복지시설 운영규정 및 재무·회계 매뉴얼. 부산: 부산복지개발원.

참여연대 사회복지위원회(2012). 복지부에 시설운영 투명성 관련 사회복지사업법 시행령에 대한 의견서 제출. http://www.peoplepower21.org/index.php?mid=Welfare&listStyle=%24listStyle&category=160586&page=1&document_srl=907042

총신대학교산학협력단·한국장애인복지시설협회(2014). 장애인주간보호시설운영매뉴얼.

한국노인종합복지관협회(2010). 노인복지관의 자살예방사업 모형개발 연구.

한국사회복지협의회(2010). 사회복지시설 유형별 최저 기준안.

한국사회복지협의회 사회복지시설평가원(2012). 2012년 사회복지시설 평가 결과보고서.

한국장애인단체총연맹(2013). 장애인단체 실무자매뉴얼.

한국장애인복지관협회(2015). 2015 장애인복지관 전자문서 결재시스템 활성화 방안 연구.

한국장애인복지시설협회 장애인복지시설발전위원회(2000). 장애인복지관 관리운영 가이드북.

한철희·윤석철(2014). 사회복지시설정보시스템 활용정도가 사회복지기관 업무효율성에 미치는 영향. 대한회계학회 회계연구, 19(5), pp. 37~72.

행정안전부(2018). 행정업무운영편람, p. 4.

행정안전부·한국인터넷진흥원(2009). 김대리, 개인정보보호 달인되기. 서울: 행정안전부: 한국인터넷진흥원.

행정자치부(2016). 2016 행정업무 운영 편람.

행정자치부(2016). 지방자치단체 정기재물조사 지침.

호주 빅토리아주 건강증진재단(vichealth).

황성철·정무성·강철희·최재성(2014). 사회복지행정론. 경기: 정민사.

휴먼소프트웨어(http://www.humansoftware.co.kr/sub1/doc2_1.asp?doc_subpage=1).

홈페이지

개인정보보호포털 (www.privacy.go.kr)

고용노동부 (www.moel.go.kr)

근로복지공단 (www.kcomwel.or.kr)

엔컴 (welfare.e-ncom.co.kr)

사회서비스정보시스템(www.ssis.go.kr)

보건복지부 (www.mohw.go.kr)

서울시 중구장애인복지관 (www.jgcrc.or.kr)

외국문헌

Arnstein,S.R.(1969). A Ladder of Citizen Participation. JAIP.35(4).pp:216-224.

Caspi. J.(1997). "The Task-Centered Model for Field Instruction." Ph.D. Dissertion, School of Social Welfare, State University of New York at Albany.

Fortune, A. E.(1994). Field education. In Reamer, F. G.(Ed.). *The Foundations of Social Work Knowledge*. New York: Columbia University Press.

Hawkins, P. & Shohet, R.(2000). *Supervision in the helping professions. An individual, group and organizational approach(2nd ed.)*. Philadelphia: Open University Press.

http://www.vichealth.vic.gov.au/media-and-resources/publications/the-partnerships-analysis-tool

Jay B. Barney. 경영자원과 핵심역량의 창조적 활용을 통한 전략경영과 경쟁우위. 권구혁·신진교(2000), p. 10. 서울: 시그마프레스.

kadushin, A.(1992). Supervision in social work. New York: Columbia University Press.

저자약력

권기창

- 한양사이버대학교 사회복지학과 교수, 국회입법조사연구관과 예산분석관, 한국정책과학학회 회장 역임
- 현재 한양사이버대학교 명예교수

권예성

- 2009년부터 대학과 대학원에서 사회복지정책론, 사회복지시설운영론, 지역사회복지론, 행정실무사례 등을 강의
- 현재 한양대학교 공공정책대학원 겸임교수이자 광명시공익활동지원센터 센터장으로 근무

박을종

- 1984년부터 사회복지현장에서 기획, 예산, 기관운영 업무에 종사하고 있으며, 대학과 대학원에서 사회복지행정론, 지역사회복지론, 사회복지시설운영론 등을 강의
- 사회복지공동모금회 제3대 사무총장과 성수종합사회복지관 초대 관장 역임
- 현재 한양사이버대학교 겸임교수이자 국제개발NGO 사단법인 지구촌나눔운동에서 상임이사로 근무

이인원

- 1999년 신사종합사회복지관에서 사회복지사로 시작해서 현재 성수종합사회복지관에서 부장으로 근무
- 서울시 사회복지공동모금회 실행위원, 평가지원단과 서울시사회복지관협회 전문위원 등 역임
- 전략기획, 역량기반 교육체계, 행정실무 사례 등 실천 중심 강의를 진행하고 있으며, 현재 사회복지공동모금회 중앙회 평가지원단으로 활동 중

3판

사회복지행정실무

초 판 1쇄 발행 2018년 3월 18일
제2판 1쇄 발행 2021년 11월 2일
제3판 1쇄 발행 2025년 9월 5일

지 은 이 | 권기창 · 권예성 · 박을종 · 이인원
펴 낸 이 | 김기섭
편 집 인 | 이윤희
펴 낸 곳 | 창지사 www.changjisa.com
08589 서울시 금천구 가산디지털 1로 83 파트너스타워 1차 9층
전화 (02)719-2211~3
팩스 (02)701-9386
등 록 | 1977년 4월 28일 · 제1-421호

ISBN 978-89-426-1937-5 (93330)

값 25,000원